国家自然科学青年基金项目“低碳转型风险与企业劳动力
的视角”（项目编号：72401038）
国家自然科学青年基金项目“基于复杂网络理论的系统重
险预警研究”（项目编号：72101035）
湖南省自然科学基金青年项目“生产网络视角下国际油价不确定性冲击的经济后果研究：理论与实证”（项目编号：2023JJ40059）
湖南省教育厅优秀青年项目“‘经济-金融’互动下的地方政府债务与银行体系系统性风险评估及防范研究”（项目编号：24B0137）

经管文库·经济类

前沿·学术·经典

石油价格不确定性对上市公司投融资的影响研究

A STUDY ON THE IMPACT OF OIL PRICE UNCERTAINTY ON LISTED COMPANIES' INVESTMENT AND FINANCING DECISIONS

刘新恒　杨　鑫　李舒娴　著

经济管理出版社
ECONOMY & MANAGEMENT PUBLISHING HOUSE

图书在版编目（CIP）数据

石油价格不确定性对上市公司投融资的影响研究 / 刘新恒，杨鑫，李舒娴著. -- 北京 ：经济管理出版社，2025. -- ISBN 978-7-5243-0285-8

Ⅰ. F279.246

中国国家版本馆 CIP 数据核字第 2025JZ0269 号

组稿编辑：杨国强
责任编辑：杨国强
责任印制：张莉琼
责任校对：蔡晓臻

出版发行：经济管理出版社
（北京市海淀区北蜂窝 8 号中雅大厦 A 座 11 层　100038）
网　　址：www. E-mp. com. cn
电　　话：（010）51915602
印　　刷：唐山昊达印刷有限公司
经　　销：新华书店
开　　本：720mm×1000mm/16
印　　张：13. 5
字　　数：272 千字
版　　次：2025 年 6 月第 1 版　　2025 年 6 月第 1 次印刷
书　　号：ISBN 978-7-5243-0285-8
定　　价：98. 00 元

联系地址：北京市海淀区北蜂窝 8 号中雅大厦 11 层
电话：（010）68022974　　邮编：100038

前　言

石油是现代工业的“黑色血液”，是众多商品和服务产出的重要投入要素，直接或间接由石油生产出的工业产品达到了6000余种。油价的变化不仅直接影响企业的边际生产成本，同时也会产生不确定性效应，影响消费者的支出和对公司产品的需求（Bernanke，1983；Pindyck，1990）。受诸多重大因素的影响，国际原油价格波动十分剧烈，而频繁的价格波动将会给企业生产经营和宏观经济带来显著的不利影响。另外，根据BP世界能源经济的预测，2030年中国原油对外依存度将超过80%，原油高度依赖进口给我国石油安全带来了巨大的挑战。2021年10月，习近平总书记考察胜利油田时强调，石油能源安全的保障对我国实体经济的发展意义重大。随着能源市场价格市场化机制逐步完善，国际原油市场价格突发的、不可对冲的跳跃波动将作为一种典型的外生不确定性（后文简称“油价不确定性”），显著影响企业的日常生产和财务决策活动，给全国经济的健康发展带来不稳定因素。

根据经典的不确定性理论，油价不确定性的存在会提高经济主体的时间选择价值，同时加剧信贷市场摩擦，增加企业融资成本，从而延迟企业的投资支出以及各类经济活动。本书在现有研究理论的基础上，从以下四个方面对油价不确定性如何影响微观企业投融资决策及其经济后果展开研究。第一，如何准确度量出外生油价不确定性指标，该不确定性指标有效性如何？第二，油价不确定性将如何影响企业外部债务融资决策，对债务融资结构影响如何？油价不确定性将通过哪些层面、机制与渠道对企业债务融资产生影响？第三，油价不确定性将如何影响企业固定资产投资，哪种影响机制占据主导作用？第四，油价不确定性将如何影响企业全要素生产率，油价不确定性的影响渠道是什么，又存在哪些异质性影响效应？本书具体分为7章。

第1章，绪论。首先介绍了本书的研究背景、问题及意义。其次阐述本书的研究内容与框架。再次简要阐明本书的研究方法与技术路线图。最后对本书的主要创新点和研究不足进行了阐述。

第2章，文献综述。本章从三部分对相关文献进行综述：第一部分围绕不确定性的分类和度量以及不确定性的经济影响效应进行综述；第二部分围绕外生不确定性的定义、度量及其经济影响效应进行综述；第三部分围绕油价不确定性的宏微观经济效应进行综述。最后，对现有文献进行总结和述评。

第 3 章，油价不确定性的度量研究。从理论上对比分析各类油价不确定性度量后，本书使用非参数二次幂变差法从油价已实现波动率中识别出跳跃成分，即外生的油价不确定性，其发生时机和强度的概率未知，更符合奈特不确定性的原始定义。本书发现，使用非参数二次幂变差法所估计出的油价不确定性并不服从 AR（1）过程，表明其更能直接地反映市场对油价不确定性的感知。在样本区间内，油价不确定性出现在 2008~2009 年的全球金融危机期间，其余高点分别与地区战争、OPEC 会议等重大突发事件相关。在有效性检验中发现，油价不确定性与其他经济不确定性度量指标显著相关，且会在宏观上显著降低投资、产出，表现出较大的负面宏观经济效应，表明了本书测度的油价不确定性指标较为可靠。

第 4 章，油价不确定性对上市公司债务融资决策的影响分析。本书从理论上分析探讨了油价不确定性对企业长、短期债务融资的差异性作用机理，并以 2007~2019 年中国 A 股上市公司季度财务数据为研究样本，对理论假说进行实证分析。研究发现，油价不确定性会显著减少企业长期融资，但会增加短期债务融资以弥补企业资金需求。企业信息不对称程度和债务融资成本的上升是油价不确定性影响企业债务融资的重要渠道。异质性结果表明，企业所处行业以油气为原料的投入强度较高、信息透明度较低或外部融资依赖度较高样本中，油价不确定性对企业长期（短期）债务融资的抑制（促进）作用将进一步提高。本书还发现，油价不确定性对企业长期债务融资负向影响在国有、非国有企业中并不存在差异，但会显著增加国有企业的短期债务融资。此外，在拓展性检验中发现，油价不确定性会显著降低企业股权融资，同时显著增加商业信用融资，这一结果与企业长、短期债务融资结构性变化相印证。

第 5 章，油价不确定性对上市公司投资决策的影响分析。关于油价不确定性对企业投资的影响，本书着重分析金融摩擦作为影响渠道在其中扮演的重要作用，并以 2007~2019 年中国 A 股上市公司季度财务数据为研究样本对其进行验证。结果表明，油价不确定性对企业投资具有显著的抑制作用，其中企业融资约束的提高是重要的影响因素。进一步的异质性效应分析结果表明，企业位于原油产业链越低、资本可逆性程度越低、外部融资依赖度越高以及产品市场竞争越高，则油价不确定性对企业投资的抑制影响就越高。本书还探讨了油价不确定性对企业投资效率的影响，发现油价不确定性显著提高了企业的投资不足，降低了投资效率。

第 6 章，油价不确定性对上市公司全要素生产率的影响分析。关于油价不确

定性对企业生产率的影响，本书同样以2007~2019年中国A股上市公司季度财务数据为研究样本，实证分析油价不确定性对企业全要素生产率的影响。研究结果表明，油价不确定性对企业全要素生产率会产生显著的负向影响，主要是通过降低企业全要素生产率提高的各项投资，包括人力资本投资、研发投资以及信息技术投资。进一步的异质性效应分析结果表明，在企业外部融资依赖度越高、产品市场竞争程度较高和风险承担能力较低以及非国有企业样本中，油价不确定性对企业全要素生产率的负向影响将进一步得到加强。由于不同行业的企业以原油为投入要素在数量上存在着天然差异，因此，油价不确定性对企业全要素生产率的负向影响仅存在于对原油依赖程度较高的行业。

第7章，总结与讨论。本章对全书的研究发现进行了总结。本书基于油价不确定性指标的测度，重点探讨了其对企业投融资决策和企业全要素生产率的影响。有别于以往研究，本书以油价波动的跳跃成分作为具有外生特征的油价不确定性的度量，更符合不确定性的原始定义。现有研究主要以实物期权作为理论基础分析油价不确定性的经济效应，本书从金融摩擦视角探讨了油价不确定性对企业投融资的影响。另外，本书在实证研究的基础上，检验了油价不确定性对全要素生产率的影响效果，具有一定的理论和现实意义。

目　录

第1章　绪论 …… 1

1.1　研究背景、问题及意义 …… 1

1.2　研究内容与框架 …… 6

1.3　研究方法与技术路线图 …… 8

1.4　本书主要创新点 …… 9

第2章　文献综述 …… 11

2.1　不确定性的相关研究综述 …… 11

2.2　外生不确定性的相关研究综述 …… 19

2.3　油价不确定性的影响效应研究 …… 22

2.4　文献述评 …… 26

第3章　油价不确定性的度量研究 …… 28

3.1　引言 …… 28

3.2　油价不确定性的度量 …… 31

3.3　油价不确定性度量有效性检验 …… 35

3.4　行业油价不确定性指标构建 …… 39

3.5　本章小结 …… 42

第4章　油价不确定性对上市公司债务融资决策的影响分析 …… 44

4.1　引言 …… 44

4.2　理论基础与研究假设 …… 45

4.3　实证模型及数据来源 …… 52

4.4　实证结果分析 …… 56

4.5　稳健性检验 …… 61

4.6　异质性分析 …… 73

4.7　拓展性分析 …… 85

4.8 本章小结 …… 90

第5章 油价不确定性对上市公司投资决策的影响分析 …… 92

5.1 引言 …… 92
5.2 理论基础与研究假设 …… 93
5.3 实证模型及数据来源 …… 99
5.4 实证结果分析 …… 102
5.5 稳健性检验 …… 107
5.6 异质性分析 …… 115
5.7 拓展性分析 …… 125
5.8 本章小结 …… 130

第6章 油价不确定性对上市公司全要素生产率的影响分析 …… 132

6.1 引言 …… 132
6.2 理论基础与研究假设 …… 133
6.3 变量度量、实证模型及数据来源 …… 135
6.4 实证结果分析 …… 139
6.5 稳健性检验 …… 144
6.6 异质性分析 …… 152
6.7 拓展性分析 …… 162
6.8 本章小结 …… 167

第7章 总结与讨论 …… 169

7.1 主要研究结论 …… 169
7.2 政策建议 …… 171
7.3 研究不足与研究展望 …… 173

参考文献 …… 175

附　录 …… 201

第1章 绪论

1.1 研究背景、问题及意义

近年来，学术界对于经济不确定性在经济和金融市场中扮演的角色给予了重点关注。大量且不断增长的文献表明宏观经济、政策及金融市场不确定性会对经济增长、资产价格及企业财务决策等产生广泛的影响。相比于宏观经济总体不确定性和金融市场不确定性（Bloom，2009；Jurado 等，2015；Baker 等，2016），不确定性与特定部门（Segal，2019）、来源（Croce 等，2012；Handley 和 Limão，2015；Caldara 和 Iacoviello，2018；Caldara 等，2020）或市场（Darby 等，1999；Bretscher 等，2018；Cremers 等，2021）有显著相关性，它们所产生的经济效应并不能被宏观总体经济不确定性和金融市场波动所解释。本书试图研究由原油价格波动产生的不确定性对中国微观企业的经济效应。

石油是现代工业的“黑色血液”，是众多商品和服务产出的重要投入要素，直接或间接由石油生产出的工业产品达到了6000余种。油价的变化不仅会直接影响企业的边际生产成本，同时也会影响居民消费支出（Pindyck，1990）。实际上，油价变动对宏观经济的重要影响已被学者们充分论证（Hamilton，1983；Sadorsky，1999；Kilian，2009；Tang 等，2010），而油价波动所产生的不确定性效应逐渐受到学者们的关注。Bloom（2009）发现，大的油价变化是宏观经济不确定性的重要组成之一。Baker 等（2016）认为，油价变动是经济政策不确定性的重要成分[①]。油价波动会通过“供给”和“需求”渠道影响各类经济变量，现有研究表明，油价波动会以石油部门为传导路径对宏观经济活动产生显著的负面效应（Gao 等，2021），如经济产出（Ferderer，1996）、投资（Elder 和 Serletis，2010）、失业率（Kocaarslan 等，2020）以及股票市场表现（Dutta 等，2017）。

① 与 Baker 等（2016）的方法相似，Larsen（2021）使用非监督式机器学习的算法确定了与高经济相关不确定性来源，主要包括油价、货币政策、政治和股票市场。

考虑到原油在企业经营过程中的重要作用，油价波动所产生的不确定性将是企业所面临的重要不确定性来源。因而，理论上而言，油价不确定性因素的存在会增加经济主体的时间选择价值（Timing Decision Value），减缓消费者的支出水平，延迟企业的投资支出以及各类经济活动，最终降低经济总产出（Bernanke，1983）。如何加深油价波动对宏观经济、微观企业行为影响规律的理解是学者们不断研究的重要方向，同时这对政府部门的政策制定和市场经济参与主体的决策具有重要的理论和实践借鉴意义。

事实上，影响原油价格变动的因素众多，除了新兴经济体的需求、金融危机等影响外，国际石油价格还受到 OPEC 原油输出国组织的产量限制、页岩油钻探技术突破、地缘政治冲突等因素的影响，这些重大突发因素使原油价格的波动性十分剧烈，更增加了其价格变化的不确定性。具体从原油价格的历史走势来看，油价的波动性相比于汇率、利率更大。自 2000 年以来，油价的涨跌大致分为三个阶段。2000~2008 年，WTI 轻质原油价格从 20 美元/桶稳定攀升至 132 美元/桶，其间涨幅超六倍。随着 2008 年金融危机的发生，油价在短短几个月内暴跌至 40 美元/桶，波幅巨大，但随后因各国开展经济刺激计划油价又迅速反弹至 100 美元/桶的高位，并一直维持到 2014 年 7 月。受到美国页岩油供给的迅速提高，以及 OPEC 国家原油由保价政策向保量政策转变，2014~2015 年国际油价迅速下跌至 50 美元/桶以下。直到 2017 年后才缓慢攀升至 70 美元/桶。然而因 2020 年初全球新冠疫情的暴发，国际油价再一次崩盘。油价波动十分剧烈，除连续波动成分外，还包含不可预期的跳跃波动成分（Gong 和 Lin，2017）。这给中国宏观经济的运行带来较大的不确定性，从而对原油依赖度较高的经济体的经济发展产生显著负向影响。

当下，石油价格剧烈变化已是影响中国经济的重要因素（林伯强和牟敦国，2008；谭小芬等，2015）。加入世界贸易组织以来，中国经济城市化和工业化再次迅速发展。然而，我国油气资源相对匮乏，为满足经济发展的需求，不得不从国际进口大量的原油。原油进口量已于 2017 年首次超越美国，成为全球第一大原油进口国。中国作为第二大经济体，是世界第二大的石油消费国，也是世界最大的净石油进口国，对外原油进口依存度位居全球第一（见图 1-1）。相关统计数据显示，2019 年中国进口了 5.06 亿吨石油，较上年同期飙升 9.5%，其进口占我国商品进口总额的 11.6%；对外原油贸易依存度连年攀升，已超过 70%，远超国际公认警戒线 60%，已成为重要的能源安全问题（李继尊，2014）。而根据 BP 世界能源经济的预测，中国原油对外依存度将继续攀升，2030 年将超过 80%。极高的原油对外依存度使油价的变动对中国经济产生显著影响。2015 年，央行研究局的研究表明，油价下降 10%，我国年均 CPI 涨幅会下降 0.2~0.3 个

百分点，年均实际 GDP 增速可因此提高 0.12 个百分点。国际油价变化的传导明显，对中国直接相关的行业影响巨大。

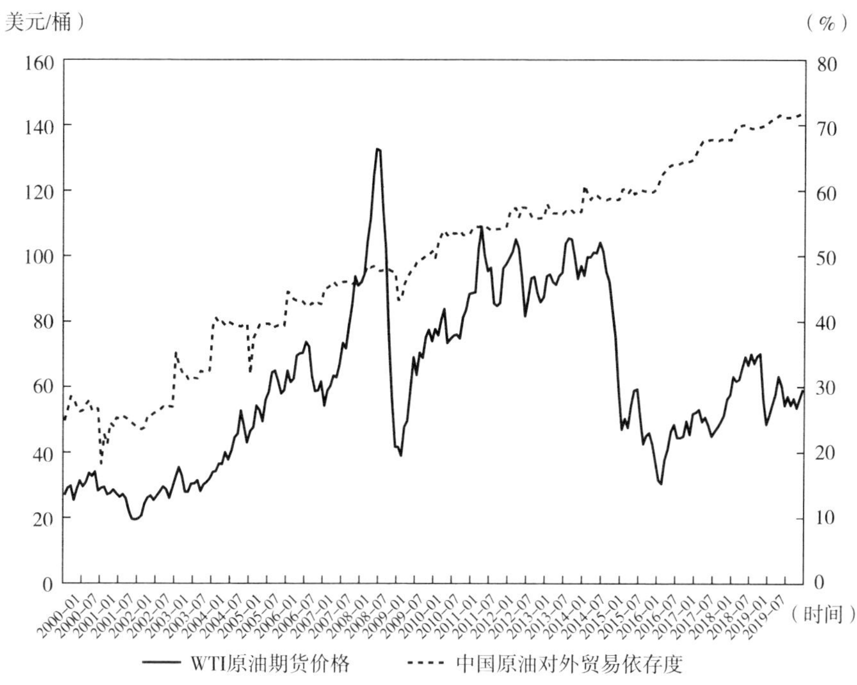

图 1-1　WTI 原油期货价格及中国原油对外贸易依存度

以影响相对直接的化工行业为例，原油价格的下跌，由初级工业品传导至下游商品市场，15~30 天会对产业链相关企业的库存、产品跌价损失产生重要影响。另外，有研究机构做过相关的情景分析，发现原油价格每下降 10%，下游行业将直接受益于中间投入成本的下降，合成材料、基础化学原料、化学纤维的产出水平分别上升 1.1%、1.0%和 0.6%；石油和天然气开采业则因进口替代的影响，将下降 1.3%；对于航空行业而言，燃料油成本是航企第一大成本，占 20%~40%，在汇率等其他因素保持不变的情形下，油价在 2019 年下降了 15%，导致我国多数航空公司利润增长超过 1 倍；燃料油成本占航运企业总体运营成本的比重大概在 20%~50%，以中远海特 2018 年数据为例，公司当年燃油成本共计 17.22 亿元，占总成本比例为 26.65%。

为应对市场化发展的需求，近年来，我国开展了一系列的油价机制市场化的改革，使国际油价与国内成品油定价的关联机制愈加完善。其中，2009 年国家发展改革委宣布将国内成品油定价机制调整为以国际一篮子石油价格22个工作日的移动平均价格为标准，当篮子油价变化超过4%时国内油价相应调整。本次改革将国内油价成本与国际油价变动紧密联系起来，使国内企业会进一步关注国际油价的变动。2013年，国家发展改革委进一步将价格调整为10天移动平均价格，并取消了4%的价格变动限制，联动机制进一步增强。因严重依赖国际进口以及市场化联动机制的完善，导致国际油价的变动会对我国经济产生越发重要的影响。因而，不管是宏观经济还是微观企业决策，国际油价的大幅波动都会对经济环境产生较大的不确定性。对于中国而言，如何从不确定性中找到或创造一定的确定性，用改革开放的办法有效应对外部冲击，实现良性循环，实现“六稳”“六保”是当前学术界理论研究的重要任务（郭克莎，2020）。

如何应对油价波动风险，保障我国能源安全，也是我国经济政治发展战略重点提及的问题。2021年10月，习近平总书记曾强调，石油能源的建设对我国实体经济的发展意义重大，要确保能源安全，保障经济发展。另外，“十四五”规划和2035年经济发展远景目标纲要首次将“能源综合生产能力”纳入国家安全类指标，其中核心挑战体现在油气安全问题上，国际油价的动荡将对我国社会安定和经济平稳发展造成很大的负面影响。在保障我国能源安全的意义上，我国石油资源匮乏、高对外贸易依存度、缺乏定价权等劣势以及油价的剧烈波动特征，决定了应对油价波动风险是我国能源安全体系的重要工作之一。因此，研究国际油价不确定性对我国微观企业行为的影响规律，将有助于我国石油安全体系的构建更加细致、完备。

在具体的学术研究领域中，以往对油价变化的水平影响是学者们关注的重点，这一研究领域最早始于 Hamilton（1983）。之后油价经济效应的研究成果不断丰富（Mork，1989；Sadorsk，1999；林伯强和牟敦国，2008；Kilian，2009；Baumeister 和 Peersman，2013；Baumeister 和 Hamilton，2019；Känzig，2021），表明了油价变化会对经济金融的各方面产生深远影响。然而，有别于油价变化的一阶矩效应和二阶矩效应，即油价波动所产生的不确定性效应如何影响宏观经济、资本市场的研究相对较晚，尚处于初步研究阶段（Elder 和 Serletis，2009，2010；Luo 和 Qin，2017）。这类研究表明，油价不确定性主要体现为实物期权效应，其会显著负向作用于投资、宏观经济产出。不过，油价不确定性的微观效应研究相对匮乏，部分学者已从企业投资（俞剑等，2016；Wang 等，2017）、企业业绩（Phan 等，2020）、风险管理（Doshi 等，2018）、现金持有（Zhang 等，2020）、财务杠杆水平（Fan 等，2021）等方面进行了初步探讨。这些研究为油价不确定性如何影响微观企业行为开拓了新的研究视角。

然而，学者们往往直接使用油价总波动率度量油价不确定性，很少进一步将波动区分为连续、跳跃波动成分。其中，具有连续过程的波动成分是具有可知概率分布、可预测的，更符合对价格波动风险的定义，且能够使用金融工具进行有效对冲。相反，根据Jurado等（2015）的定义，波动中跳跃成分是突发的、不可对冲的，是由原油市场重大突发事件引致的，且其概率分布未知，可能是不确定性的准确度量。而且，不准确的不确定性度量会导致实证结果与理论不符的情形（Li等，2018）。依据Bloom（2009）的做法，本书将波动率中的跳跃成分称为真正意义上的不确定性，其能够同时捕捉到油价不确定性发生的时机和强度，在定义上，该变量更符合奈特不确定性的原始界定（Knight，1921）。合理准确的油价不确定性指标的度量是能否得到可信实证结论的关键。

从微观视角而言，真正意义上的油价不确定性是外生的，是企业难以预测或者对冲的风险，因此，外生不确定性对异质性企业的财务决策和经营绩效可能产生更加显著的影响。因而，油价不确定性的合理度量为进一步研究其微观经济效应提供了崭新的研究机会。首先，现有研究缺乏对外生的油价不确定性如何影响企业融资决策的分析，尤其是对企业长、短期债务融资的影响会存在何种差异。因此，深入分析油价不确定性对企业债务融资的影响机制，有助于理解油价不确定性的金融摩擦效应。其次，已有研究油价不确定性对企业投资的影响视角较为片面，缺乏从多渠道分析油价不确定性如何抑制企业投资。最后，在经济后果分析中，主要研究油价不确定性是否会对企业生产率这一综合绩效指标产生影响。本书的研究可为实务界应对极端事件导致的油价不确定性提供微观经验证据。

本书结合已有的理论基础和相关文献的研究，试图对油价波动及其宏微观经济后果效应进行研究分析。具体地，本书试图回答四个方面的研究问题。①如何准确地度量油价不确定性？以油价跳跃波动衡量油价不确定性是否有效？在微观面板数据分析中，如何构建行业油价不确定性指标？②油价不确定性如何影响企业的债务融资，对企业的债务融资结构影响如何？影响机制是什么？如何有效减少内生性问题的干扰，识别因果效应？③除了实物期权机制外，油价不确定性对企业投资的影响机制还有哪些？哪种机制起最主要的作用？进一步对企业投资效率又影响如何？④全要素生产率作为企业绩效评估的综合指标，油价不确定性是否会抑制企业生产率，存在哪些影响路径？

本书通过对以上方面的研究，更好地厘清国际原油价格与中国微观企业财务决策行为和经济后果之间的关系。同时，希望能够为目前处于内部经济增长承压、外部环境不确定性增大的中国经济发展提供较好的政策建议，为宏观经济政策的实施、经济资源的合理配置提供可靠的经验依据。

1.2 研究内容与框架

本书围绕油价不确定性进行了系统性的研究，主要集中在油价不确定性的测度及微观经济后果的研究。本书的研究框架结构如图 1-2 所示。本书通过第 2 章梳理国内外关于油价不确定性的测量方法及其宏、微观经济后果方面的研究，为后续的实证及理论研究提供研究基础。本书关于油价不确定性的测度，将对现有不确定性度量方法进行全面、系统的比较，总结各种度量方法存在的优缺点，并梳理各类文献中不确定性所产生的经济不确定性。本书进一步梳理了外生不确定性的相关文献综述，探究了外生不确定性的微观经济后果。本书还对油价不确定性的相关文献进行梳理，评述现有研究的不足。

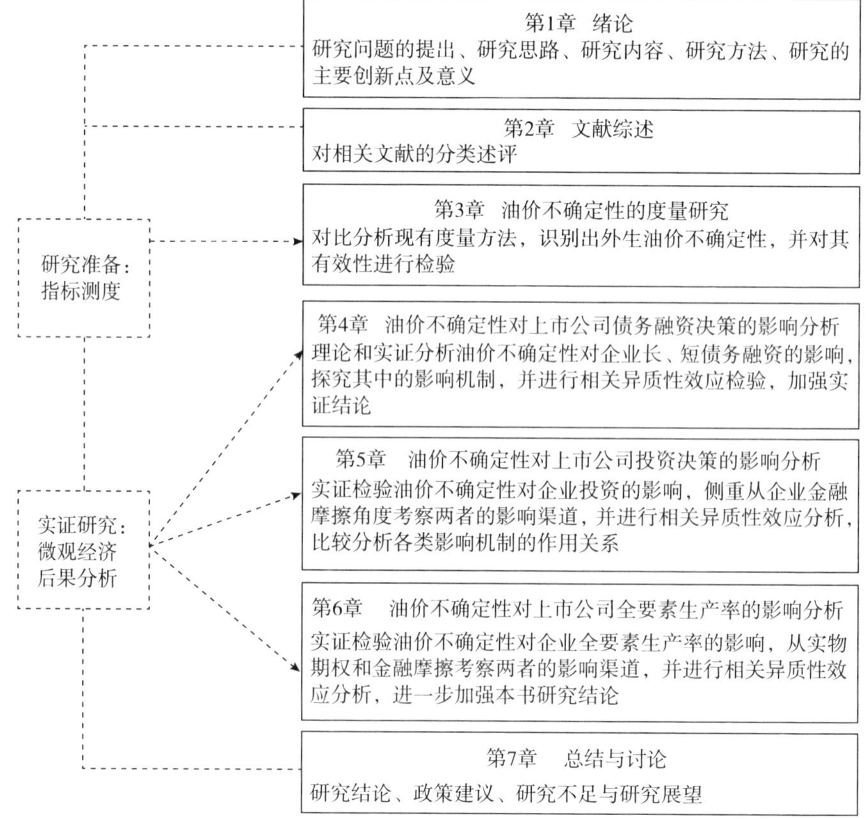

图 1-2 本书的研究框架结构

本书第3章对油价不确定性的已有测度方法进行了回顾，根据不确定性的原始定义，比较现有各类油价不确定性度量方法的优缺点，总结各类油价不确定性度量指标的不足，并提出本书的测度框架。本书利用非参数二次幂变差法识别不可预期的油价跳跃波动成分，用来准确地衡量油价不确定性。进一步地，对已度量的油价不确定性的有效性进行检验，分析其与其他不确定性指标的相关性，且基于VAR脉冲响应分析油价不确定性对中国宏观经济的影响。另外，为便于分析油价不确定性的微观经济效应，本书基于行业油价变动敏感性系数构建了行业油价不确定性指标。

在构建完行业油价不确定性指标后，本书实证检验了油价不确定性对企业投融资决策的影响。第4章主要研究油价不确定性如何影响企业债务融资。同时，理论和实证分析了油价不确定性对企业长、短期债务融资的影响，并验证企业信息不对称程度以及债务融资成本是不是油价不确定性影响企业债务融资的渠道。进一步地，本书探讨了企业信息透明度、外部融资依赖度以及企业股权性质等对油价不确定性效应的异质性影响。此外，本书检验了油价不确定性对股权融资、商业信用融资的影响，以及对企业杠杆的影响进行了检验。第5章实证检验了油价不确定性对企业固定资产投资决策的影响，并验证了融资约束是不是重要的作用渠道，进一步分析实物期权机制、金融摩擦机制以及市场竞争对企业投资决策的异质性影响，比较哪种影响机制占据主导作用。在此基础上，拓展分析了油价不确定性对企业投资效率的影响。

第6章研究了油价不确定性对企业全要素生产率的影响，是对油价不确定性微观经济后果的进一步探讨。根据现有不确定性理论，首先从理论上梳理油价不确定性对企业全要素生产率可能的影响机制。进而，在实证研究中，本章探讨了企业人力资本投资、研发投入以及信息技术投资对油价不确定性影响企业全要素生产率的渠道作用，突出实物期权和金融摩擦渠道的重要作用。此外，本章重点研究了外部融资依赖度、产品市场竞争程度以及企业风险承担对油价不确定性影响企业全要素生产率的异质性影响。同时，进一步分析了油价不确定性对企业全要素生产率在原油产业链中的差异性影响。第7章对全书进行总结，并给出了相关的政策和建议。

1.3 研究方法与技术路线图

1.3.1 研究方法

1.3.1.1 文献研究法

使用文献研究法，对与本书相关的国内外文献进行归纳、总结，总体分为4节展开。2.1节为不确定性的分类及影响效应相关研究综述；2.2节为外生不确定性的定义及其经济影响效应；2.3节为油价和油价不确定性的宏微观经济效应的相关研究综述；2.4节为本书的文献评述，总结已有研究可能存在的不足之处，提出本书研究的切入点。

1.3.1.2 统计分析法

基于2007~2019年日度原油价格数据，使用非参数二次幂变差法，将油价已实现波动率分解为连续波动成分和跳跃波动成分，对比分析两种成分的波动特征，将油价跳跃波动定义为油价不确定性，并对其特征性事实和有效性进行分析。然后依据行业油价变动敏感性系数，构建行业油价不确定性指标，以便于后文的实证分析。

1.3.1.3 规范研究法

对油价不确定性如何影响企业财务决策及全要素生产率的研究，基于相关理论基础进行了规范分析。相关理论基础包括新古典投资理论、实物期权理论、金融摩擦理论、信息不对称理论、经济周期理论、委托代理理论以及啄序理论等，基于这些理论对本书研究问题及实证结果进行了规范化分析。

1.3.1.4 实证研究法

通过企业债务融资、固定资产投资以及企业全要素生产率的研究，使用控制行业、地区及时间虚拟变量的最小二乘回归模型分别对两两之间的关系进行研究。此外，本书对基准回归使用分组变量进行了异质性影响研究，并进行了分组回归的系数差异性检验。而稳健性检验采用控制其他可能干扰的不确定性变量、替换解释变量和被解释变量度量以及不同样本方式重新进行回归，并通过将回归模型设置为控制企业固定效应模型，以及使用两期双重差分模型重新进行检验。

1.3.2 技术路线图

本书研究的技术路线如图1-3所示。

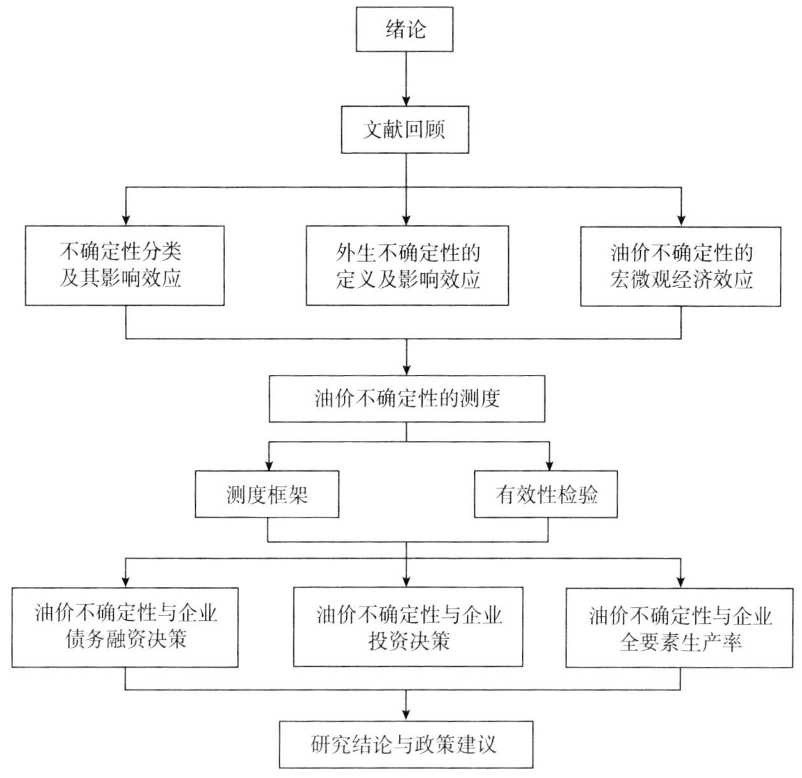

图1-3 本书研究的技术路线

1.4 本书主要创新点

本书从油价不确定性指标的测度出发，研究了其对企业债务融资、投资及其生产率的影响，基于现有文献，可能存在如下研究创新点。

第一，以往大部分研究主要关注油价的一阶（水平）效应，但原油市场重大事件同时会对油价产生一阶和二阶效应，本书利用非参数二次幂变差法对突发的、不可预期的油价二阶效应进行识别，以便更准确地度量油价的不确定性。已有文献使用多种方法对油价波动进行测度，包括区间方差（Yoon 和 Ratti，2011；Wang 等，2017）、GARCH 族模型（Henriques 和 Sadorsky，2011；Maghyereh 和 Abdoh，2020）、市场隐含波动率（Kellog，2014；Doshi 等，2018）等，但这些指标同时包含了可预期的连续波动成分和不可预期的跳跃波动成分，不精确的变量度量会导致结论可信性较低。本书有效区分了油价波动的不同成分，有利于更精确地评估油价的不确定性即二阶效应对宏观经济及微观企业行为的影响。

第二，本书丰富了企业债务融资影响因素的相关研究。已有研究发现油价不确定性会降低企业投资（俞剑等，2016；Wang 等，2017）、增加现金持有（Zhang 等，2020）、降低财务杠杆水平（Fan 等，2021）等。本书从信贷供需的角度，实证分析了存在外生油价不确定性的情形下企业长、短期债务融资的差异性变化，并从企业信息不对称程度和债务融资成本的作用渠道进行了详细论述，为企业债务融资变化在宏观层面的驱动因素提供了更丰富的经验证据。

第三，本书拓宽了油价不确定性对企业投资影响传导机制的理解和认识。实物期权机制是现有研究分析油价不确定性抑制企业投资的主要理论基础（Yoon 和 Ratti，2011；Kellogg，2014；俞剑等，2016；Wang 等，2017；Phan 等，2019），意外的是，少有研究从金融摩擦视角分析油价不确定性对投资的负向作用。本书则基于现有不确定性的实物期权和金融摩擦理论，探究了油价不确定性影响企业投资的各类作用机制，可为政府何时以及如何制定有效的货币政策，缓解油价不确定性对企业投资的负面影响提供理论依据和经验支持。

第四，本书研究对企业全要素生产率领域的相关文献进行了有益补充。诸多文献发现，油价不确定性对宏观经济产出具有显著的负面影响（Elder 和 Serletis，2009，2010），并抑制微观企业投资等活动（Kellogg，2014；Yoon 和 Ratti，2011），而企业生产率作为反映经济高质量发展和企业竞争力的综合指标，较少研究关注油价不确定性对企业全要素生产率的影响。本书基于现有不确定性的相关理论，深入揭示了这一影响关系的机制路径，对现有文献进行了延伸，拓展了油价不确定性微观经济效应的研究深度。

第2章 文献综述

2.1 不确定性的相关研究综述

2.1.1 不确定性的分类与度量

不确定性的内涵十分丰富，芝加哥学派创始人奈特（Knight，1921）早在其经典著作《不确定性、风险和利润》中有过明确阐述，认为由于人们的有限认知和信息的不足，不能有效利用已有知识和理论对事件的发展有清晰的认识，从而导致对事件未来的发展方向难以用确定概率进行刻画，即存在不确定性。与之相对应地，凯恩斯认为，经济主体的决策是通过对未来的主观预期而做出的，当存在不确定性时，个体的有限认知会使人们的信心难以维持。因而，可预测性和主观信息等是对不确定性进行定义的关键所在。实际上，由于不确定性更多的是人们的主观态度，无法直接测得，如何有效研究不确定性的经济效应，首要问题是找到合适的方法对不确定性进行度量。

2.1.1.1 不确定性分类

通过对前人的相关的研究文献归纳，可以将不确定性大致分为环境的不确定性、收入的不确定性、经济政策的不确定性以及商品价格的不确定性。

（1）环境的不确定性。相关学者对环境的不确定性很早就有了较为明确的定义。Duncan（1972）研究认为，企业环境的不确定性具体有三种情况：第一种是企业做出财务决策时存在环境信息不足；第二种是企业做出了财务决策，但不能对其结果进行清晰的判断；第三种是企业未来所处的经济环境并不能确定。由于企业环境的不确定性会影响企业财务决策，从而进一步作用于企业产出绩效（Miles 等，1978）。后续学者进一步对企业的环境不确定性进行量化。Tung（1979）认为，企业所处环境的波动和变化越大，环境的不确定性则越高。Miliken（1987）将环境的不确定性进一步从状态、反应程度和影响程度进行划分，这是由于企业或组织管理者无法对企业所处的状态进行准确的预测所导致的。按照定义，诸如宏观经济不确定性（Jurado 等，2015）、金融市场不确定性（Bloom，2009）和地缘政治风险（Caldara 和 Iacoviello，2018）等，也可被归类为企业环境的不确定性，它们不会与经济主体产生直接联系，但会显著改变企业所处的环境，从而进一步影响企业的生产经营决策。

（2）收入的不确定性。家庭和企业是两大经济主体，当收入可预测性下降时，就会出现家庭、企业收入的不确定性。家庭收入不确定性所产生的原因是经济结构的变迁、政府政策的调控以及难以预测的“黑天鹅”事件等所导致的收入下滑、失业率上升。Topel 和 Ward（1992）认为，劳动力合约黏性较低，市场的流动性较大，更容易受到外部不利因素的影响，从而引发收入的不确定性。经济结构的转型也是引发收入的不确定性的原因之一，Chamon 等（2013）发现，中国从计划经济转型至市场经济这一过程中就产生了明显的收入的不确定性，本质上是经济资源的转移使劳动收入重新分配。还有研究发现，有效的政策改革能够降低收入的不确定性。钱文荣和李宝值（2013）实证研究表明，由于中国特有的户籍制度，农民工的权益往往得不到保障，而当他们市民化程度提高时，其收入、支出的不确定性会显著降低。在企业收入的不确定性方面也有较多研究。在相关研究中，Bloom 等（2012）基于具有异质性企业模型的构建，发现由于企业投资不可逆成本边际递减，从而使当企业投资摩擦增大时会伴随着企业收入的不确定性增加。Castro 等（2015）研究表明，异质性企业生产率的波动能够在很大程度上解释企业所面临的不确定性，这说明外部因素都会作用于企业生产率。更进一步地，当在模型中引入劳动力市场摩擦后，经济不确定性的影响强度将被进一步放大（Schaal，2017）。

（3）经济政策的不确定性。在经济政策不确定性的定义中，Gulen 和 Ion（2016）认为，人们对未来经济政策实施的时机和后果无法判断和预测，其中就包含各类产业政策、货币政策和财政政策等，是一个综合指标。经济政策不确定性的形式是多方面的。刘志远等（2017）对其进行了总结，包括政策出台的可能性、政策可能的强度、政策实施的频率及其所产生的经济后果都不能预知。在来源方面，陈德球等（2017）和郭华等（2016）以地级市领导人的变更来衡量经济政策不确定性。与之对应的是，陆慧慧等（2017）以省级领导人的变更来度量政策不确定性，其原因是接任的官员可能会实行不可预知的经济政策。另外，从新闻报纸中采用文本的方式度量人们对经济不确定性的感知，即 EPU 指数，该指标由 Baker 等（2016）度量，能有效反映一国各类宏观经济政策在调整、实施的过程中出现的不确定性，该指标的引入和度量使学术界掀起了对不确定性的研究的热潮。

（4）商品价格的不确定性。价格不确定性是企业所面临最直接的不确定性，

人们能直接识别其来源或具体实物。价格不确定性分为产出商品价格不确定性和投入要素价格不确定性。在产出商品不确定性方面，Sandmo（1971）从理论上论证，产出价格不确定性会直接影响企业的产品需求，导致企业利润最大化决策发生变化。进一步地，Hartman（1976）认为，产出商品价格不确定性导致企业会对其投入要素的需求进行优化调整。另外，学者们对投入要素价格不确定性关注较多。原油作为一种在生产中极为重要且被广泛使用的投入要素，通常被用来作为分析价格不确定性经济效应的研究对象。此外，原油有成熟的期货市场，市场价格的变化能够立即被经济主体所观测。Haushalter 等（2002）以原油为特别对象，研究了油价对企业价值的影响。而自 Bloom（2009）认为油价的突然上涨、下跌是经济不确定性重要且特定来源之后，诸多学者对油价不确定性的宏观影响（Elder 和 Serletis，2009、2010；Kocaarslan，2020）及微观经济效应进行了研究（Henriques 和 Sadorsky，2011；Kellogg，2014；Doshi 等，2018）。

2.1.1.2　不确定性度量

在不确定性的度量方式上，随着人们对不确定性认识的加深以及技术的提高，对不确定性的度量方式和表征方式日渐丰富，呈现出由单一指标向综合指标、由简单计算向综合模型、由统计数据向舆情指标发展。本书将不确定性的度量归为四个类别：以核心的宏观经济变量的波动水平衡量；以受访者之间的观点分歧度和总体预测偏差水平衡量；以报纸、网络等媒体的文本为基础分离出的关键词衡量；以金融市场资产交易价格衡量。

（1）以核心的宏观经济变量的波动水平来衡量经济不确定性。宏观经济变量的波动性由于计算方法简单，受到了部分学者的广泛推广，即直接将宏观波动率定义为经济的不确定性，是一种借鉴测度的方法。在宏观方面，为间接衡量经济不确定性的大小，Episcopos（1995）测度了一系列宏观经济变量的条件方差（GARCH 模型测度），如通货膨胀率、市场利率、股价收益等，进而可以合成经济不确定性。Price（1995）的做法更为简单，为对宏观经济不确定性进行衡量，其基于 GARCH-M 模型测度了经济增长率的标准差并作为代理指标。另外，消费者物价指数的反差大小也被学者用来度量经济不确定性（Vavra，2014）。国内研究方面，邱兆祥等（2008）基于 GARCH 类模型测度了中国工业增加值和 GDP 变化率的条件方差，对中国经济不确定性进行度量。丁剑平和刘璐（2020）基于模型回归法，以宏观利率水平为基础数据度量经济不确定性。在微观方面，企业生产率的离散程度是一种很好的不确定性度量手段（Bloom 等，2018）。同时，企业产出品价格的离散程度主要受外部经济环境的变化所导致，因而该指标能有效衡量企业面临的微观不确定性程度（Baley 和 Blanco，2019）。

（2）以受访者之间的观点分歧度和总体预测偏差水平衡量经济不确定性。

该测度的原理在于，经济学家、企业家、经济分析师等专业人员之间对未来经济发展趋势的观点存在较大差异，指标值越大经济不确定性越大。该测度直接体现的是经济专家之间的不确定性感知。Lahiri 和 Liu（2006）基于经济从业预测数据库，度量了通货膨胀预期的不确定性指标。进一步地，Lahiri 和 Sheng（2010）将专业分析师预测指标的离散程度指标进一步分解为共同变化和异质性变化成分，而预测者分歧和未来突然变化共同构成不确定性，但该变量测度的准确性定会同时受宏观经济环境及数据长度的共同影响。另外，有学者基于美国 IBES 数据库，使用经济变量预测值和实际值之间误差的绝对值作为经济不确定性的衡量指标（Ma 和 Samaniego，2019），误差绝对值越大不确定性就越高。但是，将单一经济指标的预测误差作为不确定性的衡量难免存在片面性，无法对整体进行完整的衡量。Jurado 等（2015）的研究就基于一系列的经济、金融时间序列，从中刻画出潜在的共同波动，以此来综合衡量经济不确定性。基于此方法，不同国家的学者进行了拓展应用。Shin 等（2018）就基于韩国多个宏观经济变量，构建了韩国经济不确定性。另外，德国和新西兰的经济不确定性，则由 Grimme 和 Stöckli（2018）以及 Tran 等（2019）采用相类似的方法进行了测度。

（3）以报纸、网络等媒体的文本为基础分离出的关键词衡量经济不确定性。最先以文本分析来衡量不确定性的文献是 Alexopoulos 和 Cohen（2009）的研究，其使用《纽约时报》作为文本基础，以各种不确定性词汇出现的频率来衡量不确定性的大小，但该文献并没有在学术界产生较大反响。Baker 等（2016）的进一步研究则引发了学术界对不确定性研究的热潮，其以美国排名前十的报纸为基础来对不确定性词汇进行提取，并对提取字词数进行量纲处理得到月度频率的经济政策不确定性指数。基于相同的文本分析方法，许多国家的经济政策不确定性陆续被度量出来。Arbatli 等（2017）以日本影响力最大的 4 家报刊为基础，衡量了日本经济政策不确定性。Luk 等（2020）基于中国香港的报刊媒体进行不确定性词汇搜索，度量了中国香港的经济政策不确定性。除了报刊媒体的文本，也可以基于个体的网络使用信息的基础测度不确定性。Bontempi 等（2016）从信息获取者的角度出发衡量不确定性，其利用谷歌搜索指数度量不确定性，该指标有一定合理性，搜索强度越高，人们对该信息的可预测性越低，人们感知的不确定性越高。由于互联网的广泛使用，该文本搜索测度的不确定性一定程度上更为全面，也得到了后续学者的认可。Castelnuovo 和 Tran（2017）以及 Shields 和 Tran（2019）分别基于谷歌搜索指数测度了美国和澳大利亚的经济不确定性。

（4）以金融市场资产交易价格衡量经济不确定性。基于该方法进行不确定性指标的测度，是普遍且常用的方法。第一类，多数学者认为金融衍生市场的隐含波动率指数能够有效衡量经济不确定性，因为其中主要包含人们的预期成分。例如，VIX指数（美国金融市场恐慌指数）能有效反映人们对未来的心理预期。鲁晓东和刘京军（2017）以该变量作为国外金融不确定性代理指标。Kellogg（2014）使用OVX（原油期权市场隐含波动率指数）作为油价不确定性的衡量。第二类，学者们采用一定的计算，以序列的波动率作为不确定性的衡量。Campbell等（2001）为了对金融市场不确定性进行度量，使用市值加权的股票波动率作为衡量指标。学者们使用GARCH族模型（Elder和Serletis，2010；Cheng等，2019；Koirala和Ma，2020），以及序列标准差（Henriques和Sadorsky，2011；Maghyereh和Abdoh，2020）对油价不确定性进行了度量。但这些研究都忽视了突发的、不可预期的波动冲击才是确定性的准确定义。一种适合的方式是从序列波动率中提取不可预期跳跃成分（Bloom，2009），从而使分析结论更加准确。

以上对不确定性的相关研究做了系统的梳理归类，下面根据不确定性的分类，进一步对各类不确定性的经济效应展开讨论。

2.1.2 不确定性的影响效应研究

不确定性在2008年的金融危机后被广泛认为是导致经济衰退的重要因素之一（Bloom，2009）。前文中按各类不确定性的定义和方法进行了分类，本部分分别按环境的不确定性、收入的不确定性和经济政策的不确定性等方面，梳理不同类别不确定性所产生的经济效应。另外，价格不确定性的影响效应将以油价不确定性为例，在本章的第三部分中做重点阐述。

（1）环境的不确定性对企业绩效的影响效应。企业的经营发展与其经济环境显著相关，同样，企业所做出的生产经营决策所产生的经济后果也会直接或间接受到周边环境的影响。部分学者重点关注环境的不确定性对企业经营绩效的影响，不过存在正反两方面的影响效应。一方面，环境的不确定性会产生增长期权的效应，即会导致企业在发展过程中出现更多机会，而竞争压力的存在会使企业抓住增长机会，从而促进企业绩效的提高；另一方面，环境不确定性的存在可能会导致企业在生产经营过程中不可避免地遭受负面事件的影响，商品需求下降，从而导致企业经营绩效的下滑。在具体的文献中，战略管理方面的学者有过较多的探讨。赵锡斌等（2004）认为，在不确定性的环境中，关键在于发挥企业的主观能动性才能较好地应对不确定性的影响，其中权变理论可以较好地解释企业与环境之间相互依存的关系。然而，企业的不同战略选择会显著改变外部不确定性对企业绩效的影响关系，战略温和型和市场主导型是企业两大重要的战略类型。杨智等（2010）发现，市场主导型的企业经营绩效会受到不确定性的负面影响，但战略温和型的企业其经营绩效受益于环境不确定性的提高。另外，企业所拥有资源的多少能显著调节不确定性对企业绩效的关系，卢艳秋等（2014）研究表明，企业可调用的资源越多，对其自身的战略调整更具有柔性，从而能缓解不确定性对企业创新绩效的负面影响。

环境的不确定性对企业投资的影响效应。投资是企业三大财务决策之一，高效的投资决策能够促进企业持续不断的增长。委托代理理论和信息不对称理论是环境不确定性影响效应的重要理论基础。国外对这方面的研究较早，Jensen 等（1993）研究发现，当企业的现金流充沛且同时处于不确定性环境中时，企业的投资效率会显著下降，其中可由商业帝国理论所解释。Sarkar（2000）研究表明，企业的投资项目与环境不确定性之间存在正相关关系，不过，若投资项目为风险中性项目时，项目的收益和风险会同时较低。不同的是，Almeida 和 Campello（2007）认为，企业所处的环境不确定性越高，就越会显著降低企业的投资规模，这是由于管理者对未来的信息可预测性下降导致的，这样做的原因是企业所面临的不确定性和风险都会下降。Bloom 等（2007）也发现了类似的结论。不过，不确定性的存在放大了第一类代理问题，这是因为不确定性将导致企业管理者和股东之间的信息不对称性提高，管理者从自身利益出发则会开展更多无效率投资。国内学者对这类主题研究相对较晚，徐倩等（2014）研究表明，环境不确定性提高会导致政府监管部门对企业的信息不对称程度升高，外部监管效率的下降也加剧了企业的委托代理问题。彭若弘和于文超（2018）认为，环境不确定性增加了企业委托代理成本，最终导致企业无效率投资。

（2）收入的不确定性的影响效应。在家庭收入不确定性方面，预防性储蓄理论是主要基础理论。Caballero（1991）以及 Gourinchas 和 Parker（2002）研究表明，当家庭对未来的收入存在较大不确定性时，会增加预防性储蓄，以防止未来收入的突然下降导致消费支出的意外下滑。Carroll 和 Samwick（1998）基于 PSID 的数据的分析结果发现，家庭收入不确定性会增加家庭的总财富，因为不确定性导致家庭降低消费支出，表现出不确定性规避的特征。Meng 等（2003）做了进一步拓展，分析了在失业风险下，家庭收入不确定性对企业的消费和储蓄分别会产生更加明显的负向和正向作用。受传统文化的影响，Yu 和 Zhu（2013）研究表明，中国家庭表现出比美国家庭受家庭不确定性的影响更大。He 等（2018）以我国国有企业改革作为外生变化，采用双重差分模型发现，收入不确定性的提高导致了预防性储蓄的增加。

中国家庭储蓄率异常高的现象，也引发了中国学者对该现象的深入解释。万广华等（2001）认为，中国家庭消费不足但储蓄率却远高于发达国家的重要原因是不确定性难以消除。经济改革是重要的驱动因素，20 世纪末的国有企业改革导致了工人收入出现了较大波动，对未来收入预期存在较大不确定性，会进一步减少家庭对耐用品的消费（樊潇彦等，2007）。相对应地，黄祖辉等（2011）基于农村调查数据的研究发现，收入不确定性的上升增加了农民的预防性储蓄水平。谭静等（2014）研究发现，因自然灾害的难以预测性，农民工返乡后会面临更高的收入不确定性，从而会提高预防性储蓄。邹红等（2015）认为，人们退休后会降低消费、减少支出，这是由于收入下降同时伴随着不确定性的上升导致的。

在企业收入不确定性的影响方面，大部分学者认为不确定性上升会增加企业的风险偏好、降低投资。Bloom 等（2012）从时间序列的角度度量了企业收入不确定性，发现企业收入不确定性具有逆周期的特征，且是导致经济衰退的重要原因。另外，Arellano（2010）和 Gilchrist 等（2014）发现，企业收入不确定性的影响效应在具有金融摩擦时会被显著放大，企业融资成本会上升，进而显著降低企业的投资支出。此外，由于市场摩擦的存在，企业收入不确定性会导致企业增加等待期权的价值，从而减缓投资支出（Bachmann 和 Bayer，2014）。国内研究方面，李小荣和张瑞君（2014）实证发现，市场竞争的激烈程度会使企业不确定性所产生的负面影响加大，这是由于竞争会降低企业的盈利能力，高管的风险承担意愿会进一步降低。李欢等（2018）研究认为，客户集中度越高，企业的现金流风险越大，从而导致企业收入不确定性的影响效应更大。吴祖光等（2017）认为，企业收入不确定性会影响企业与客户之间的关系。

（3）经济政策不确定性的影响效应。经济政策不确定性是以报纸、媒体等文本为基础度量不确定性指标的典型代表（Baker 等，2016）。在这方面的研究文献中，学术界普遍认为经济政策不确定性会显著降低企业的投资水平。在国外的研究方面，Gulen 和 Ion（2016）率先分析了经济政策不确定性指数对企业固定资产投资的影响，发现二者呈显著的负向关系。Wang 等（2014）分析了经济政策不确定性对国有企业固定资产投资的影响，发现非国有企业受到的负向影响更大。除经济不确定性指数外，其他类型的经济不确定性也会抑制企业投资。Carballo 等（2018）研究认为，经济政策不确定性会显著降低企业出口，但若事先签订贸易协定则可有效缓解不确定性的负面效应。Caldara 等（2020）发现，贸易政策不确定性会对企业投资产生显著抑制作用。

同样，国内学者也研究了经济政策不确定性对中国宏微观经济的影响，并从不同的影响机制出发进行解释。韩国高（2014）研究表明，经济政策不确定性与经济周期共同影响企业的投资水平，在经济扩张期，经济政策不确定性对企业投资的影响是正向作用，表现为增长期权效应；相反，在经济衰退期，经济政策不确定性会显著抑制企业投资支出，表现为实物期权效应。靳光辉等（2016）以投资者情绪作为影响渠道变量，认为经济政策不确定性将促使企业管理者的不确定性规避情绪上升，从而对企业的固定资产投资产生负向影响。另外，金融摩擦也是一个重要的分析视角，陈国进等（2016）发现，经济政策不确定性会显著提高企业的资金成本，同时降低资本收益，最终导致企业投资下滑。郝威亚等（2016）研究表明，经济政策不确定性会增加企业的等待期权价值，减少企业创新支出，且该影响效应在国有性质的企业样本中更为明显。另外，经济政策不确定性会增加企业金融化水平，这是由于企业的主观投资机会减少，而现金预防性需求增加导致的（彭俞超等，2018）。

除对投资的影响外，经济政策不确定性还将抑制企业融资规模。Çolak 等（2017）发现，美国州长的轮换将导致地区经济政策不确定性的增加，而在选举期间，该地区的公司 IPO 价格会显著降低。从政府角度上看，Gao 等（2019）的研究表明，经济政策不确定性会显著提高地区经济增长的不可预测性，导致市政债券的融资成本增加。基于 Baker 等（2016）测度的经济政策不确定性指数，国内学者开展了一些研究。林建浩等（2016）的研究表明，经济政策不确定性会导致企业的融资成本显著提高，从而抑制企业的融资水平。企业性质在其中起着重要的调节作用，这是由于国有企业与主要银行间具有天然政治联系。许天启等（2017）发现，经济政策不确定性会导致民营企业的融资成本比国有企业增加更多。

经济政策不确定性对企业信息披露、股利发放和现金持有行为等产生显著影响。在对企业信息披露的影响方面，刘慧芬等（2015）认为，正常而言市场竞争会提高企业信息披露，但经济政策不确定性会弱化这一正向关系。Nagar 等（2019）发现，经济政策不确定性会导致企业的信息不确定性程度上升，从而使企业主动增加信息披露水平来缓解不确定性带来的负面影响。陈胜蓝等（2017）研究发现，中国的上市公司为应对经济政策不确定性的负面影响，会显著提高业绩预告的准确度，以满足投资者的信息需求。在股利发放方面，雷光勇等（2015）认为，企业在处于经济政策不确定性较高时期，企业的股利发放会更稳健，从而对市场产生正向的示范效应。从现金持有视角来看，王红建等（2014）分析表明，经济政策不确定性较高时期会使企业增加现金持有，而公司治理较差会进一步加剧这一正向影响。由此可知，经济政策不确定性会导致委托代理问题。此外，从企业预防性动机的理论角度而言，经济政策不确定性使企业未来的经营情况难以准确预测，促使企业增加现金持有水平（李凤羽和史永东，2016；张光利等，2017），以预防未来企业收入的下滑。

2.2 外生不确定性的相关研究综述

2.2.1 外生不确定性的定义

实际上，弗兰克·奈特（Knight，1921）在其经典著作中，首先定义了相关的风险概念，他认为风险是描述了一组事件的已知概率分布。相反，风险和不确定性间存在的概念上的区别，不确定性的特征在于未知的结果和未知的概率分布。换言之，人们对未来预期的不确定性本质上是原有信念的改变。人们原有信念是难以改变的，Kozeniauskas 等（2018）认为，需要较大的外部因素发生才足以改变原有信念，当过去的公共信息对未来信息的预测作用较小时，个体的私有信息变得更为重要，从而会在群体中产生不一致性。

然而，现有许多不确定性的测度实际上通常是风险和不确定性混合的替代品，现行大部分不确定性指标也都不是外生的，而是内生于宏观经济系统中（Kozeniauskas 等，2018）。Ludvigson 等（2019）研究表明，宏观经济不确定性升高通常是对在经济衰退中的内生反应，而金融市场的不确定性是产出波动的重要驱动因素之一。不准确的变量测量，可能会导致实证结果不准确。一个重要的证明是，Li 等（2018）研究表明，汇率不确定性对企业出口影响不显著的原因在于变量度量不准确问题，同时发现汇率跳跃波动会显著降低企业出口。

实际上，实物期权理论中能够较好地体现出政策不确定性的异质性特征。Hassett 和 Metcalf（1999）在研究税收政策调整对企业投资决策的影响时强调，大多数政策的出台是基于一定的经济条件的，且新旧政策的更替往往是突发的而非渐进的，因而政策的出台并不是连续的，而具有跳跃特征。该研究首次采用了非连续的泊松过程描述政策不确定性，这一设定取代了以往研究习惯采用的几何布朗运动，成为此后实物期权理论对政策不确定性的通用设定（Pawlina 和 Kort，2005；Dibiasi 等，2018）。

突发经济不确定性能相对较好地体现出奈特不确定性的概念界定，其定义的宏观经济变量的突然变动是该变量不可预期的变化。在宏观层面，引起学术界广泛讨论的是 Bloom（2009）的研究，其将股市在 1962~2008 年的 17 次的跳跃波动定义了不确定性[①]，认为这些剧烈的变化动摇了人们对经济增长预测准确度的

① 这些不确定性事件包括肯尼迪总统遇刺、古巴导弹危机、欧佩克油价调控事件、“9·11”袭击和海湾战争。

可信程度，增加了宏观和微观的不确定性。Knotek 和 Khan（2011）将不确定性定义为突然的、意想不到的事件，这些事件增加了未来极端结果的可能性。而且，根据数据特征统计，突发不确定性并不小，它的方差变动占据了总不确定性方差变动的 30% ~ 60%（Berger 等，2020）。但更符合常识的是，Bloom（2014）认为，突发不确定性大多由重大负面事件造成，这是由于正面事件一般是逐渐、缓慢发生的，难以形成突发的不确定性。在公司层面，Deopa 和 Rinaldo（2019）将公司股价波动分解为具有高斯分布的连续波动和非连续跳跃波动，后者是与信息突然出现以及大变化相关，被认为是更符合不确定性发生概率不可预测的定义。例如，新竞争者的进入、CEO 辞职、监管的变化以及创新产品的出现等，这些事件对公司经营和财务结构而言是非连续外生变动。与之相对应的，公司在面对流动性管理时也会面对两种不同的风险，包括连续的布朗风险和带跳跃的泊松风险。Rochet 和 Villeneuve（2011）研究认为，企业对两者一般分别使用金融衍生工具和保险合约予以应对，但对于现金匮乏的公司一般只采用对冲工具。

对应到本书相关的油价不确定性中，较少研究进行探讨。在仅有的文献中，Larsen（2021）基于文本度量了挪威的油价不确定性，发现石油价格的不确定性升高与 Hamilton（2013）识别出的历史油价突然变化相吻合，认为外生事件是导致不确定性上升的重要原因。外生重大事件同时会对油价产生一阶和二阶效应，但大部分研究都关注一阶（水平）效应。值得注意的是，原油期货价格是全部投资者基于异质信念的反应，从油价波动中分离出跳跃成分能更为有效地反映油价不确定性的时机、强度（Bloom，2009）。

2.2.2 外生不确定性影响效应研究

现有外生不确定性的经济效应研究相对较少，但作为不确定性经济效应的研究的重要文献分支，已有研究发现外生的经济不确定性能够有效解释经济周期、金融危机和资产价格波动。

对于外生不确定性经济效应的研究兴起于 Bloom（2009），其认为外生不确定性是经济主体的信念影响经济周期波动的重要因素，能够对短期经济活动（投资、产出）产生显著的负面影响。Bloom（2014）从文献综述的角度回答了为什么不确定性会导致经济的衰退，一个重要的原因是外生突发因素的作用，而其中油价的跳跃波动是重要的影响类型。Carrière-Swallow 和 Céspedes（2013）参照 Bloom（2009）的方法识别了美国外生经济不确定性，并使用开放经济的 VAR 模型研究了其对全球 40 个国家的投资和私人消费的影响，发现发达经济体和发展中国家受到的影响存在较大差异，外生不确定性对发展中国家的投资和私人消费影响更大。不过，可能由于突发的经济不确定性分布稀疏，Choi（2013）发现 Bloom（2009）的研究结论在分样本实证中影响效应较弱。区分风险和不确定性是学者们探讨的重要内容，Bekaer 等（2013）将股市隐含波动率指数（VIX）分解为风险厌恶成分和不确定性成分，发现货币政策能够同时降低两者对经济的负向作用。在微观方面，外生不确定性能显著影响企业的财务决策行为。Ahn（2019）根据 Bloom（2009）的研究定义了外生经济不确定性的虚拟变量，发现突发的不确定性会显著降低企业无形资本投资。Deopa 和 Rinaldo（2019）将企业股价波动率分解为连续波动成分和跳跃波动成分，其中跳跃波动可以有效刻画外生不确定性，并发现企业面临的两种波动成分会显著负向抑制企业投资活动。

另外，许多宏观领域的文章大多从模型分析的角度对外生不确定性效应进行识别。Basu 和 Bundick（2017）在一个有效需求模型中对外生不确定性进行了识别，发现外生不确定性的出现会显著降低产出、消费、投资和劳动时间，尤其在货币政策失效时更大。Bloom 等（2018）构建的一个具有异质性企业的动态随机一般均衡模型中，外生不确定性会导致 GDP 下降 2.5%，且模型中需要以一阶变动作为补充。但外生不确定性的负向经济效应能够被政府采取积极的货币政策予以缓和。Caggiano 等（2014）基于平滑转换模型 VAR 识别了外生不确定性，发现外生不确定性会显著地提高美国失业率，再考虑货币政策后，这一负向影响将变小。当然，不可预期的货币政策变动也会产生不确定性效应。Aor 等（2022）使用全局向量自回归模型（GVAR）将国家之间区域、贸易和金融联系进行刻画，发现美国货币政策的外生不确定性能够显著降低全球的实际股票价格。还有学者把外生的风险变动和外生不确定性的经济效应区分开来。Dihle 和 Mentges（2018）分别研究了外生不确定性和灾难风险，基于 SVAR 模型实证发现，两者对投资负向影响的模式存在较大差异，而且对经常发生灾难的国家而言，外生不确定性对投资的影响并没有表现出实物期权效应。另外，Caldara 等（2016）在模型中区分了外生金融变动和外生不确定性，发现外生不确定性并不依赖于金融资产价格，能同时降低宏观经济活动并导致金融条件收紧。经济大衰退是外生不确定性和外生金融变动交互作用的结果。

然而，与前列文献对应的是，若未能准确地识别出更能有效代表不确定性的跳跃成分，可能导致分析结果的不准确。Psychoyios（2003）对文献进行了详细梳理，认为错误地忽略波动率的跳跃成分可能会导致严重的错误定价。Kaeck（2013）发现，期权对冲模型中具有带有跳跃的模型可以显著提高对冲性能。汇率不确定性可作为宏观经济不确定性的重要类别，Li 等（2018）发现，表示外生不确定性的汇率波动跳跃成分能够显著降低国家之间的进出口，但若不分离出连续成分将导致该效应不显著。

2.3 油价不确定性的影响效应研究

2.3.1 油价的水平影响效应研究

自1970年石油危机后，油价对宏观经济的影响就受到学者们的广泛关注，由此，能源经济成为经济学重要的研究领域，大部分文献也聚焦于油价水平的经济影响。Hamilton（1983）率先发现油价剧烈上涨后会导致经济的衰退，其中1949~1981年美国的10次经济衰退中有9次是因为原油价格飙涨。此后，油价变动对宏观经济的影响得到了学者们的广泛认可。例如，Mork（1989）进一步拓展了Hamilton（1983）的研究，结果发现，负向油价变动的影响程度要大于正向油价变动。Kim和Loungani（1992）、Rotemberg和Woodford（1996）的研究认为，原油价格会以劳动、资本生产率为渠道进一步影响经济的增长。Kilian（2009）利用SVAR模型将原油价格变动进行分解，发现油价需求变动是影响美国GDP增长率的主要成分，而油价供给变动的影响并不明显。此外，投资作为经济增长模型中的核心因素之一，油价正向变化往往会降低一国的投资水平（Elder和Serletis，2010；Tang等，2010）。相反，原油价格的下跌往往会导致油气行业的就业破坏提高、就业创造下降，而对其他行业就业的影响恰恰相反（Braun等，2007；Herrera等，2017）。国内学者研究了原油价格对我国经济的影响。何晓群和魏涛远（2002）研究发现，国际油价显著抑制中国经济增长，油价平均每上涨10%，GDP增加将下降0.1%。张大永和曹红（2014）研究认为，国际油价只有在短期对我国经济产生影响，长期并不显著，而且也具有显著的非对称效应。

对现有文献进行梳理发现，国际油价变化的影响十分广泛，除了会对宏观总量指标产生影响，还会影响汇率、通货膨胀、货币政策、进出口贸易、股票市场等其他重要宏观经济变量。

（1）汇率。黄晓薇等（2014）系统梳理了油价变化对汇率体系的影响的相关文献，发现浮动汇率制度能有效缓解油价变化对汇率波动的影响，而人民币汇率与油价之间存在长期均衡关系。刘建和蒋殿春（2009）研究表明，油价变化会导致汇率波动变大，并以此降低宏观经济增速。

（2）通货膨胀。原油是工业制造中重要的生产原料，油价的变化对PPI、CPI的影响更为直接。陈宇峰和陈启清（2011）研究发现，油价的正向变化会显著提高中国消费者价格指数，而且在不同时间段的影响存在非对称效应。Gong

和 Lin（2018）进一步基于 TVP-VAR 时变模型深入探讨了结构性油价变化对中国主要宏观经济变量的影响，发现油价供给变化与需求变化对通货膨胀的影响存在显著差异，而且在不同时期的影响表现出明显的差异性。Wen 等（2018）发现，油价变化对中国通胀的影响只在短期有显著效应，在长期并不明显。

（3）货币政策。由于原油价格的变化会影响一国价格水平的通货膨胀和通货紧缩，央行会进而采取相对应的货币政策加以应对（Ferderer，1996；Sadorsky，1999），从而货币政策被认为是油价影响宏观经济的重要渠道。Natl（2012）研究认为，在非竞争性经济中，政府当局为稳定油价变化带来的通胀变动可能会产生巨大的福利成本，因而可以解释政策制定者执行稳定物价的政策较低的意愿程度。对中国货币政策的影响方面，Wen 等（2018）基于时变非线性模型的研究表明，油价变化能够显著作用于中国货币政策，而且由油价引起的货币政策变动能够部分抵消油价变化对经济产出的负向作用。不过货币政策的应对效果取决于强度是否恰当，Kormilitsina（2011）发现，货币政策放大了油价变化的负面影响，应对变化的最佳对策是将通货膨胀和利率提高到过去的水平。

（4）进出口贸易。原油作为世界上贸易量最大的单一大宗商品，其价格的变动会显著影响一国的进出口贸易。Korhonen 和 Ledyaeva（2010）分析了油价变动对石油生产国和消费国的影响，发现油价变化有益于生产国的出口条件，如油价增加 50%，会导致俄罗斯 GDP 增长 6%。相反，由于间接效应的存在，消费国则会受到负面影响。对中国而言，油价变化对中国外贸的影响可能更为明显。陈宇峰和邵朝对（2013）研究发现，国际油价变化会显著降低中国企业的出口贸易条件，而且这一影响显著与外部经济环境相关。Wei（2019）基于 Kilian（2009）的方法发现，总需求变化和特定需求变化会恶化中国企业的贸易条件，但同时又会增加进口需求。

（5）股票市场。已有研究认为，油价变动是股票市场定价重要的影响因子（Chiang 等，2015）。而 2004 年以后，Tang 和 Xiong（2012）发现，随着大宗商品指数化投资的流行，大宗商品价格指数与新兴经济体国家的股票指数的正向相关性在逐步增强。此外，油价变化与股票市场的关系还存在显著的异质性。在行业异质性方面，金洪飞和金荦（2010）发现，油价变动对中国不同行业的股票收益存在显著差异，其中生产原油的上游油气开采业受益于油价上涨，而以原油为投入要素的下游行业的股票收益与油价变动呈负相关。在油价变化类别方面，借鉴 Kilian（2009）的做法，Hu 等（2018）将油价变化分解为三类供需变化，发现原油特定需求变化和总需求变化对股票市场的影响较大，而对供给变化的影响并不显著。

油价变化对产出影响的成本机制在分行业的异质性影响中同样重要。由于各行业企业生产的投入要素构成存在显著差别，不同行业对油价变动的敏感性存在显著差异，从而研究油价变化的经济效应时，有必要考虑行业的异质性。Keane 和 Prasad（1996）研究表明，行业的就业和工资水平所受到的油价变化的影响显著不同。Lee 和 Ni（2002）发现，对美国而言，油价变化的成本效应几乎对全部行业都产生影响，如汽车行业等；而供给（成本）效应仅对部分能源密度较高的行业有显著影响，如石油冶炼、化工等。谭小芬等（2015）将油价变化分解为三种原油市场供需变化，发现油价特定需求变化对中国经济的负面影响最大，且主要集中于能源密集型行业。钱浩祺等（2014）从原油产业链的上下游角度对油价变化的影响进行分析，发现我国石油上游产业主要表现为油价变动成本效应，下游产业主要受油价变动需求变化影响。

2.3.2 油价不确定性的宏观经济效应研究

油价变化对宏观经济的影响，不仅体现在一阶的水平成本效应上，还表现为二阶的不确定性的影响。在非完全市场有效性的环境中，不确定性因素的存在是影响经济活动的重要因素（Bloom，2009）。现有研究发现，油价不确定性的经济效应主要以实物期权渠道发挥作用。对油价不确定性的研究兴起于 Elder 和 Serletis（2009，2010），他们发现较高油价不确定性会减少宏观经济产出以及资本投资，并且认为油价变化的不对称性的部分原因是由油价不确定性造成的。Lee 等（2011）构建了油价异常变化指标，发现油价变化对企业不确定性与企业投资之间负向关系的影响会显著增强，该调节效应在长、短期都有显著证据。在经济产出方面，同样发现了类似的证据。Jo（2014）从宏观的角度，基于随机波动 VAR 模型，发现油价波动提高一倍会导致累计的全球工业产出下降 0.3%。Elder（2019）发现，油价不确定性对耐用品、交通装备、原油勘探等行业的产出有显著的负向影响。Śmiech 等（2020）基于原油市场期权数据构建了油价不确定性指标，运用 VAR 模型实证发现，油价不确定性会显著使原油出口国的工业产出显著持续下降。

在宏观就业方面，油价波动率对宏观就业的影响也较早被学者们所研究。Lee 等（1995）对比了油价变化在高、低油价波动率下对失业率的影响，发现在高油价波动率下，油价变化对失业率的影响更加显著。Ferderer（1996）发现，油价变化和波动对就业增长率有显著的预测作用。Kocaaslan（2019）利用宏观总量数据，实证检验油价不确定性对失业率的影响，结果表明，油价不确定性会显著提高美国的宏观失业率水平。基于 NARDL 模型，Kocaarslan 等（2020）发现

了相同的结论，而且油价波动率指数（OVX）对失业率的预测作用比历史波动率更好。同样，Koirala 和 Ma（2020）基于宏观加总和分行业数据，使用 GARCH-in-Mean VAR 模型发现油价不确定性对美国就业增长有显著的负向影响，而油价变化的非对称效应的主要原因是油价的上涨和下跌会附加产生油价不确定性。就业市场前景也有可能是中间影响机制，即能源价格的不确定性可能导致对就业前景的不确定性增加，进而提高预防性储蓄、减少消费者支出（Edelstein 和 Kilian，2009）。

另外，由于商品金融化现象的出现，油价不确定性将是金融市场重要的定价因子。Liu 等（2013）关注了油价不确定性与其他金融市场不确定性指标的管辖，发现 VIX、EVZ 及 GVZ 会在短期对油价不确定性产生显著影响。另外，有学者研究了油价不确定性与股票市场的关系（Luo 和 Qin，2017；Dutta 等，2017），发现油价不确定性会显著降低股票收益。不仅如此，Xiao 等（2018）则利用分位数回归的方法进行分析，结果表明，油价不确定性指标与股票市场收益存在显著的非线性影响关系。

2.3.3 油价不确定性的微观经济效应研究

作为本书研究的主要方向，油价不确定性对微观企业的影响效应逐步得到学术界的关注和研究。特别是石油开采行业因其特殊属性，其受到油价不确定性的影响单一，能被有效用来验证不确定性下的实物期权理论。Kellogg（2014）发现，油价不确定性会显著降低企业的钻井活动，因而是实物期权理论的有效验证。具体对企业行为的影响方面，油价不确定性的微观效应已初步得到证实。已有研究分别使用不同国家的样本，发现原油价格波动造成的不确定性对企业投资具有延缓作用。Yoon 和 Ratti（2011）以美国上市公司为样本，研究表明，原油价格波动造成的不确定性会延缓企业的投资，在能源消费强度较高的行业更加明显。Henriques 和 Sadorsky（2011）发现，原油价格波动与企业战略性投资呈 U 形关系。Phan 等（2019）以全球 54 个国家的上市公司为样本，发现原油价格不确定性会显著地负向作用于企业投资，这一负向效应在原油生产国中比在原油消费国中更加明显，金融危机和市场波动特征也存在显著调节作用。Maghyereh 和 Abdoh（2020）认为，油价不确定性对美国上市企业投资具有显著的非对称性，来源于油价正向变化的不确定性抑制企业投资的作用更大。

除全球和发达国家的实证证据，中国作为发展中国家也受到学者们的关注，并发现了类似的结论。Wang 等（2017）利用 2005~2014 年季度数据实证检验发现，历史油价波动率对中国上市公司的投资有显著的负向影响，且在民营企业中更加明显。书中的理论模型推导也得出了相同的结论。Cao 等（2020）基于历史油价波动率，发现油价不确定性对中国可循环能源公司的投资有显著的负向影响，且能提高企业投资机会的敏感性。

油价不确定性除了能显著影响企业投资外，还可能对市场投资者交易、公司价值、现金持有、债务融资等产生影响。Czudaj（2019）研究表明，油价不确定性会显著影响期货市场的动量交易行为。Alhassan（2019）研究发现，油价的历史波动率会同时减少企业现金分红和投资水平，该效应在企业融资约束较高的情况下更加明显。Phan 等（2020）实证发现，油价不确定性会降低美国上市企业的业绩（ROA），但这种负向效应会因企业管理者的能力水平提高而减弱。基于历史价格数据度量油价不确定性有其自身缺陷，仅有少量文献关注到这一问题，并开展了相关研究。油价不确定性最直接的是影响油气行业上市公司的价值（Haushalter 等，2002）。但和宏观总量不同的是，Haushalter 等（2002）发现，油价不确定性对公司价值的影响具有显著的异质性，公司是否受到融资约束会使油价不确定性的影响完全相反，而且公司开展风险管理会降低公司财务困境和投资不足从而提高公司价值。Doshi 等（2018）使用期货隐含波动率作为油价外生不确定性指标，发现面对较高的油价不确定性时，大规模企业会提高对冲强度但不会降低企业的资本投资及债务发行，而且由于金融摩擦的存在，小企业相比于大企业会采取截然相反的行动。不确定性较高的情况下，企业未来现金流的可预测性降低，出于预防性动机持有更多的现金，同时降低资本性支出。Zhang 等（2020）使用芝加哥期货交易所（COBE）推出的原油波动率指数（OVX）对油价不确定性进行度量，发现在控制经济政策不确定性指标后，油价不确定性对中国上市公司现金持有具有显著的正向影响，该效应在民营企业更加明显。

2.4 文献述评

本章梳理并总结了关于不确定性分类和度量、外生不确定性以及油价不确定性所产生的宏微观经济效应的相关研究。对现有研究进行归类发现：第一，大多数研究通过经济政策不确定性的代理变量分析了其对企业财务决策的影响，研究普遍基于金融摩擦理论和实物期权理论认为经济政策不确定性会降低企业投融资活动，企业产出、生产率等经济后果会受到负面影响。第二，关于宏观经济不确定性的定义和分类已经比较成熟，但现有指标大多和不确定性的原始定义，即突发性、不可预期性等特征存在差异。然而，对于油价不确定性的度量大多原始且简单，其波动成分包含了可预期、可对冲的连续波动成分，从定义上看，这部分属于风险的内涵，而不是对油价不确定性的准确刻画。第三，对油价不确定性的

研究暂时处于起步阶段，现有研究对不确定性理论的运用以及实证分析都尚未与经济政策不确定性等热门指标的研究步调一致，大多集中于对企业投资的影响。通过借鉴和分析不确定性研究领域现有的成果，为本书针对油价不确定性对企业融资决策、投资决策和全要素生产率的影响奠定了理论基础。

根据已有文献可以发现，油价不确定性的微观经济效应存在较大的拓展空间：首先，国内外关于油价不确定性指标的度量中，现有文献大多使用油价区间时间段方差、GARCH族模型以及直接使用原油市场隐含波动率来代替，这些指标在研究企业微观经济效应时，忽视了油价波动包含连续波动过程和跳跃波动过程。然而，波动中的不可预测跳跃成分可能才是不确定性的准确度量（Jurado等，2015），即“从经济主体视角无法预见的扰动所引起的条件波动”，其由除经济系统外的突发事件所决定，即突发不确定性，其概率分布未知，更符合奈特不确定性的界定。相反，不准确的度量可能导致实证结果与理论预期不相符的情形（Li等，2018）。其次，在研究企业的微观效应上，大多数研究都关注对企业投资的影响，即仅从实物期权渠道进行解释，缺乏从金融摩擦等视角进行研究。此外，对于企业的融资决策等企业重要财务决策变量，以及企业全要素生产率等效率指标，现有文献暂未涉及。最后，中国作为最大的原油进口国和价格接受国，对于油价不确定性如何影响企业经济行为的研究尚处于起步阶段，结合中国实际国情进行深入且有针对性的研究仍具有深入挖掘的空间。

综上所述，关于油价不确定性对企业融资决策、投资决策以及企业全要素生产率的影响，现有学者的研究，要么暂未涉及对相关变量的研究分析，要么在影响机制上缺乏更细致的研究分析。而油价不确定性对实体企业的财务决策及其产出效率具有更为深刻的意义，仅通过对宏观经济不确定性的经济效应研究并不能完全揭示内在的经济影响机制，反映不出油价不确定性的特定影响。另外，现有使用油价不确定性的衡量做法实际上并不准确，无法准确估计出实际油价不确定性对企业投融资决策和生产率的影响效应。通过对现有文献的梳理可以发现，油价不确定性对企业的微观经济效应的相关研究仍具有可供研究的空间，本书基于此展开研究。

第3章　油价不确定性的度量研究

在研究油价不确定性对微观企业财务决策的影响效应时，如何有效度量外生油价不确定性是研究开展的首要问题。通过回顾已有文献，学术界对油价不确定性的测度准确性不断发展，产生了多种油价不确定性的测度方式。本章围绕油价不确定性的度量方法展开研究，总结现有度量方法的不足之处，进而引出对具有外生性质的油价不确定性的测度框架，识别油价不确定性外生成分，并分析外生油价不确定性的数据特征及对其有效性进行检验。

3.1　引言

原油价格是重要的宏观经济变量，对油价不可预测成分的测度是宏观不确定性研究的一个重要问题。弗兰克·奈特（Frank Knight）对不确定性的定义更为正式并被研究者们广泛接受，他对不确定性和风险做出了明确的区分，其中不确定性为事件未来发展态势无法预知随机的事件，而风险发生的概率已知，能够采取相应的金融工具进行对冲（Knight，1921）。Jurado等（2015）也给出相应定义，认为经济不确定性指那些不能够被预测到的未来的经济或政策波动。对于原油价格不确定性的准确测量也包含这样一个前提，即油价的波动性必须能够充分代表影响其价格变化的一组复杂变量产生的不确定性。然而，这一理论定义在许多度量油价不确定性实证上并没有被严格遵循，因为大多数油价不确定性的衡量同时包含了可预测和不可预测的成分。不确定性不精确的衡量，可能会导致出现实证结果与理论预期不相符的情形（Li等，2018）。

回顾已有研究中常用的原油价格不确定性测度方法，主要有四类。

第一类是依赖于计量模型的测度方法，将GARCH模型刻画的波动率作为油价不确定性的度量指标。Engle（1982）、Bollerslev（1986）以及Taylor（1986）相继提出了自回归条件异方差（ARCH）模型、广义自回归条件异方差（GARCH）模型以及随机波动（SV）模型。基于此，许多学者使用ARCH（GARCH）族或SV族模型对原油价格波动进行建模分析（Cheong，2009；

Narayan 和 Narayan，2007；Vo，2011），并发现油价波动和其他金融资产一样，在时间序列上存在波动集聚性、非对称性和持续性。在油价不确定性的宏观经济效应上，学者们使用 GARCH 族模型对油价不确定性进行了度量（Elder 和 Serletis，2010；Aye 等，2014；Cheng 等，2019；Koirala 和 Ma，2020），分别发现油价不确定性会抑制宏观投资、降低总就业和产出水平。同样，在对微观企业行为影响研究中，有学者使用该方法度量油价不确定性。Yoon 和 Ratti（2011）以及 Wang 等（2017）分别基于 GARCH（1，1）模型度量了油价不确定性，并发现其会显著抑制企业投资。

第二类是直接利用原油价格收益计算更低频率的油价标准差。该方法计算简单，长期以来被学者们广泛应用，也常与 GARCH（1，1）方法相互验证。Ferderer（1996）将能源价格不确定性计算为每日石油价格的月内标准偏差，发现油价不确定性对宏观产出具有非对称性。在对微观企业经济影响效应方面，大多数学者基于油价的条件波动率作为油价不确定性的度量，并研究了其对企业投资的影响。Henriques 和 Sadorsky（2011）发现，油价季度标准差会降低企业战略性投资决策。Maghyereh 和 Abdoh（2020）基于美国数据，发现油价不确定性对企业投资存在非对称影响。Phan 等（2019）使用全球样本，验证了油价不确定性对企业投资存在实物期权效应。Cao 等（2020）发现，油价不确定性会降低新能源行业的投资水平。

第三类是隐含波动率，该方法相对接近于对不确定的原始定义。芝加哥期权交易所（Chicago Board Option Exchange）发行的原油市场波动率指数（OVX），其计算来源于期权隐含波动率模型，是对未来油价波动的前瞻性指标，能相对有效地代表投资者对未来一个月股市波动的预期。Christoffersen 和 Pan（2018）基于该方法度量了隐含波动率，论证了油价暴露是股市重要的风险因子。Gao 等（2021）从理论和实证上论证了，油价不确定性导致经济主体基于预防性动机提高库存，从而导致经济产出减少。在微观企业层面，多数研究发现油价不确定性会产生实物期权效应，从而导致企业减少投资（Kellog，2014；Doshi 等，2018）。此外，也有研究以此度量研究了对企业现金持有（Zhang 等，2020）、财务杠杆（Fan 等，2021）及企业价值（Haushalter 等，2002）等的影响。虽然这一指标具有明显的前瞻性，其特点除与重大经济和政治事件跳跃相对应外，其余波动成分也由可预测的风险相关因素所影响（Bekaert 等，2013）。

第四类是金融时间序列的已实现波动率，通常被作为不确定性的衡量。该方法计算方便，相比于 GARCH 族、SV 族模型具有无模型估计化的特征，能够更准确地捕捉金融时间序列的波动率。在油价不确定性的经济效应分析中，如何对油价波动的非预期成分进行捕捉，是有效度量油价不确定性的关键所在。市场参与者通常会对“好的”和“坏的”波动进行区分（Giot 等，2010）。更具体地，“好的”波动是有方向的、持续的和相对可以预期的，然而“坏的”波动是跳跃的且相对难以被预期的（Caporin 等，2015），波动的跳跃成分也被认为是难以分散的风险（Bollerslev 等，2008）。换言之，“好的”波动率与价格过程的连续和持续部分相关，而“坏的”波动率被称为跳跃，与价格的非连续过程相关（Huang 等，2019）。该方法在资产组合管理的研究中应用较为普遍，跳跃波动加入后有助于提高相关变量的预测精确度，如资产收益（Andersen 等，2015）、波动率（Duong 和 Swanson，2015）、股票风险溢价（Santa-Clara 和 Yan，2010）、方差风险溢价（Li 和 Zinna，2017）。

在传统分析框架中，不确定性往往和服从高斯分布假定的风险被当成相同概念来分析（Bloom，2014），以往研究通常将油价整体波动率当成油价不确定性。然而，如果外生事件无法预测，其发生的时间将是随机的，那么对它出现的频率及强度的测量则需要一种恰当的方式。与之分析相符的是，波动的跳跃成分可以同时对外生油价不确定性所出现的时机和强度进行有效测量。这种非高斯分布的跳跃波动在数据特征上有偏且厚尾，摆脱了通常以正态分布来表示风险的限制。同时，与连续波动成分所对应的风险成分相反，由不可预期事件导致的油价不确定性是难以使用金融工具进行有效对冲的，更符合奈特不确定性的概念界定。此外，市场不确定性的出现，实际上是由较大的外生突发因素导致市场共同信念难以被原有公共知识或信息所支撑（Kozeniauskas 等，2018），从而产生群体不一致性。因此，外生油价不确定性对异质性企业的信息环境、资金成本以及财务决策可能产生更加显著的影响。

在具体的经济效应研究中，部分学者认为这种做法更符合不确定性的定义。作为近年来引领不确定性研究的重要文献，Bloom（2009）基于 Barndorff-Nielsen 和 Shephard（2006）提出了非参数二次幂变差检验方法，使用股票市场日度数据对由重大突发事件引发的跳跃波动进行检验识别，以此衡量不确定性。但 Bloom（2009）只使用哑变量作为经济不确定性的衡量指标，只体现了不确定性出现时机的特征，并没有体现不确定性发生的强度。Choi 等（2018）虽然基于已实现波动率的思路构建了总不确定性指标，但并没有进一步区分不确定性的跳跃成分。Ahn（2019）基于金融市场数据度量了不确定性，并研究了其对企业无形资本投资的影响。回到与本书较为相关的研究中，Chevallier 和 Ielpo（2014）将原油价格波动区分为连续、跳跃波动，发现大宗商品市场的价格跳跃性越高，市场参与者的不确定性就越大。但是，现有利用油价跳跃波动的研究大多集中于波动率预测建模领域，且发现油价跳跃波动对未来有很好的预测效果（Wen 等，2016；Ma 等，2019）。

因此，本书基于资产定价领域的研究理论（Wen等，2016；Ma等，2019），认为基于非参数二次幂变差法获取油价波动中不可预测部分的跳跃波动度量油价不确定性更具有科学性，并称其为具有外生特征的油价不确定性，该方法能够识别原油市场受重大不可预料事件影响的油价跳跃波动，更能充分地反映油价不确定性发生的时机和强度。在识别油价不确定性的基础上，并进一步从相关性和宏观经济效应进行分析，以充分判断本书的油价不确定性衡量是否可靠、有效。同时，由于本书聚焦于微观企业的经济效应，本书进一步构建了行业油价不确定性暴露指标。

3.2 油价不确定性的度量

3.2.1 油价不确定性的度量方法

对于原油市场而言，由于市场易受重大突发事件的影响，加之投资者非理性等因素使得影响进一步放大，油价的连续波动不再是主要特征，还包含了不可预期的跳跃性波动成分。因此，本书按风险定价领域的做法将油价已实现波动率（RV）分解为两个部分，即连续样本路径方差（RVC）和离散跳跃方差（RVJ）。首先，本书参考Andersen和Bollerslev（1998）的研究做法，使用已实现波动率的方法对原油价格的区间波动率进行度量：

$$RV_t = \sum_{i=1}^{M} r_{t,i}^2 \tag{3-1}$$

式中，$r_{t,i}$ 表示 t 期的第 i^{th}（$i=1, \cdots, M$）个收益率，$r_{t,i}=100\times(\ln P_{t,i}-\ln P_{t,i-1})$，$\ln P_{t,i}$ 表示 t 期的第 i^{th} 个收盘价。当 $M\to\infty$ 时，已实现波动率 RV_t 可以作为 QV_t 一致估计量：

$$RV_t \xrightarrow{M\to\infty} QV_t = \int_{t-1}^{t} \sigma_s^2 ds + \sum_{t-1<s\leq t} \kappa_s^2 \tag{3-2}$$

借鉴Barndorff-Nielsen和Shephard（2004，2006）的研究，连续样本路径方差 $\int_{t-1}^{t} \sigma_s^2 ds$ 可以使用已实现二次幂变差 RBV_t 进行估计：

$$RBV_t = z_1^{-2}\left(\frac{M}{M-2}\right) \sum_{j=3}^{M} |r_{t,j-2}||r_{t,j}| \tag{3-3}$$

式中，$z_1=E(z_t)=\sqrt{\pi/2}$，z_t 是一个服从标准正态分布的随机变量。参考Huang和Tauchen（2005）的研究，本书使用 Z_t 统计量来检验离散跳跃方差。

$$Z_t = \frac{(RV_t - RBV_t)RV_t^{-1}}{\sqrt{(\mu_1^{-4} + 2\mu_1^{-2} - 5)\frac{1}{M}\max\left(1, \frac{RTQ_t}{RBV_t^2}\right)}} \rightarrow N(0, 1) \quad (3-4)$$

式中，$u_1 = \sqrt{\pi/2}$，$RTQ_t = M\mu_{4/3}^{-3}\left(\frac{M}{M-2}\right)\sum_{j=3}^{M} |r_{t,j-2}|^{4/3} |r_{t,j-1}|^{4/3} |r_{t,j}|^{4/3}$ 是已实现3/4次方幂，同时，$\mu_{4/3} = E(|Z_T|^{4/3}) = 2^{2/3}\Gamma(7/6)\Gamma(1/2)^{-1}$。

通过以上跳跃检验，可以得到区间离散跳跃方差 RVJ_t 和连续样本路径方差 RVC_t。

$$RVJ_t = I(Z_t > \varphi_\alpha)(RV_t - RBV_t) \quad (3-5)$$

相应地，连续样本路径方差的估计量为：

$$RVC_t = I(Z_t \leqslant \varphi_\alpha)RV_t + I(Z_t > \varphi_\alpha)RBV_t \quad (3-6)$$

在实际操作过程中需要选取合适的置信水平 α，按照文献中常用的做法，本书置信水平 α 设定为0.99。进一步地，通过对二次幂变差值和 Z_t 统计量的计算，原油价格连续收益波动序列就可以有效分解为连续样本路径方差 RVC_t 和离散跳跃方差 RVJ_t 的估计量，其中，RVJ_t 在后文中被定义为油价不确定性。RVJ_t 的值越大，表明油价跳跃波动程度就越高。

3.2.2 油价不确定性度量结果分析

国际上代表性的油价指标有两种，包括纽约商品交易所的美国西得克萨斯轻质原油（WTI）期货价格和伦敦洲际交易所进行交易北海布伦特（Brent）原油期货价格，两种原油价格指标在不同地区具有一定的标杆性作用。以往的论文中，大多使用 WTI 原油期货连续合约价格作为油价不确定性度量的数据来源（Kocaaslan，2019；Phan 等，2019）。同时，两者的时间走势十分相近，相关系数达到了 0.97，在油价大幅上涨、下跌时期基本一致（如 2008~2009 年、2014~2015 年），说明本书选择 WTI 原油价格度量油价不确定性的准确性不会受价格指数选择的影响（见图 3-1）。因而，本书选择 WTI 油价指数作为油价不确定性度量的基础数据。

另外，尽管已有研究认为隐含波动率能够更好地代理不确定性指标，因为它包含了市场参与者对未来的预期信息，但对于季度数据而言，使用原油连续期货价格数据并不会存在较大的差异（Choi 等，2018）。而且，在分离原油价格的跳跃和连续成分时，使用价格收益率序列能更好地与非参数二次幂变差法相结合。在具体的度量步骤中，本书使用 WTI 日度价格数据计算得到月度已实现波动，并进一步基于上述方法得到月度已实现跳跃波动成分和连续波动成分。由于后续

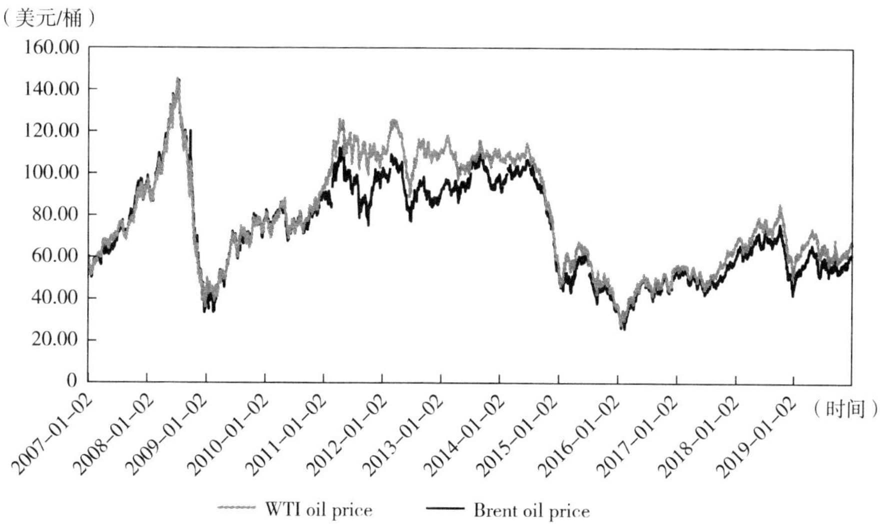

图 3-1 WTI 和 Brent 连续期货价格走势

实证过程中，公司财务数据的最高频率是季度，因而本书将油价月度跳跃、连续成分平均得到季度频率的时间序列，以便本书的实证分析。

利用 HAR-ARV 方法将油价波动分离成跳跃成分（*RVJ*）和连续成分（*RVC*）的时序图（见图 3-2）。可以看出，油价跳跃成分和连续成分表现出较大差异，跳跃成分往往伴随着突发性事件时其数值突然变大，相反在非重大事件期间其数值为 0，表明油价跳跃波动具有偶发性和不可预料性的特征，从而可以使用油价跳跃波动来有效衡量油价不确定性。Bloom（2009）基于股票市场数据，对经济不确定性中的跳跃成分进行检验识别。相比之下，油价连续波动成分表现出波动聚集现象，大波动出现后往往需要一段时间才逐渐变小，这更符合人们的线性预测。Bloom（2014）的文献梳理认为，宏观不确定性总会伴随着经济衰退而发生。但作为宏观不确定性的重要类别，油价不确定性却在大部分时间与宏观经济周期表现出不一致性，除 2008~2009 年外，其他时期均与原油市场特定供需事件有关。

本书对油价跳跃波动和连续波动分别进行 AR（1）回归的结果（见表 3-1）。第（1）列的结果表明，滞后一期的 *RVJ* 对当期 *RVJ* 的影响系数为 0.013，但在统计上并不显著，而且 R^2 为 0，说明滞后一期值不具有任何解释力。相反，第（2）列给出的是 *RVC* 的 AR（1）回归结果，结果显示滞后一期的 *RVC* 对当期 *RVC* 的影响系数为 0.662，且在 1%的显著性水平上显著，而且 R^2 为 0.438，即利用过去的信息可以显著地预测未来油价连续波动成分。

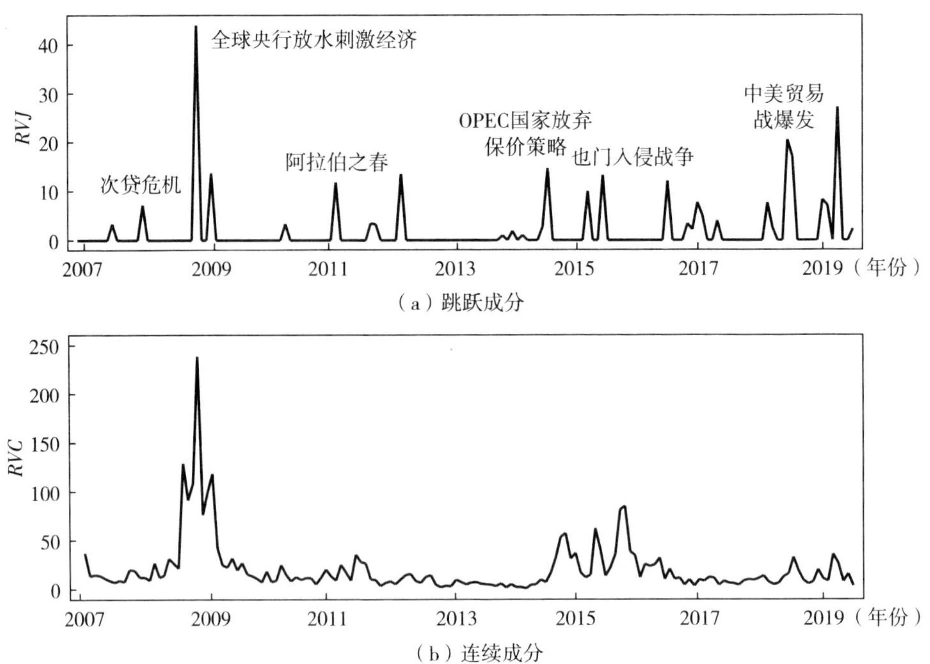

图 3-2 油价波动已实现跳跃成分和连续成分

表 3-1 油价波动成分的 AR（1）回归结果

指标	（1）	（2）
	RVJ	*RVC*
L. RVJ	0.013 （0.081）	
L. RVC		0.662*** （0.061）
Cons	1.753*** （0.456）	6.797*** （2.118）
Obs	155	155
R^2	0.000	0.438

注：括号内为稳健标准误差，***、**、*分别表示系数估计在 0.01、0.05、0.1 的显著性水平上显著。

作为本书油价不确定性度量的稳健性方法，本书基于原油价格隐含波动率序列（*OVX*）对油价不确定性进行度量。*OVX* 是 30 天原油期权的隐含波动率，在芝加哥商品期货交易所网站可下载[①]。借鉴 Bloom（2009）对外生经济不确定性识别的思路[②]，对油价不确定性进行识别，作为后文实证稳健性的补充。度量步骤为：①本书将月度频率的 *OVX* 序列使用 *HP* 滤波法去除其时间趋势后，得到 $\widetilde{OVX}$；②若在时间区间内，某期的 $\widetilde{OVX}$ 大于门槛值（区间内 $\widetilde{OVX}$ 的均值与其 1.65 倍标准差之和），则定义该期突发不确定性 *OVX_Shock* 为 1，否则为 0。度量如式（3-7）所示：

$$OVX\_Shock_t=\begin{cases}1 & if \quad \widetilde{OVX}_t \geqslant threshold \\ 0 & if \quad \widetilde{OVX}_t < threshold\end{cases} \tag{3-7}$$

3.3　油价不确定性度量有效性检验

3.3.1　油价不确定性与其他不确定性变量相关性分析

参照 Bloom（2009）的做法，在进行后文的实证分析前需要论证两个问题。其一，本书度量的油价不确定性与其他不确定性指标是否相关；其二，本书度量的油价不确定性是否会对实际经济指标产生影响。这两个检验是决定本书的度量的油价跳跃波动成分是否能够有效衡量油价不确定性的关键。月度油价不确定性 *RVJ* 与其他不确定性指标两两之间的相关系数如表 3-2 所示，包括全球经济政策（*GEPU*）、中国经济政策不确定性（*CEPU*）、美股波动率指数（*VIX*），以及油价隐含波动率指数（*OVX*）。结果表明，*RVJ* 与 *GEPU*、*CEPU*、*OVX* 等指标显著相关，但相关系数较低，都小于 0.3。相关性结果表明，油价波动跳跃成分包含了经济不确定性信息，但同时由于与其他不确定性指标的相关系数较小，也表明其主要的方差变动是由原油市场突发事件引起的，这符合 Bloom（2009）对突发不确定性度量准确性的基本要求。

表 3-2　油价不确定性与其他不确定性指标的相关系数

指标	*RVJ*	*GEPU*	*CEPU*	*VIX*	*OVX*
RVJ	1				

① 资料来源：https：//www.cboe.com/us/indices/dashboard/ovx/。

② Bloom（2009）以股票市场隐含波动率（*VIX*）对突发的经济不确定性进行识别，*VIX* 与 *OVX* 指标的度量方式相同。

续表

指标	RVJ	GEPU	CEPU	VIX	OVX
GEPU	0.239***	1			
CEPU	0.272***	0.893***	1		
VIX	0.124	-0.014	-0.153***	1	
OVX	0.245***	0.077	0.026	0.765***	1

注：***、**、*分别表示系数估计在0.01、0.05、0.1的显著性水平上显著。

进一步地，本书类似于 Bloom（2009）的做法，以油价波动跳跃成分为自变量，其他不确定性指标为因变量，分别构建最小二乘回归，回归中控制时间趋势和月度虚拟变量。回归估计结果如表3-3所示。在第（1）列中，*RVJ* 的估计系数为1.478，说明油价跳跃波动1个方差的变动会导致 *GEPU* 变动14.7%①。类似地，油价跳跃波动1个方差的变动还分别会导致 *CEPU* 方差变动19.2%、*VIX* 方差变动18.4%。此外，*OVX* 作为原油市场重要的隐含波动率指标，被先前的学者认为能有效度量油价不确定性（Kellogg，2014）。本书发现，*RVJ* 一个方差的变动会导致 *OVX* 变动27.1%。因而，通过相关性分析以及简单线性回归分析，可以认为油价波动跳跃成分能够较好地刻画油价不确定性，为后文的实证奠定充分的基础。

表3-3　油价不确定性与其他不确定性指标的回归结果

指标	(1)	(2)	(3)	(4)
	GEPU	CEPU	VIX	OVX
RVJ	1.478** (0.600)	7.793*** (2.374)	0.303** (0.118)	0.654*** (0.189)
Cons	88.278*** (12.044)	-11.548 (47.686)	25.737*** (2.363)	43.316*** (4.016)
Time trend	Yes	Yes	Yes	Yes
Month dummies	Yes	Yes	Yes	Yes
Time span	07M1-19M12	07M1-19M12	07M1-19M12	07M6-19M12

① 14.7%=1.478×5.36/54，其中，5.36为 *RVJ* 的标准差，54为 *GEPU* 的标准差。

续表

指标	(1)	(2)	(3)	(4)
	GEPU	*CEPU*	*VIX*	*OVX*
Obs	156	156	156	151
R^2	0.525	0.540	0.310	0.178

注：括号内为稳健标准误差，***、**、*分别表示系数估计在0.01、0.05、0.1的显著性水平上显著。

3.3.2　油价不确定性的中国宏观经济影响效应检验

本部分进一步使用时间序列中常用的分析方法，即向量自回归模型（VARs）分析油价不确定对中国宏观经济的影响，以从宏观效应上验证变量的有效性。在VARs模型的估计中，本书使用2007年1月至2019年12月的月度数据进行估计，滞后阶数根据AIC准则选定为12阶。模型中的变量排序为，油价不确定性（*RVJ*），生产者价格同比指数（*PPI*），广义货币供应量［log（*M2*）］，工业增加值［log（*IP*）］以及固定资产投资［log（*Investment*）］。变量设定的基本假设是，油价不确定性会首先导致生产者价格产生反应（引发通胀或紧缩），随后央行开展货币政策操作予以应对，其次影响经济产出水平，最后内生的企业投资决策发生变化。由于本书使用的是月度数据，首先使用*X*12对4个中国宏观经济变量做季节调整处理，其次参照Bloom（2009）的做法，使用HP滤波做剔除宏观经济变化趋势（$\lambda=129，600$）。

油价不确定性对中国宏观经济变量的脉冲响应如图3-3所示，标准差为90%的置信区间水平。从图3-3（a）中可知，油价不确定性会使得生产者价格指数立即显著下跌，并延续了三期的作用，说明油价不确定性会减弱经济活动，导致经济紧缩。图3-3（b）表明，虽然*M2*在当期影响为正，但在10%的置信水平内并不显著，说明油价不确定性并没有导致央行货币政策的变化。在图3-3（c）中可以发现，工业增加值受油价不确定性的影响会在第三期显著下降，但并没有显著的延迟影响，表明油价不确定性对经济总量的影响是短期的。图3-3（d）的结果表明，固定资产投资显著受到油价不确定性的负面影响，并在期初显著持续了三期左右。这表明，中国固定资产总投资会因油价不确定性的影响产生宏观层面的抑制效应。需表明的是，本书图3-3的脉冲响应结果并不受变量次序、滞后阶数的影响。

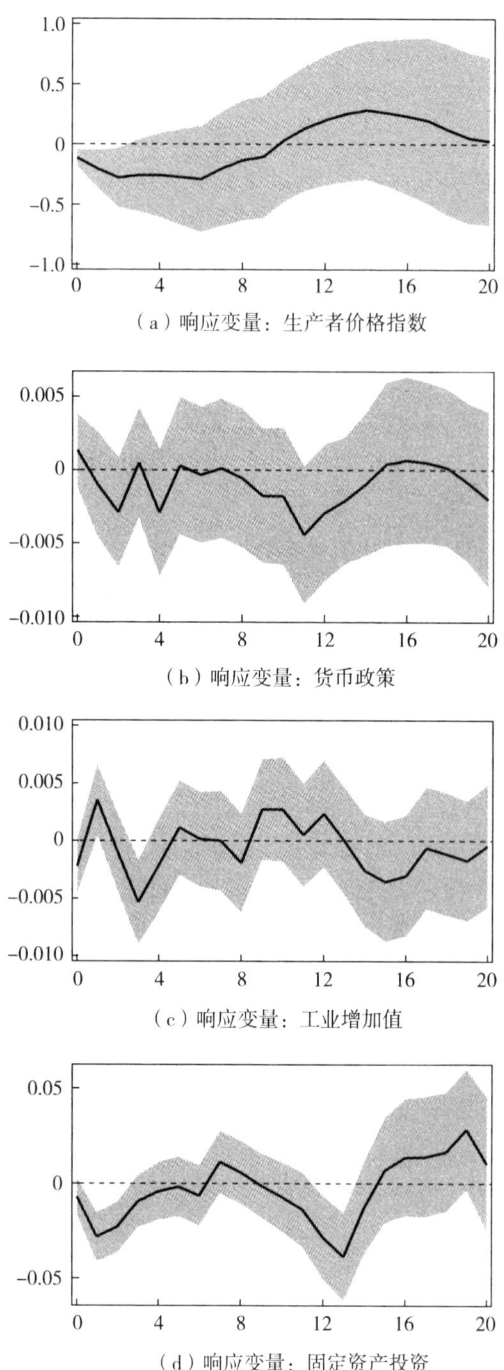

图 3-3　油价不确定性对中国宏观经济变量的脉冲响应

3.4 行业油价不确定性指标构建

虽然原油是企业重要的生产要素，但对于不同行业的企业而言，使用原油的比例会存在显著的差异，企业的生产经营对油价的响应也会显著不同。因而，从行业异质性的角度出发构建行业油价不确定性指标十分必要，一方面，可以探究不同行业受油价不确定性的异质性影响。Pérez-González 和 Yun（2013）在研究企业对天气风险管理活动中，考虑了企业对天气变动的异质敏感性。Kim 和 Choi（2019）在研究油气公司的风险暴露时也采用了类似的做法。另一方面，在计量模型中可以有效克服遗漏变量等内生性因素的干扰，使本书得到的因果性结论更为可信。根据有效市场理论，股票价格长期会有效反映企业基本面信息，股票价格对油价的敏感性暴露系数能有效衡量企业经营价值对油价变动的敏感性。因而，同一行业的股价对油价变动的敏感性程度体现了该行业的生产经营活动是否受油价变动的影响的大小。为得到中国上市公司各行业对油价变动的敏感系数，类似于 Pérez-González 和 Yun（2013）、Kim 和 Choi（2019）的做法，分行业对如下模型进行回归：

$$R_{i,j,t}=\beta_j^0+\beta_{j,t}^{oil}\times oil\_return_t+\beta_{j,t}^M\times MKT_t+\beta_{j,t}^S\times SMB_t+\beta_{j,t}^H\times HML_t+firm_i+\varepsilon_{i,j,t} \tag{3-8}$$

式中，i、j、t 分别表示、行业和时间；$R_{i,j,t}$ 为个股收益率；oil_return_t 为 WTI 原油收益率；本书使用中国市场的 fama-3 因子对市场因素进行控制，MKT 为市场资产组合因子，SMB 为市值因子，HML 为账面市值比因子（Fama 和 French，1993）。模型采用固定效应模型，控制企业和年份固定效应。使用月度频率数据分行业对模型（3-8）进行五年的滚动回归估计，β_j^{oil} 为行业 j 对油价变动的敏感性系数。这种做法的事实考虑在于行业内企业的风险偏好对油价变动是随时间变化的，尤其是受市场状态的较大影响（Kim 和 Choi，2019）。分行业进行回归时，本书使用证监会 2012 年的行业分类，参照文献中常用做法，制造业使用二级行业分类，其他行业为一级行业分类。正如 Patnaik（2016）所建议的，本书不同于 Pérez-González 和 Yun（2013）、Kim 和 Choi（2019）的做法，而采用行业油价敏感性系数的原因在于，一方面，A 股上市公司股票收益面板数据是非平衡的，若在公司层面回归，可能存在较多数据缺失的可能。另一方面，有些企业投资可能会选择特定投资以减少对油价变动的暴露，有效缓解了内生性担忧。值得注意的是，在回归结果中，有些行业的敏感性系数并不显著相关，本书进一步定义对于在 10% 显著性水平上不显著的行业 β_j^{oil} 为 0。在稳健性检验中，本书将显著性的临界值设定在 5%。具体的行业层面油价不确定性指标构建如下：

$$OUJ_{j,t}=RVJ_t \times Abs\_Beta_{j,t-1}^{oil}/100 \tag{3-9}$$

$$OUC_{j,t}=RVC_t \times Abs\_Beta_{j,t-1}^{oil}/100 \tag{3-10}$$

$$OU_{j,t}=RV_t \times Abs\_Beta_{j,t-1}^{oil}/100 \tag{3-11}$$

式（3-9）~式（3-11）中，*RVJ*、*RVC*、*RV* 为前文中度量的已实现波动跳跃成分和连续成分，以及未分解的已实现波动率。需说明的是，由于不确定性并不区分正、负向变化，所以参照 Patnaik（2016）的做法，对行业敏感性系数 $Beta_{j,t-1}^{oil}$ 做绝对值处理，即为 $Abs\_Beta_{j,t-1}^{oil}$，则也可称为油价不确定性暴露。而且，为避免使用当期敏感性系数造成估计结果存在同期性偏差，本书使用上一年度的敏感性系数的绝对值与当期的油价不确定性交乘，得到行业油价不确定性。*OUJ*（Oil Uncertainty Jump）则为行业油价不确定性，其能有效捕捉市场油价不确定性预期，其值越大，表明该行业的企业所面临的油价不确定性越大；*OUC*（Oil Uncertainty Continues）为行业油价波动的连续成分，是市场可预期、可对冲的油价波动风险；*OU*（Oil Uncertainty）为行业油价不确定性。本书重点关注具有外生特性的 *OUJ* 对中国企业财务决策的影响效应。

各行业对油价变动的敏感性系数的绝对值如表 3-4 所示，从中可以归纳几个特征。首先，中国作为原油进口大国和消费大国，但行业间由于生产投入要素的不同，对于油价变动的敏感性存在显著的差异。例如，位于原油产业链或以原油为重要投入要素的行业，其敏感性系数的绝对值通常都较大，如上游的采掘业、中游的石油加工业以及下游的建筑业等。其次，原油依赖度较高的行业其油价变动的敏感性往往较高，行业间在滚动回归中得到的系数显著次数也会不同，如处于原油产业链中的采掘业、有色金属冶炼业、黑色金属冶炼业、建筑业以及医药制造业等，在样本区间内的敏感性系数显著的次数较多。相比之下，部分行业表现出对油价变动较小的，如居民服务、教育等民生行业受到的影响非常小，原因在于原油对这些行业的投入趋近于零。

表 3-4　分行业油价变动敏感性系数绝对值的基本统计

行业代码	行业名称	β^{oil} 最大值	β^{oil} 中位数	β^{oil} 最小值	β^{oil} 平均值	显著次数
A	农林牧渔业	0.144	0.029	0.001	0.040	13
B	采掘业	0.263	0.117	0.013	0.109	46
C13	农副食品加工业	0.077	0.030	0.003	0.034	5
C14	食品制造业	0.171	0.046	0.002	0.054	11
C15	酒、饮料和精制茶制造业	0.224	0.049	0.003	0.061	23
C17	纺织业	0.096	0.022	0.000	0.029	9

续表

行业代码	行业名称	β^{oil} 最大值	β^{oil} 中位数	β^{oil} 最小值	β^{oil} 平均值	显著次数
C18	纺织服装、服饰业	0.096	0.045	0.004	0.047	13
C19	皮革、毛皮、羽毛及其制品和制鞋业	0.242	0.032	0.002	0.049	0
C20	木材加工及木、竹、藤、棕、草制品业	0.359	0.031	0.001	0.078	8
C21	家具制造业	0.440	0.139	0.016	0.151	16
C22	造纸及纸制品业	0.121	0.029	0.003	0.037	5
C23	印刷和记录媒介复制业	0.211	0.100	0.042	0.103	9
C24	文教、工美、体育和娱乐用品制造业	0.906	0.035	0.000	0.093	4
C25	石油加工、炼焦及核燃料加工业	0.132	0.048	0.001	0.052	10
C26	化学原料及化学制品制造业	0.062	0.023	0.001	0.025	21
C27	医药制造业	0.146	0.062	0.000	0.060	42
C28	化学纤维制造业	0.176	0.031	0.007	0.047	11
C29	橡胶和塑料制品业	0.136	0.019	0.001	0.030	8
C30	非金属矿物制品业	0.130	0.077	0.003	0.074	37
C31	黑色金属冶炼及压延加工业	0.221	0.055	0.000	0.069	29
C32	有色金属冶炼及压延加工业	0.208	0.044	0.000	0.056	24
C33	金属制品业	0.120	0.020	0.000	0.026	1
C34	通用设备制造业	0.074	0.036	0.000	0.035	21
C35	专用设备制造业	0.097	0.034	0.000	0.041	22
C36	汽车制造业	0.204	0.036	0.004	0.055	21
C37	铁路、船舶、航空航天和其他运输设备制造业	0.139	0.033	0.001	0.040	12
C38	电气机械及器材制造业	0.087	0.035	0.001	0.037	24
C39	计算机、通信和其他电子设备制造业	0.062	0.024	0.001	0.025	19
C40	仪器仪表制造业	0.156	0.027	0.000	0.038	3
C41	其他制造业	0.136	0.043	0.001	0.044	6
C42	废弃资源综合利用业	15.980	0.062	0.001	0.778	6
C43	金属制品、机械和设备修理业	7.283	0.156	0.035	0.486	3
D	电力、燃气及水供应业	0.136	0.034	0.001	0.041	23
E	建筑业	0.116	0.076	0.006	0.073	43
F	交通运输及邮政仓储业	0.105	0.020	0.000	0.025	13
G	信息传输、计算机服务和软件业	0.124	0.029	0.001	0.031	15
H	批发和零售业	0.123	0.044	0.006	0.051	2

续表

行业代码	行业名称	β^{oil} 最大值	β^{oil} 中位数	β^{oil} 最小值	β^{oil} 平均值	显著次数
I	住宿和餐饮业	0.143	0.076	0.003	0.073	42
J	金融业	0.342	0.091	0.007	0.112	26
K	房地产业	0.140	0.053	0.002	0.054	24
L	租赁和商务服务业	0.102	0.046	0.002	0.043	11
M	科研技术服务业	2.353	0.099	0.003	0.174	19
N	水利、环境和公共设施管理业	0.097	0.036	0.000	0.041	7
O	居民服务和其他服务业	0.707	0.069	0.008	0.105	0
P	教育	9.319	0.065	0.017	0.426	2
Q	卫生、社会保障和社会福利业	4.670	0.267	0.008	0.629	14
R	文化、体育和娱乐业	0.110	0.045	0.009	0.048	1
S	公共管理和社会组织	0.174	0.042	0.000	0.055	23

注：分行业计算油价变动敏感性系数的数据区间为2006~2018年。显著次数是指，在该时间段滚动估计的敏感性系数显著次数总和。

3.5 本章小结

本章对油价不确定性的各类方法进行梳理，包括GARCH族法、区间方差法、隐含波动率法以及已实现波动率法，并对比分析各类方法的优劣，得出能有效识别跳跃波动的非参数二次幂变差法能够对油价不确定性的测度更加合理。因而，本书利用Barndorff-Nielsen和Shephard（2006）提出的非参数二次幂变差法，有效识别了油价已实现波动中的跳跃成分，解决了如何有效度量具有外生特性的油价不确定性问题。该方法克服了GARCH族法、区间方差法以及隐含波动率法中所包含的可预期连续波动成分，识别出了不可预期且受原油市场重大事件影响的跳跃波动成分，该度量更能直接地反映市场对油价不确定性的感知。在本书的数据区间内，油价跳跃波动的峰值出现在2008~2009年的全球金融危机，其余高点分别与地区战争、OPEC会议等重大突发事件相关。在此基础上，对比分析了油价连续波动和跳跃波动的AR（1）过程，得到了油价跳跃波动不可预测的、突发性的特征事实，这与原始不确定性的定义吻合。作为本书油价不确定性测度的稳健性替代指标，本书参照Bloom（2009）的做法，还以OVX为基础序列度量了油价不确定性的虚拟变量，以增加后文实证结果的稳健性。

在进一步对本书油价跳跃波动度量油价不确定性有效性检验中，本书发现，油价不确定性与其他经济不确定性度量指标显著相关，说明本书的变量识别能有效捕捉到不确定性成分。但同时，较小的相关系数表明油价不确定性方差变动包含其原有市场特定的不确定性信息。此外，本书基于简单的 VAR 模型，发现油价不确定性会在宏观上显著降低中国宏观投资和工业产出，表现出较大的负面宏观经济效应。为便于分析油价不确定性的微观经济效应，本书基于行业的油价变动敏感性特征构建了行业油价不确定性，为后文的实证检验奠定了基础。

第 4 章　油价不确定性对上市公司债务融资决策的影响分析

油价不确定性作为宏观经济不确定性的重要类型，会通过影响企业层面的融资需求和外部资金供给等，对企业债务融资决策产生重要影响。本章以中国沪深A股2007~2019年上市公司季度数据为样本，检验油价不确定性对企业债务融资影响，以及企业信息透明度、外部融资依赖度和企业股权性质对油价不确定性与债务融资影响关系的异质性影响。进一步的研究探讨了油价不确定性对企业股权融资、商业信用融资的影响。实证结果表明，油价不确定性显著降低企业长期债务融资规模，导致企业为满足自身的资金需求会增加短期债务融资。此外，油价不确定性对企业长期（短期）债务融资的负（正）向影响会随企业信息透明度的降低和外部融资依赖度的提高而得到增强，但非国有企业短期债务融资并未显著提高。进一步地，本书发现，油价不确定性对企业其他长期融资，即股权融资的影响显著为负，但同时使得企业商业信用融资增加，因而企业总财务杠杆并未受到显著影响。

4.1　引言

经典的融资优序理论（Pecking Order Theory）认为，企业为了向外界释放信号，融资方式选择并不是随机的，而是遵从一定的先后次序，首先是内源性融资，其次是债务融资，最后才是股权融资（Myers 和 Majluf，1984）。债务融资是企业外部筹资的一种重要方式，能够相比于股权融资以更低的成本向银行贷款或向市场发行债券融资。由于我国资本市场建设起步较晚，现阶段企业进行股权融资往往存在较多限制，难以及时、有效地满足企业融资需求。此外，我国以银行为主导的金融市场结构，决定了企业主要以银行信贷融资的方式满足企业的资金需求。因而，研究企业债务融资决策的影响因素具有重要意义。

回顾以往文献，资金供给方和企业资金存在的信息不对称性是影响企业债务融资的重要因素。银行等资金供给方会综合公司的经营状况、财务健康程度以及未来的发展前景等，即基于公司自身信息和公司外部环境信息的输入，最后做出相应贷款的决策。依据这些认知，诸多学者研究了企业内部特征对债务融资的影响，包括企业经营规模（Audia 和 Greve，2006）、企业盈余管理行为（陆正飞等，2008）、企业聘请的审计师特征（Pittman 等，2014）、内部控制（陈汉文等，2014）、董事会、高管特征（Desai，2016；周楷唐等，2017）、公司会计政策的稳健性（倪国爱和董小红，2019）等方面。

然而，企业外部环境变化也是企业生产经营决策重要的影响变量。经济中的不确定性因素是影响企业财务决策的重要外部环境变量之一，受益于 Baker 等（2016）对经济政策不确定性指数的度量，诸多研究关注了其对企业的固定资产投资（Julio 和 Yook，2012；李凤羽和杨墨竹，2015；陈国进和王少谦，2016；饶品贵等，2017）、研发投入（郝威亚等，2016）、现金持有水平（李凤羽和史永东，2016）和股利分配（Attig 等，2021）等财务决策活动的影响。对企业债务融资的影响研究也是经济不确定性微观效应的重要方面（Francis 等，2014）。具体而言，经济政策不确定性会显著导致企业的融资可获得性下降。Bloom 等（2007）研究发现，经济政策不确定性增加时，银行对企业经营信心下降，会减少信贷供给规模。以中国上市公司为实证样本中，蒋腾等（2018）研究表明，经济政策不确定性会导致中国银行的风险偏好下降，从而会显著降低企业银行贷款规模。贺小刚等（2020）从企业主观方面出发，发现经济不确定性会显著降低企业的风险承担能力，从而显著降低企业长期债务融资。然而，企业长、短期债务监督成本具有显著的差异，长期债务更有可能受到外部不确定性的抑制作用（李增福等，2022）。

具体到本书而言，原油作为企业生产经营重要的原料来源，在以市场为主体的前提下，油价不确定性作为宏观经济不确定性重要成因之一，暂未有文献基于油价不确定性这一视角探讨其对企业债务融资结构的影响和影响机制，因而分析油价不确定性对企业债务融资的影响具有重要理论和现实意义。

4.2 理论基础与研究假设

企业的融资决策问题始终是学者关注的焦点，国内外关于此领域的研究日渐成熟。企业债务融资受信贷市场供给和需求两个方面的影响最大。本书认为，油价不确定性理论上对企业债务融资的影响主要通过两个方面产生影响。相关理论方面，债务融资的权衡理论、金融市场摩擦理论是本书研究的重要理论基础。实际上，企业债务融资主要由银行借款、发行债券以及商业信用融资组成。企业商业信用融资是一种非正规融资，不需要资产抵押、信用担保等正规手续，取决于上下游企业之间的信用关系。另外，由于债券市场尚不发达，企业仍主要以银行贷款获得外部债务融资（李青原等，2015），银行资金供给的多少将直接影响企业借贷规模。

4.2.1 相关理论基础

4.2.1.1 权衡理论

在企业资本结构的决定理论中，Modigliani 和 Miller（1958）提出的 MM 理论具有开创性的影响。在该理论的基础上，Modigliani 和 Miller（1963）进一步发展了有税 MM 理论，该理论的基本假设在于，企业纳税规则可以在纳税前进行利息支出，说明债务利息具有抵税效应。在不考虑其他因素的情况下，债务融资相比于股权融资能够减少纳税支出，具有“税盾”的作用，能为股东产生更大价值。因而，对于以追求利润最大化为目标的企业而言，企业债务融资相比于股权融资越多，产生的企业价值越大。因而，有税 MM 理论认为最优资本结构是 100%负债。然而，在现实世界中，企业平均负债率远低于这一水平，这需要发展其他理论进行解释，权衡理论是最重要的理论。

虽然 MM 理论所倡导的债务“税盾”效应真实存在，但过高的负债水平将无形中增加企业的财务风险，经营破产的可能性正向增加。在 MM 理论基础上，诸多学者逐步放松了该假设，有效将破产成本以及代理成本等因素考虑进来。Robichek 和 Myers（1966）研究认为，企业财务杠杆率的增加能逐步放大债务的“税盾”效应，有效地减少了企业向税务部门的现金支出，增加了企业价值，但同时杠杆率的增加也放大了企业的风险。权衡理论则认为，企业在选择合适的资本结构时，会同时考虑债务融资所带来的资本收益和破产成本的增加。“状态—偏好”框架进一步发展了权衡理论在现实世界中的适用性（Kraus 和 Litzenberger，1973）。然而，Scott（1976）经验研究却发现，债务融资产生破产成本并不能总是有效抵销债务产生的“税盾”效应。在不存在破产成本的情况下，权衡理论等同于有税 MM 理论，税率越高，债务产生的抵税作用越强。不过，债务比率提高时，企业破产成本会与资本成本成正比，即破产成本由债务成本所体现。那么，该处的最优资本结构为债务所产生的边际抵税效应等于上升的边际成本，即债务的抵税收益与资本成本之间的权衡（Bradley 等，1984）。近年来，权衡理论中的成本被进一步放宽，企业经营过程中的第一类代理问题被考虑进来（Morellec 等，2012），由此使债务产生的各类成本与其产生的收益共同决定企业资本结构。

4.2.1.2 金融摩擦理论

金融摩擦是金融会计学者重点研究关注的理论之一，其主要原因是金融市场参与方间信息并不等同，从而产生相比于完全有效市场中更多的代理成本。Bernanke 和 Gertler（1989）发现，借贷过程中产生的资金成本部分原因是市场结构不完善所导致的信息不对称造成的，信息不对称程度越高，资金成本越高。对于企业投资而言，信息不对称所产生的金融摩擦效应会增加企业贷款产生的交易成本，企业有价值的投资项目将不得不因项目净现值小于零而放弃投资。在这方面有个重要的概念是“楔子”，指在没有金融摩擦情况下，企业预期回报率与融资成本之间的差值，该数值越大，企业可获得的融资额度就越低。由于金融摩擦的存在，金融市场上的信息传递并不完备，将导致市场的金融资源配置出现偏差，有利可图的项目也会放弃投资。

具体而言，金融摩擦表现出两种机制。①资金需求者会表现出资产抵押约束机制。一般而言，企业在向银行贷款时，需要使用自有资产进行抵押以降低银行的放贷风险，所以资产价格的高低对企业贷款额度有重要影响。著名的明斯基时刻指的是，当大类资产价格迅速下降时，会显著的降低企业的资产抵押价值，从而使得企业的信贷融资可获得性快速降低（Mishkin，1999）。金融摩擦中的信息成本会导致资产当前的价格并不能有效反映实际的内在价值，一般会低于内在价值。例如，在不确定时期，股票价格往往会被市场所低估（Kang 和 Ratti，2013）。受金融市场摩擦的影响，企业的融资可获得性将显著降低，从而降低债务融资，削减资本开支。②信贷市场资金成本会在金融摩擦时期表现出融资溢价。受信息不对称的影响，借款人在评估企业的信用程度时需要付出更多成本，而且部分无法评估项目可能会产生违约风险。那么，企业贷款时所接受的融资成本与无风险利率间的差额就是“外部融资溢价”，用于弥补金融机构和后续有效监督企业所产生的成本。融资成本溢价包括隐性成本和显性成本，前者为企业违约有可能损失担保物和本金，后者为市场贷款利率上升，企业融资成本上升。

4.2.2 研究假说

为更全面地考虑油价不确定性对企业贷款的影响，从资金需求、资金供给和资金结构三方面分析将会使油价不确定性对企业债务融资的影响机理更加清晰。

4.2.2.1 资金需求层面

当企业的经营环境存在油价不确定性时，企业对未来经营现金流的可预测性降低，导致主观的经营风险上升，各种经营决策行为将变得更加谨慎。在存在油价不确定性时期，企业经营存在压力，所投资的项目也存在不确定性预期，为应对内外压力，企业会调整自身的财务决策行为——融资决策。虽然债务融资具有税盾效应，但油价不确定性来临时，企业经营性现金流也变得更不稳定，无法按期偿还债务，这将增加企业的破产风险（刘磊等，2019），偿债压力会随之上升。因此，企业出于预防性的考虑，会削减资本性开支、增加现金持有，同时减少债务融资。此外，油价不确定性增加了企业的财务风险，需要更高的风险补偿，而融资成本的提高会降低企业的融资需求。所以，站在融资需求的角度，油价不确定性作为经济不确定性的类型之一，将增加企业现金流波动性，降低企业投资扩张的意愿（Baum 等，2010），从而对债务融资的需求将减少。

4.2.2.2 资金供给层面

资金供给主要对供给规模、资金使用成本等方面产生影响，而油价不确定性将可能对资金的供给规模和成本都产生影响。石油价格波动是经济不确定性的一个来源，可能会对企业的投入成本、现金流、盈利能力、估值和投资决策产生不利影响，从而影响企业的主营业务和违约风险（Lee 和 Lee，2019；Crawford 等，2021）。从信贷的供给规模来看，当企业尤其是能源密集型企业所面临的油价不确定性上升时，其未来经营性现金流的波动风险将增加，不可避免地所面临债务违约风险也随之增加。油价不确定性作为经济不确定性中重要的类别之一，往往伴随着经济总体或部分行业的衰退，银行系统为防范风险，会减少对企业的信贷供给从而满足监管的要求。Baum 等（2010）研究表明，经济政策不确定性的上升会令企业无法按时还款，进而导致银行的不良债务增加，而银行为应对信贷违约风险会收缩信贷资金。此外，当突发的油价不确定性到来时还会向市场传递未来经济将可能走入下行通道的信号，导致银行等资金供给方对企业经营信心降低，出于防范风险的目的，市场信贷资金的供给将会显著减少（刘磊等，2019）。同时，不确定性环境下企业资产可抵押价值将会下降，企业融资可获得性降低，可获得的贷款减少（才国伟等，2018）。

另外，在不确定性环境下，企业的经营运作中可能出现股东与管理层，以及企业内部与外部投资者的信息不对称的加剧，道德风险和逆向选择通常伴随着信息不对称现象产生，这两者都会加剧信贷市场的摩擦。举例来说，企业拟投资项目的净现值只有企业内部高级管理人员才有预计的测算，外部人员无法获得足够的信息，表明潜在资金供给方天然存在信息劣势。不确定性因素使得投资者的现有信念失效，投资者对企业的了解程度下降，相应的信息不对称程度提高。Nagar 等（2019）实证研究表明，经济政策不确定性会显著提高市场的信息不对称性。在此基础上，由于信息不对称的存在，油价波动越剧烈，越会对资本市场产生显著的波动溢出效应（Caporale 等，2015），从而叠加资本股票波动率的扩大，企业信息不对称也显著上升，企业贷款利率也会因此上升（邱兆祥和刘远亮，2010）。因而，银行为提高自身信贷资产的安全性，会对企业的信贷审批更加严

格的同时提高信贷利率，以补偿信贷风险的提高。

4.2.2.3　资金结构层面

在油价不确定性影响下，企业的债务融资结构会发生变动，企业长、短期债务融资选择可能并不受相同方向的影响。当油价不确定性上升导致信息不对称程度增加时，在具有异质性风险偏好的企业模型中，银行会提高融资成本以弥补企业风险的提高，高风险偏好的企业会愿意支付较高利率以获得融资支持，而风险偏好较低的企业融资需求则不能得到满足。贷款成本的提高，会鼓励高风险偏好的企业追逐并投资利润更高的项目，显然这也鼓励了资信程度高、风险偏好高且有投资机会的企业贷款，相反，其他企业则会被挤出。这一市场机制也有助于在银企信息不对称情况下，实现银行贷款的价值最大化（Stiglitz 和 Weiss，1981；Bester 和 Hellwing，1987）。

在融资结构上，银行对企业长、短期债务偿债能力有显著差异，期限越长，银行的贷款风险就越高，这就是贷款期限溢价的来源。市场预期的不确定性程度是影响企业贷款的期限溢价主要因素（王晓芳和郑斌，2015）。理论上而言，相比于短期融资，油价不确定性的出现导致企业长期贷款申请会受到银行更为严格的信贷配给。显然，长期信贷供给缺口的主要原因是银行无法满足企业的长期资金需求。尽管如此，若企业资可抵债，企业仍可以通过短期融资的方式获得银行信贷融资（Custodio 等，2013）。其中的原因在于，短期贷款回收期短，银行的监督相对成本较低（Rajan 和 Winton，1995）。同样，对于企业而言，为满足自身的投资和营运资金需求，它们会使用更多短期融资来弥补长期融资供给的不足。在相关实证研究中，Li 和 Su（2020）认为，经济政策不确定性会降低企业长期债务水平，提高短期债务融资，这一影响对长期投资需求更大的创新密集型行业影响更为明显。Hasa 等（2021）基于美国上市公司的数据发现，尽管企业倾向于长期贷款，但在油价不确定性的影响下，贷款机构出于风险管理的权衡，会为企业提供更多短期贷款。李增福等（2022）从理论进行推导得出，因经济政策不确定性的上升，企业长期融资减少，但短期融资增加。

综上所述，油价不确定性会导致企业信贷市场供需平衡发生变化，企业债务融资成本将上升，从而降低企业长期债务融资。同时，企业债务融资结构也会发生变动，长、短期债务融资将会出现此消彼长的情形。基于此，提出以下假设：

H4-1：油价不确定性会以金融市场摩擦渠道抑制企业长期债务融资。

H4-2：油价不确定性导致企业长期贷款受限，转而增加短期融资。

4.2.3　理论逻辑分析

本书借鉴 Cateau（2007）、Bekaert 等（2013）、Rocheteau 等（2018）的相关

研究，构建理论模型进一步理解油价不确定性对企业长、短期债务融资的影响。

4.2.3.1　模型设定

首先，假设信贷市场中有两类经济主体 e 和 b，分别为企业和银行。企业 e 有四类项目需要进行长期投资，分别为 A、B、C、D，需要向银行申请贷款的总额为 m^e。由于市场存在信息不对称性，企业和银行对项目的风险评估存在较大的主观性差异。企业四类项目中，若 A 投资项目对银行来说是高风险项目，但对企业而言恰恰相反，企业评估 A 投资项目的实际风险为 σ_a，且为低风险项目；而 B 投资项目对于企业和银行来说都是风险较高的项目，项目的实际客观风险为 σ_b，同时本书定义，$\sigma_b>\sigma_a>0$；C 项目则对企业和银行而言都是低风险项目；D 项目与 A 项目相反，对企业而言是高风险项目，银行则认定为低风险项目。最后假定 m^b 为银行最终房贷给企业的融资总额，由长、短期贷款构成，分别以 l 和 s 表示，即 $m^b=l+s$。如果信贷市场供需均衡，则 $m^e=m^b$，但在银行实行信贷审批的条件下，企业信贷总需求并不能得到满足，则 $m^b<m^e$。

4.2.3.2　存在油价不确定性时，企业新增贷款的申请策略

油价不确定性的出现会使得信贷市场信息不对称增加，银行会重新对企业的各项投资项目进行审查，按项目进行信贷审批。其中，企业 C、D 投资项目由于银行评估为低风险项目，则会最先被满足，贷款金额分别使用 $\bar{c}$ 和 $\bar{d}$ 表示。为便于后文的讨论，C、D 项目的投资情况不再赘述。此时，企业的贷款总需求则为 $m^e=a+b$，即 A、B 投资项目的总和。在存在信贷审批的条件下，A、B 项目的贷款需求可能并不能同时被满足最终贷款，金额取决于项目之间的相对风险来确定，假设 η 为 A 项目相对于 B 项目的风险大小，即 $\eta=\sigma_a/\sigma_b$。

此外，企业 e 在获得 A 项目的投资金额后，可以选择投资 A 项目，同时也可以投资无风险资产，对无风险资产的投资效用即为机会成本。假设投资 A 项目和投资无风险资产的效用分别为 $U_a(a)$ 和 U_f^e。那么，企业投资 A 项目所获得的超额效用可以表示为 $U_a(a)-U_f^e$；相同的原理，企业投资 B 项目所得到的超额效用为 $U_b(b)-U_f^e$。对于企业而言，企业投资 B 项目需要承担更大的项目风险，相应地，其所获得的边际收益也比 A 项目的更大，即 $U'_b(\cdot)>U'_a(\cdot)$。另外，如果项目 A、B 的客观风险越大，其对项目投资的超额收益率将越低。因而，可以假设企业投资 A、B 项目时的效用最大化表示如下：

$$E(U^e)=\max_{a,b\geqslant 0}\frac{U_a(a)-U_f^e}{\sigma_a}+\frac{U_b(b)-U_f^e}{\sigma_b} \tag{4-1}$$

$$s.t.\ a+b=m^e \tag{4-2}$$

求导可得：

$$\frac{db^*}{d\eta}=\frac{db^*}{dU'_a}\frac{dU'_a}{d\eta}=\frac{1}{\{U'_a[\eta U'_b(m^e-a)]\}^2}\frac{dU'_a}{d\eta}>0 \tag{4-3}$$

式中，企业投资 B 项目的最优贷款额为 b^*，对应 A 项目的贷款金额为 $a^*=m^e-b^*$。从而，当油价不确定性到来时，若 A 项目相对于 B 项目的投资风险增加时，意味着 A 项目的边际投资效用相比于 B 项目下降，从而使得企业会增加 B 项目的贷款额度，减少 A 项目的贷款额度，以提高总效用水平。

4.2.3.3　存在油价不确定性时，银行对新增贷款申请的审批策略

在观察到企业做出贷款调整后，银行基于贝叶斯信念更新之后会相应做出贷款审批策略的调整。企业信息不对称程度会因油价不确定性而上升，从而银行会要求更高的风险补偿（Kaviani 等，2020），不过由于长期贷款合同的各项更严格的限制性条款，风险溢价难以通过长期贷款进行转移，更为灵活的短期贷款可有效增加风险溢价水平。这是因为银行在发放长期贷款时的合约期限更长且本金面临的道德风险更高。因而，当油价不确定性出现时，由于企业对 A 项目的贷款申请额度减少，银行会相应地配合；企业对 B 项目贷款的增加则难以得到完全满足，银行虽增加短期信贷供给，但却会拒绝企业对 B 项目的长期贷款申请。

显然，如果企业只使用长期贷款满足 B 项目的投资需求，但此时总信贷供给 m^b 和信贷需求 m^e 并不相等，信贷市场无法出清。油价不确定性会增加企业信息不对称程度，进而导致企业信贷质量恶化的可能性增加。这种情形下，Nini 等（2009）、Gulen 和 Ion（2016）认为，银行的审批策略会限制企业的资本支出。为使得信贷市场重新出清，企业必须增加短期贷款以满足项目 B 的投资支出，从而导致企业新增的长、短期信贷融资结构发生变化。

4.2.3.4　油价不确定性下企业长、短期债务融资的结构性变化

为便于对模型的直观理解，企业为投资 B 项目每期所增加的投资额度恒等于短期贷款 S_{b+}，在永续现金流的情形下可以满足 B 项目的持续开展。从投资的净现值角度分析，B 项目的投资回报净现值 S_{NPV} 为：

$$S_{NPV}=\sum_{i=1}^{\infty}\frac{S_{b+}}{(1+r)^i}=\frac{S_{b+}}{r} \tag{4-4}$$

式中，r 为现金流的折现率，S_{NPV} 为项目未来各期短期贷款的折现总额。在考虑现有存量的短期贷款，总短期贷款为：

$$S=\bar{S}+S_{NPV}=\bar{S}+\sum_{i=1}^{\infty}\frac{S_{b+}}{(1+r)^i}=\bar{S}+\frac{S_{b+}}{r} \tag{4-5}$$

对于银行而言，由于油价不确定性导致企业信息不对称的扩大，不能清楚地了解长期投资项目 A、B 的真实风险水平。值得注意的是，尽管不确定性会导致

银行贷款利率的提高（Kaviani 等，2020），但对于存量长期贷款而言并不能主动缩减，因银行对新增的长、短期贷款审批占据主动地位，可以决定发放哪种类型的贷款。本书定义在存在期限溢价的情形下，对银行而言，短期贷款的客观风险为 σ_s，长期贷款的客观风险为 σ_l，且存在 $0<\sigma_s<\sigma_l<+\infty$。

对于银行而言，信贷资金可以对企业进行投资，也可以投资国债等资产获得无风险收益。本书定义银行以资金 l 投资无风险资产的效用为 U_f^b，而将这笔资金作为长期贷款放贷给企业所获得的效用为 $U_l(l)$，两者之差 $U_l(l)-U_f^b$ 则为企业发放给企业所得的超额效用。同样，银行将短期贷款 s 发放给企业所获得的超额效用为 $U_s(s)-U_f^b$。根据风险收益的关系，若长期贷款 l 的客观风险 σ_l 越大，则银行从长期贷款 l 中所获得的超额效用越低；相反，若短期贷款 s 的客观风险 σ_s 越低，则银行从短期贷款 s 中获得的超额效用越高。在银行追逐贷款效用最大化的假设下，银行对项目 B 的贷款效用可为：

$$E(U^b)=\max_{l,s\geqslant 0}\frac{U_l(l)-U_f^b}{\sigma_l}+\frac{U_s(s)-U_f^b}{\sigma_s} \tag{4-6}$$

$$s.t.\quad l+s=m^b \tag{4-7}$$

求导可得：

$$\frac{ds^*}{dU_s'}=\frac{ds^*}{dl^*}\frac{dl^*}{dU_s'}=(-1)\times\frac{dl^*}{dU_s'}>0 \tag{4-8}$$

式中，s^* 为一阶条件下最优短期贷款申请总额。从而得出，当短期贷款对于银行的边际效用增加时，银行会相对增加对企业短期贷款的数量以满足企业的融资需求。具体而言，油价不确定性的出现，企业在长期贷款合同中的逆向选择和道德风险会显著增加，导致银行发放短期贷款的边际效用增加。因此，银行会缩减企业的长期贷款份额，转而给予企业持续的短期资金以支撑需要长期投资的 B 项目。

4.3 实证模型及数据来源

4.3.1 实证模型

经过以上论述，本书认为油价不确定性可能会恶化企业信息环境，改变原有信贷市场平衡，从而影响企业债务融资。基于此，本书构建如下回归模型：

$$Debt\_fin_{i,t}/LDebt\_fin_{i,t}/SDebt\_fin_{i,t}=\alpha+\beta\times OUJ_{j,t}+\gamma\times Abs\_Beta_{j,t-1}^{oil}+Control_{i,t}+Ind_j+Pro_p+YQ_t+\varepsilon_{i,t} \tag{4-9}$$

模型（4-9）为本章的基准回归模型，其中，$Debt\_fin_{i,t}$、$LDebt\_fin_{i,t}$ 和 $SDebt\_fin_{i,t}$ 表示企业 i 在 t 时期的总债务融资、长期债务融资和短期债务融资。本书对债务融资的衡量只考虑有息负债的情况。参考沈洪涛和马正彪（2014）、李青原等（2015）的做法，具体度量如表 4-1 所示。解释变量方面，$OUJ_{j,t}$ 为 j 行业在 t 时期所面临的油价不确定性，即 $RVJ_t \times Abs\_Beta_{j,t-1}^{oil}/100$。$RVJ_t$ 和 $Abs\_Beta_{j,t-1}^{oil}$ 分别为第 3 章所估计的油价已实现跳跃波动和企业所属行业的油价变动敏感性系数的绝对值。该项的估计系数 β 是本章内容所重点关注系数，若 β 显著小于 0，表明油价不确定性的增加能够显著减少企业的债务融资。

控制变量的选取参照企业融资的经验研究（罗时空和龚六堂，2014；李君平和徐龙炳，2015；黄宏斌等，2016），本书在模型中控制了第 t 时期会影响企业债务融资的控制变量，包括企业规模（*Size*）；资产负债率（*Lev*）；经营现金流（*CFO*）；现金持有（*Cash*）；企业销售增长率（*Growth*）为企业当期与上年同期相比的销售增长率；总资产收益率（*ROA*）；市值账面比（*MB*）；固定资产占比（*PPE*）。除了控制与被解释变量相关的公司层面变量，本书还控制了油价变动的一阶影响（Oil_ret_t）、经济增长率（GDP_t）及货币政策（$M2_t$）的影响，为体现出行业的差异，同样将 $Abs\_Beta_{j,t-1}^{oil}$ 与三个变量交乘，得到行业维度变量。模型中还控制了油价波动连续成分（$OUC_{j,t}$），以排除可预期波动率因素的影响。固定效应中控制了年份—季度（YQ_t），使得只有时间维度上变动的 RVJ_t 和三个宏观经济变量被多重共线性吸收掉，且并未在模型中体现。另外，模型中加入了行业（IND_j）及省份（PRO_p）虚拟变量的固定效应，以减小企业所在行业、地区的遗漏变量因素的影响。模型在估计过程中样本数据可能存在聚集性特征，本书依照谭小芬和张文婧（2017）的做法，系数估计时，使用 Cluster 将标准误聚类于企业个体层面以消除残差项潜在的聚类相关性[①]。

表 4-1　主要变量和定义：油价不确定性对上市公司债务融资决策的影响分析

变量	名称	变量说明
Debt_fin	总债务融资	（短期借款变动额+一年内到期非流动负债变动额+长期借款变动额+长期应付款变动额+应付债券变动额）/期初总资产
LDebt_fin	长期债务融资	（长期借款变动额+应付债券变动额+长期应付款变动额）/期初总资产
SDebt_fin	短期债务融资	（短期借款变动额+一年内到期非流动负债变动额）/期初总资产
OUJ	油价不确定性	油价波动跳跃成分与行业油价敏感性系数的绝对值的交互项

① 在稳健性检验中，本书将标准误聚类至行业层面，关键变量估计系数仍然显著。

续表

变量	名称	变量说明
OUC	油价波动连续成分	油价波动连续成分与行业油价敏感性系数的绝对值的交互项
Abs_Beta	行业油价敏感性系数的绝对值	根据 Fama 三因子模型计算所得（详见第 3 章）
Size	企业规模	对数化的总资产
Lev	资产负债率	企业总负债除以当期总资产
CFO	经营现金流	经营性现金流除以当期总资产
Cash	现金持有	现金及现金等价物之和除以扣除当期现金及现金等价物之后的总资产
Growth	企业销售增长率	当期与上年同期相比的销售增长率
ROA	总资产收益率	净利润除以当期总资产
MB	市值账面比	市值除以股东权益账面价值
PPE	固定资产占比	固定资产除以当期总资产
GDP	经济增长率	*GDP* 增长率与行业油价敏感性系数的绝对值的交互项
M2	货币政策	*M2* 增长率与行业油价敏感性系数的绝对值的交互项
Oil_ret	一阶油价变动	油价变化率与行业油价敏感性系数的绝对值的交互项
PIN	个股知情概率	数据来源 CSMAR 已实现指标数据库
*CoD*1	季度债务成本	财务费用除以总负债
*CoD*2	年度债务成本	当期净财务费用除以平均有息债务

4.3.2 数据来源及描述性统计

本书实证研究对象为 2007~2019 年在沪深证券交易所交易的 A 股上市公司，财务数据频率为季度，数据来源于中国股票市场与会计研究数据库（CSMAR）。实证样本始于 2007 年，原因在于自该年度起 A 股上市公司实行新的会计准则，以保证财务数据的可比性。参照通常做法，本书按照以下标准对数据进行筛选：①剔除金融、保险行业公司样本；②剔除受到证监会 ST 或者 ST * 处理的公司；③剔除公司股东权益账面价值小于 0 的公司；④剔除关键变量数据缺失的样本。一共包含 3134 家企业，94833 个样本观测值。*GDP* 实际增长率和 *M2* 货币增长率数据从国家统计局网站获得。为排除异常值的干扰，对公司层面的连续变量的极端值分别按照上尾和下尾各 1%的分位数水平进行 Winsorize 处理。

样本区间公司层面变量的描述性统计如表 4-2 所示，上市公司季度债务融资率平均值为 0.8%，标准差为 4.2%，说明企业季度平均债务融资变动占总资产比

重为 0.8%，且不同企业间存在较大的差异。相比之下，短期债务融资与长期债务融资的平均水平相当，但标准差更大，这是由于短期债务期限较短，需要及时借新还旧。对于油价不确定性而言，最小值为 0，最大值为 0.110，标准差为 0.006，说明不同的样本企业间所面临的油价不确定性存在显著差异，这有利于实证回归分析得到有效的统计结果。此外，企业负债率（*Lev*）平均值为 43.5%，企业的季度总资产收益率（*ROA*）平均值为 1.1%，固定资产占比（*PPE*）平均值为 22.6%，这些变量的样本描述性统计结果与前人的基本一致。另外，本书附录附表 1 给出了本章主要实证变量的 Person 相关系数表，初步显示油价不确定性 *OUJ* 与债务融资 *Debt_fin* 的相关系数为-0.004，但不显著，而与长期债务融资 *LDebt_fin* 和短期债务融资 *SDebt_fin* 的相关系数分别为-0.006 和 0.002，且在 5%的显著性水平上显著。表明油价不确定性与长（短）期债务融资负（正）相关，但这并不能说明两者之间的影响关系，后文实证估计时将进行深入探讨。

表 4-2　主要变量描述性统计：油价不确定性对上市公司债务融资决策的影响分析

变量	样本数	平均值	标准差	最小值	中位数	最大值
Debt_fin	94833	0.008	0.042	-0.104	0	0.193
LDebt_fin	94833	0.004	0.027	-0.079	0	0.144
SDebt_fin	94833	0.005	0.036	-0.102	0	0.146
OUJ	94833	0.002	0.006	0	0	0.110
OUC	94833	0.019	0.062	0	0	7.136
Abs_Beta	94833	0.029	0.046	0	0	2.353
Size	94833	22.13	1.269	19.87	21.95	26.06
Lev	94833	0.435	0.205	0.051	0.434	0.874
CFO	94833	0.018	0.0600	-0.150	0.014	0.200
Cash	94833	0.249	0.272	0.016	0.162	1.657
Growth	94833	0.129	0.402	-1.149	0.110	1.772
ROA	94833	0.011	0.016	-0.048	0.009	0.067
MB	94833	3.532	2.662	0.618	2.764	15.71
PPE	94833	0.226	0.167	0.002	0.192	0.722
GDP	94833	0.236	0.370	0	0	1.703
M2	94833	0.406	0.632	0	0	2.655
Oil_ret	94833	0	0.010	-0.051	0	0.028

4.4 实证结果分析

4.4.1 主回归结果

基于季度数据得到的原油价格不确定性对中国上市公司债务融资影响的实证结果。第（1）~第（3）列分别是油价不确定性对企业总债务融资、长期债务融资以及短期债务融资的影响结果。回归中，本书控制企业资产规模、资产负债率、经营现金流、现金持有水平、销售增长率、总资产收益率、市值账面比以及固定资产占比等公司层面的控制变量，还控制了实际 *GDP* 季度增长率、*M2* 增长率以减少宏观经济和货币政策的干扰，以及原油价格收益以控制油价变动的一阶影响，固定效应上加入了时间、行业和省份固定效应。结果表明，油价不确定性 *OUJ* 对企业总债务融资 *Debt_fin* 的估计系数为负，但在10%的显著性水平上并不显著。然而，*OUJ* 对企业长期债务融资和短期债务融资表现出相反的影响，*OUJ* 对 *LDebt_fin* 和 *SDebt_fin* 的影响系数分别为-0.057 和 0.064，且在 5%的显著性水平上显著，这一估计结果支持前文的理论分析，即油价不确定性会提高企业贷款的风险溢价，在减少长期融资的同时增加短期融资，以满足企业正常的资金需求。

表 4-3 油价不确定性对企业债务融资的影响

变量	(1)	(2)	(3)	(4)	(5)	(6)
	Debt_fin	*LDebt_fin*	*SDebt_fin*	*Debt_fin*	*LDebt_fin*	*SDebt_fin*
OUJ	0.001 (0.037)	-0.057** (0.022)	0.064** (0.032)	-0.001 (0.037)	-0.060*** (0.022)	0.064** (0.032)
OUC				-0.003 (0.004)	-0.004 (0.003)	0.000 (0.003)
Abs_Beta	0.000 (0.009)	-0.000 (0.005)	0.001 (0.008)	0.004 (0.011)	0.005 (0.007)	0.001 (0.009)
Size	0.004*** (0.001)	0.003*** (0.000)	0.002*** (0.000)	0.004*** (0.001)	0.003*** (0.000)	0.002*** (0.000)
Lev	0.056*** (0.002)	0.019*** (0.001)	0.036*** (0.002)	0.056*** (0.002)	0.019*** (0.001)	0.036*** (0.002)

续表

变量	(1)	(2)	(3)	(4)	(5)	(6)
	Debt_fin	*LDebt_fin*	*SDebt_fin*	*Debt_fin*	*LDebt_fin*	*SDebt_fin*
CFO	-0.178*** (0.005)	-0.033*** (0.003)	-0.141*** (0.004)	-0.178*** (0.005)	-0.033*** (0.003)	-0.141*** (0.004)
Cash	0.012*** (0.001)	0.005*** (0.001)	0.006*** (0.001)	0.012*** (0.001)	0.005*** (0.001)	0.006*** (0.001)
Growth	0.007*** (0.000)	0.003*** (0.000)	0.005*** (0.000)	0.007*** (0.000)	0.003*** (0.000)	0.005*** (0.000)
ROA	0.077*** (0.014)	0.026*** (0.008)	0.056*** (0.012)	0.077*** (0.014)	0.026*** (0.008)	0.056*** (0.012)
MB	0.000*** (0.000)	0.000 (0.000)	0.000*** (0.000)	0.000*** (0.000)	0.000 (0.000)	0.000*** (0.000)
PPE	-0.034*** (0.003)	-0.021*** (0.002)	-0.010*** (0.002)	-0.034*** (0.003)	-0.021*** (0.002)	-0.010*** (0.002)
GDP	-0.002 (0.002)	-0.001 (0.002)	-0.001 (0.002)	-0.003 (0.002)	-0.002 (0.002)	-0.001 (0.002)
M2	0.001 (0.001)	0.001 (0.001)	0.000 (0.001)	0.001 (0.001)	0.001 (0.001)	0.000 (0.001)
Oil_ret	0.049** (0.022)	0.020 (0.014)	0.032* (0.019)	0.045** (0.022)	0.014 (0.014)	0.032* (0.019)
Cons	-0.107*** (0.013)	-0.067*** (0.007)	-0.052*** (0.008)	-0.107*** (0.013)	-0.067*** (0.007)	-0.052*** (0.008)
Ind	*Yes*	*Yes*	*Yes*	*Yes*	*Yes*	*Yes*
Pro	*Yes*	*Yes*	*Yes*	*Yes*	*Yes*	*Yes*
YQ	*Yes*	*Yes*	*Yes*	*Yes*	*Yes*	*Yes*
Obs	94833	94833	94833	94833	94833	94833
Adj. R^2	0.129	0.067	0.084	0.129	0.067	0.084

注：括号内为稳健标准误差，***、**、*分别表示系数估计在0.01、0.05、0.1的显著性水平上显著。

本书定义的油价不确定性是油价波动中不可预期的跳跃成分，但油价波动中包含了可预期、可被有效对冲的连续波动成分。表4-3中第（4）~第（6）列进一步比较分析了油价波动的连续成分对企业债务融资的影响。理论上而言，可以预期油价连续波动对企业债务融资不会产生显著影响。回归估计结果表明，即使在描述性统计中油价连续波动成分*OUC*的标准差是*OUJ*的10倍之多，但其估计系数在10%的显著性水平上也并不显著[①]。相反，油价不确定性 *OUJ* 分别对 *Debt_fin*、*LDebt_fin* 和 *SDebt_fin* 估计系数的显著性并未发生变化，对 *LDebt_fin* 和 *SDebt_fin* 的估计系数在 5%的显著性水平上分别为-0.060 和 0.064。由于对长、短期债务融资的系数绝对值相当，但符号相反，从而导致油价不确定性对总债务融资不显著。在经济意义上，油价不确定性 1 个标准差的变动会导致企业季度长期债务融资减少-2.22%[②]，换算成年度则减少 8.89%，经济意义上具有显著性。需说明的是，本书的理论分析表明，企业短期债务融资的增加是由于在不确定性环境下企业长期债务融资得不到满足（减少）而导致的，所以企业长期债务融资才是油价不确定性影响最直接的变量。因而，后文的机制分析将重点以企业长期债务融资为分析对象。

在控制变量的系数估计结果方面，*Size* 的估计系数显著为正，表明公司规模越大的公司对债务融资的需求越多；*Lev* 的估计系数显著为正，与本书的预期一致，企业资产负债率与对外负债融资正相关；*CFO* 的估计系数显著为负，说明经营现金流充沛的企业可以通过内部融资减少对外部融资的依赖，符合融资优序理论；*Cash* 的估计系数显著为正，表明企业现金持有水平与债务融资正相关；*ROA* 的估计系数显著为正，表明盈利能力越高的企业越有可能进行外部债务融资，以扩大自身的生产经营；*MB* 的估计系数显著为正，这与 *TQ* 的估计系数相对应；*PPE* 的估计系数显著为负，说明固定资产规模较大的公司企业债务融资规模较小。本书发现，宏观经济变量 *GDP*、*M2* 以及一阶油价变动 *Oil_ret* 的估计系数并不显著，表明三个变量的变动并不会与油价敏感性系数一同对企业债务融资产生显著的交互影响，为本书的估计排除了这些因素的干扰。

4.4.2 影响渠道分析

原油是企业生产经营中重要的原料。理论上而言，油价不确定性作为经济不确定性中重要的一种，在对企业投融资决策的影响中表现出与其他不确定性指标相类似的特征。已有研究表明，经济政策不确定性会显著提高投资者信息不对称性，而且企业通过信息披露也无法有效弥补这种不确定性带来的负面影响（Nagar 等，2019）。另外，企业减少外部融资的直接原因是融资成本的上升。已有研究表明，首先，不确定性会使信贷市场的信息不对称程度提高，加剧企业与外部

---

① 在附录附表 2 中，本书进一步检验了由已实现波动率直接构建的油价波动率 *OU* 对长短期债务融资的影响，发现 *OU* 的估计系数在统计上并不显著。

② 具体的计算方式为-2.22% =（-0.060/0.027）/100，其中，-0.078 为估计系数，0.027 为企业长期融资的标准差，除以 100 是由于在计算行业 *OUJ* 的过程中对 *RVJ* 进行了百分化处理。

债务供给方间的信息不对称程度，从而债权人会通过提高债务融资利率和贷款审批难度以提高风险补偿（宋全云等，2019）。其次，在高不确定性的环境中，企业未来盈利水平不确定，现金流折现水平下降，企业固定资产的抵押价值下降，从而使得企业融资约束水平提高，最终导致企业融资成本上升（Francis 等，2014；Waisman 等，2015）。最后，从资金供给角度而言，不确定性环境下银行信贷业务变得更加谨慎，会抑制总体信贷供给水平（白俊等，2020），从而抬升市场整体信贷利率。因而，油价不确定性会提高企业的信息不对称程度，导致融资成本上升，使得本书基准结果中出现企业长期债务融资水平的下降。为验证这一影响渠道是否存在，本书构建的影响渠道检验模型如式（4-10）、式（4-11）所示。

$$PIN_{i,t}=\alpha+\beta\times OUJ_{j,t}+\gamma\times Abs\_Beta^{oil}_{j,t-1}+Control_{i,t}+Ind_j+Pro_p+YQ_t+\varepsilon_{i,t} \tag{4-10}$$

$$CoD_{i,t}=\alpha+\beta\times OUJ_{j,t}+\gamma\times Abs\_Beta^{oil}_{j,t-1}+Control_{i,t}+Ind_j+Pro_p+YQ_t+\varepsilon_{i,t} \tag{4-11}$$

式（4-10）、式（4-11）中，*PIN* 表示当期的个股知情概率指标，该指标越大，说明企业的信息不对称程度越高（陈国进等，2019），使用日度频率数据进行平均得到季度频率指标，数据来源于 CSMAR。本书对债务融资成本的测度方式有两种。第一种为保持与本书实证数据频率一致，使用利润表中的“财务费用”除以总负债作为测度，以 *CoD*1 表示①。第二种为更准确地度量债务融资成本，使用年度财务报表进行测度。具体度量方式为，将当期净财务费用除以平均有息债务，净财务费用为利润表中财务费用明细中“利息支出”“手续费”“其他财务费用”之和（李广子和刘力，2009），以 *CoD*2 表示。该指标越大说明债务融资成本越高。若式（4-10）、式（4-11）中 *OUJ* 的系数 γ 显著为正，则认为企业信息不对称程度和债务融资成本是原油价格不确定性影响企业债务融资的影响渠道，即油价不确定性通过恶化企业信息环境，提高企业外部债务融资成本。

油价不确定性影响企业债务融资的渠道影响估计结果如表 4-4 所示。第（1）列为模型（4-10）的回归结果，因变量为 *PIN*，*OUJ* 的系数估计结果为 0.033，且在 5%的显著性水平上显著，表明油价不确定性显著提高了企业信息不对称程度，恶化企业信息环境。第（2）列给出了模型（4-11）中 *OUJ* 对 *CoD*1 回归估计结果，结果表明，*OUJ* 的系数估计结果显著为正。第（3）列给出了 *OUJ* 对 *CoD*2 回归估计结果，结果显示，*OUJ* 的系数估计结果显著为正。第（2）和第（3）列的结果说明油价不确定性显著提高了企业债务融资成本。因而，通过这部分的回归可以验证，油价不确定性会通过恶化企业信息环境，提高企业债务融资成本，进而影响企业的外部债务融资决策，验证了本书的理论假设。

---

① 季度财务报表并未对财务费用明细进行披露，因而该测度指标较为粗糙。

表 4-4　企业信息环境、债务融资成本的影响渠道分析

变量	(1)	(2)	(3)
	PIN	*CoD1*	*CoD2*
OUJ	0.033** (0.015)	0.026*** (0.007)	0.316* (0.165)
OUC	0.005*** (0.002)	0.002* (0.001)	0.002 (0.004)
Abs_Beta	-0.011*** (0.004)	-0.003 (0.002)	-0.071** (0.028)
Size	-0.007*** (0.000)	-0.000 (0.000)	-0.006** (0.002)
Lev	0.011*** (0.001)	0.017*** (0.001)	-0.034*** (0.011)
CFO	-0.010*** (0.002)	0.006*** (0.001)	0.043*** (0.014)
Cash	0.004*** (0.001)	-0.015*** (0.001)	-0.013** (0.006)
Growth	0.001*** (0.000)	0.001*** (0.000)	0.008*** (0.002)
ROA	0.031*** (0.005)	-0.014*** (0.003)	-0.035 (0.023)
MB	-0.000*** (0.000)	-0.000 (0.000)	0.000 (0.001)
PPE	-0.006*** (0.001)	0.006*** (0.001)	-0.022* (0.011)
GDP	-0.000 (0.001)	0.001*** (0.000)	0.042*** (0.016)
M2	0.001* (0.001)	-0.001*** (0.000)	-0.024** (0.009)
Oil_ret	0.020** (0.008)	-0.000 (0.004)	0.087 (0.234)
Cons	0.338*** (0.008)	-0.002 (0.003)	0.219*** (0.052)
Ind	*Yes*	*Yes*	*Yes*
Pro	*Yes*	*Yes*	*Yes*
YQ	*Yes*	*Yes*	*Yes*

续表

变量	(1)	(2)	(3)
	PIN	*CoD*1	*CoD*2
Obs	82471	94833	18424
Adj. R^2	0.561	0.596	0.345

注：括号内为稳健标准误差，***、**、*分别表示系数估计在 0.01、0.05、0.1 的显著性水平上显著。

4.5　稳健性检验

为有效识别油价不确定性对企业长、短期债务融资的因果影响，有必要对计量实证模型的内生性问题进行深入探讨。内生性问题通常来源于遗漏变量问题、逆向因果问题以及选择性偏差，本书的逆向因果问题较小，原因在于解释变量是宏观经济序列，微观企业的经营行为并不能对宏观变量产生影响。本节着重从变量控制、使用工具变量、模型设定以及样本选择等对两个内生性问题进行深入探讨分析。

4.5.1　排除遗漏变量的影响

前文的分析可能存在的内生性问题是油价不确定性对企业债务融资的影响会受一些遗漏或潜在的不确定性因素的影响。尽管控制了时间固定效应，时间维度的不可观测不确定性因素可能被吸收，但这些不确定性变量的影响也可能体现在具有不同油价敏感性的行业中。譬如，已有文献认为，过高的原油价格可能导致经济滞胀和衰退（Hamilton，1983），这种情况下会伴随着经济不确定性的增加，而且是沿着石油产业链往下游传导。因而，其他经济不确定性会在一些情况下干扰本书的实证结果。本书继续在模型中控制一系列可能影响企业债务融资的不确定性指标，包括：由 Baker 等（2016）度量的全球经济政策不确定性（*GEPU*①）；Huang 和 Luk（2020）以中国为对象度量的经济政策不确定性（*CEPU*②）；由 COBE 推出的美国股票市场恐慌指数（*VIX*③）；中国股票市场指数波动率（*Mark_Vol*），使用上证综指收益度量的季度方差；个股股价波动率

① *GEPU* 资料来源：https：//www.policyuncertainty.com/global_monthly.html。

② *CEPU* 资料来源：https：//economicpolicyuncertaintyinchina.weebly.com/。

③ *VIX* 资料来源：https：//fred.stlouisfed.org/series/VIXCLS。

（*Vol*），使用日度收益度量的季度方差。为使时间序列维度的不确定性变量在回归中不被时间固定效应所吸收，除个股波动率外，不确定性指标都乘以油价变动敏感性系数的绝对值（*Abs_Beta*）。通过在基准模型中，逐个加入这些不确定性变量，用于检验基准回归中油价不确定性对企业长、短期债务融资的影响系数的显著性是否发生变动，以排除本书实证结果受遗漏变量因素的影响。

在控制一系列不同不确定性变量的情况下，油价不确定性对企业长期债务融资的影响如表4-5所示。第（1）列的基准回归中加入了*GEPU*，其估计系数并不显著，而*OUJ*的估计系数显著为负，说明全球经济政策不确定性并不能显著作用于中国企业的长期债务融资。第（2）列的基准回归中加入了*CEPU*，其估计系数在10%的显著性水平上并不显著，表明中国经济政策不确定性在高油价的行业中对企业债务融资并不显著，同时，*OUJ*在该回归中的符号和显著性并未改变。相同地，第（3）和第（4）列分别在基准模型中加入了*VIX*和*Mark_Vol*，即在模型中控制了国际和国内的股票市场不确定性，结果发现*VIX*估计系数和*Mark_Vol*的估计系数并不显著，说明中国企业的长期债务融资主要受市场经济不确定性的影响并不在不同油价敏感性的行业中体现出显著的差异性。第（5）列在基准模型中控制了企业自身的股价波动率，结果发现*Vol*的估计系数不显著，表明企业自身的股价波动对债务融资的影响有限。第（6）列将全部不确定性控制变量都加入后的估计结果，发现*OUJ*的估计系数虽然变小，但仍在5%的显著性水平上显著为负。总的来说，尽管表4-5分别控制了不同的不确定性指标，但油价不确定性对企业长期债务融资的影响，并不受到其他可能遗漏的不确定性因素的干扰，进一步保证了本书估计结果因果推断的可靠性。

表4-5 控制其他不确定性因素：被解释变量为长期债务融资

变量	(1)	(2)	(3)	(4)	(5)	(6)
	LDebt_fin	*LDebt_fin*	*LDebt_fin*	*LDebt_fin*	*LDebt_fin*	*LDebt_fin*
OUJ	−0.063** (0.025)	−0.056** (0.026)	−0.060*** (0.022)	−0.063*** (0.022)	−0.060*** (0.022)	−0.055** (0.026)
GEPU	0.001 (0.005)					0.017 (0.016)
CEPU		−0.000 (0.001)				−0.004 (0.004)
VIX			0.023 (0.040)			0.048 (0.047)

续表

变量	(1)	(2)	(3)	(4)	(5)	(6)
	LDebt_fin	*LDebt_fin*	*LDebt_fin*	*LDebt_fin*	*LDebt_fin*	*LDebt_fin*
Mark_Vol				-0.046 (0.059)		-0.040 (0.088)
Vol					0.236 (0.190)	0.232 (0.190)
OUC	-0.004 (0.003)	-0.004 (0.003)	-0.005 (0.004)	-0.003 (0.003)	-0.004 (0.003)	-0.006 (0.004)
Abs_Beta	0.003 (0.009)	0.007 (0.008)	0.002 (0.010)	0.007 (0.007)	0.005 (0.007)	-0.012 (0.018)
Size	0.003*** (0.000)	0.003*** (0.000)	0.003*** (0.000)	0.003*** (0.000)	0.003*** (0.000)	0.003*** (0.000)
Lev	0.019*** (0.001)	0.019*** (0.001)	0.019*** (0.001)	0.019*** (0.001)	0.019*** (0.001)	0.019*** (0.001)
CFO	-0.033*** (0.003)	-0.033*** (0.003)	-0.033*** (0.003)	-0.033*** (0.003)	-0.033*** (0.003)	-0.033*** (0.003)
Cash	0.005*** (0.001)	0.005*** (0.001)	0.005*** (0.001)	0.005*** (0.001)	0.005*** (0.001)	0.005*** (0.001)
Growth	0.003*** (0.000)	0.003*** (0.000)	0.003*** (0.000)	0.003*** (0.000)	0.003*** (0.000)	0.003*** (0.000)
ROA	0.026*** (0.008)	0.026*** (0.008)	0.026*** (0.008)	0.026*** (0.008)	0.026*** (0.008)	0.026*** (0.008)
MB	0.000 (0.000)	0.000 (0.000)	0.000 (0.000)	0.000 (0.000)	0.000 (0.000)	0.000 (0.000)
PPE	-0.021*** (0.002)	-0.021*** (0.002)	-0.021*** (0.002)	-0.021*** (0.002)	-0.021*** (0.002)	-0.021*** (0.002)
GDP	-0.002 (0.002)	-0.002 (0.002)	-0.002 (0.002)	-0.002 (0.002)	-0.002 (0.002)	-0.001 (0.002)
M2	0.001 (0.001)	0.001 (0.001)	0.001 (0.001)	0.001 (0.001)	0.001 (0.001)	0.001 (0.001)
Oil_ret	0.014 (0.014)	0.015 (0.014)	0.013 (0.015)	0.014 (0.014)	0.014 (0.014)	0.012 (0.015)
Cons	-0.067*** (0.007)	-0.067*** (0.007)	-0.067*** (0.007)	-0.067*** (0.007)	-0.067*** (0.007)	-0.067*** (0.007)
Ind	*Yes*	*Yes*	*Yes*	*Yes*	*Yes*	*Yes*
Pro	*Yes*	*Yes*	*Yes*	*Yes*	*Yes*	*Yes*

续表

变量	(1)	(2)	(3)	(4)	(5)	(6)
	LDebt_fin	LDebt_fin	LDebt_fin	LDebt_fin	LDebt_fin	LDebt_fin
YQ	Yes	Yes	Yes	Yes	Yes	Yes
Obs	94833	94833	94833	94833	94833	94833
Adj. R^2	0.067	0.067	0.067	0.067	0.067	0.067

注：括号内为稳健标准误差，***、**、*分别表示系数估计在0.01、0.05、0.1的显著性水平上显著。

在控制一系列不同不确定性变量的情况下，油价不确定性对企业短期债务融资的影响的估计结果如表4-6所示。第（1）列进一步控制了*GEPU*，其估计系数显著为负，但*OUJ*的估计系数仍显著为正，表明全球经济政策不确定性的加入并未对基准回归结果形成干扰。第（2）列的基准回归中加入了*CEPU*，其估计系数在10%的显著性水平上不显著，但*OUJ*在该回归中的符号和显著性并未改变。第（3）和第（4）列分别在模型中加入了*VIX*和*Mark_Vol*，即在模型中控制了国际和国内的股票市场不确定性，结果发现*OUJ*对短期债务融资作用的显著性水平并不受金融市场不确定性的影响。第（5）列在基准模型中控制了企业自身的股价波动率，结果发现*Vol*的估计系数不显著，且*OUJ*的估计系数仍在5%的显著性水平上显著。第（6）列将全部不确定性控制变量都加入后的估计结果，发现*OUJ*的估计系数仍在5%的显著性水平上显著为正。总之，表4-6在分别控制了不同的不确定性指标的情形下，油价不确定性对企业短期债务融资的正向影响，并不受到其他可能遗漏的不确定性因素的干扰。

表4-6　控制其他不确定性因素：被解释变量为短期债务融资

变量	(1)	(2)	(3)	(4)	(5)	(6)
	SDebt_fin	SDebt_fin	SDebt_fin	SDebt_fin	SDebt_fin	SDebt_fin
OUJ	0.093*** (0.035)	0.085** (0.036)	0.064** (0.032)	0.077** (0.032)	0.064** (0.032)	0.082** (0.038)
GEPU	-0.014** (0.006)					-0.015 (0.018)
CEPU		-0.002 (0.002)				0.002 (0.004)

续表

变量	(1)	(2)	(3)	(4)	(5)	(6)
	SDebt_fin	*SDebt_fin*	*SDebt_fin*	*SDebt_fin*	*SDebt_fin*	*SDebt_fin*
VIX			0. 079 (0. 063)			-0. 004 (0. 075)
Mark_Vol				0. 259 *** (0. 100)		0. 209 * (0. 116)
Vol					-0. 252 (0. 253)	-0. 246 (0. 253)
OUC	0. 001 (0. 003)	-0. 000 (0. 003)	-0. 003 (0. 005)	-0. 005 (0. 005)	0. 000 (0. 003)	-0. 004 (0. 006)
Abs_Beta	0. 022 (0. 016)	0. 008 (0. 011)	-0. 011 (0. 013)	-0. 009 (0. 012)	0. 001 (0. 009)	0. 008 (0. 024)
Size	0. 002 *** (0. 000)	0. 002 *** (0. 000)	0. 002 *** (0. 000)	0. 002 *** (0. 000)	0. 002 *** (0. 000)	0. 002 *** (0. 000)
Lev	0. 036 *** (0. 002)	0. 036 *** (0. 002)	0. 036 *** (0. 002)	0. 036 *** (0. 002)	0. 036 *** (0. 002)	0. 036 *** (0. 002)
CFO	-0. 141 *** (0. 004)	-0. 141 *** (0. 004)	-0. 141 *** (0. 004)	-0. 141 *** (0. 004)	-0. 141 *** (0. 004)	-0. 141 *** (0. 004)
Cash	0. 006 *** (0. 001)	0. 006 *** (0. 001)	0. 006 *** (0. 001)	0. 006 *** (0. 001)	0. 006 *** (0. 001)	0. 006 *** (0. 001)
Growth	0. 005 *** (0. 000)	0. 005 *** (0. 000)	0. 005 *** (0. 000)	0. 005 *** (0. 000)	0. 005 *** (0. 000)	0. 005 *** (0. 000)
ROA	0. 056 *** (0. 012)	0. 056 *** (0. 012)	0. 056 *** (0. 012)	0. 056 *** (0. 012)	0. 055 *** (0. 012)	0. 056 *** (0. 012)
MB	0. 000 *** (0. 000)	0. 000 *** (0. 000)	0. 000 *** (0. 000)	0. 000 *** (0. 000)	0. 000 *** (0. 000)	0. 000 *** (0. 000)
PPE	-0. 010 *** (0. 002)	-0. 010 *** (0. 002)	-0. 010 *** (0. 002)	-0. 010 *** (0. 002)	-0. 010 *** (0. 002)	-0. 010 *** (0. 002)
GDP	-0. 001 (0. 002)	-0. 000 (0. 002)	-0. 000 (0. 002)	-0. 001 (0. 002)	-0. 001 (0. 002)	-0. 001 (0. 002)
M2	-0. 000 (0. 001)	-0. 000 (0. 001)	-0. 000 (0. 001)	0. 000 (0. 001)	0. 000 (0. 001)	0. 000 (0. 001)
Oil_ret	0. 034 * (0. 019)	0. 034 * (0. 020)	0. 028 (0. 020)	0. 036 * (0. 020)	0. 033 * (0. 019)	0. 036 * (0. 020)
Cons	-0. 052 *** (0. 008)	-0. 052 *** (0. 008)	-0. 052 *** (0. 008)	-0. 052 *** (0. 008)	-0. 052 *** (0. 008)	-0. 052 *** (0. 008)

续表

变量	(1)	(2)	(3)	(4)	(5)	(6)
	SDebt_fin	*SDebt_fin*	*SDebt_fin*	*SDebt_fin*	*SDebt_fin*	*SDebt_fin*
Ind	*Yes*	*Yes*	*Yes*	*Yes*	*Yes*	*Yes*
Pro	*Yes*	*Yes*	*Yes*	*Yes*	*Yes*	*Yes*
YQ	*Yes*	*Yes*	*Yes*	*Yes*	*Yes*	*Yes*
Obs	94833	94833	94833	94833	94833	94833
Adj. R^2	0.085	0.085	0.085	0.085	0.085	0.085

注：括号内为稳健标准误差，***、**、*分别表示系数估计在0.01、0.05、0.1的显著性水平上显著。

4.5.2 工具变量2SLS分析

在宏观经济研究领域，油价如何影响宏观经济一直是重点关注的话题。然而，油价的变动是内生于宏观经济系统的，宏观经济的好坏往往伴随着油价的涨跌。为有效解决这个内生性问题，有必要从油价变动的内在驱动因素着手寻找可靠的外生工具变量。Kilian（2009）将原油价格变化进行分解，得到原油的总需求因素、供给因素和原油市场特定需求因素，发现总需求因素和油价以及宏观经济变量相关性最大。而对于中国来说，加入WTO后，中国城市化和工业化的迅速发展被认为是推动油价的重要力量（Tang等，2010）。然而，中国是油气匮乏国，原油对外依赖度已远超警戒线水平，在国际原油市场上扮演价格接受者的角色，供给导致的油价变动，对中国经济而言是显著外生的。如此一来，从供给角度寻找能够驱动油价变动的外生因素是较好的选择。事实上，国际原油市场的供给格局呈现垄断的特征，其中石油输出国组织（OPEC）占据着世界原油生产的44%，OPEC供给信息的变化会对油价产生显著影响（Lin和Tamvakis，2010）。基于这些论述，本书使用OPEC供给信息的量化指标是合理的工具变量。

本书选用的工具变量有两个。第一个是由Känzig（2021）度量的原油供给信息，该指数源于OPEC在做出产量决策时所造成的市场反应，具有严格的外生性。由于Känzig提供的是月度数据，为与本书数据频率匹配，本书对序列进行季度加总。第二个是Plante（2019）提供的OPEC信息指数，该指标是对与OPEC生产相关的OPEC会议和事件的新闻报刊进行量化所得，指标的变动具有不可预期性，往往与不可预测的OPEC事件以及中东地区的政局冲突显著相关，而且能够显著造成油价的突发性波动。在工具变量的构建过程中，为体现行业维度的差异性，本书将工具变量分别与行业油价敏感性系数的绝对值做交互处理，原油供

给信息和 OPEC 信息指数分别使用 *Oilsupply_Surprise* 和 *OPEC_News* 表示。

油价不确定性对企业长、短债务融资影响的工具变量的 2SLS 的回归结果如表 4-7 所示。第（1）列给出了 2SLS 一阶段回归结果，因变量为油价不确定性 *OUJ*，结果发现工具变量 *Oilsupply_Surprise* 和 *OPEC_News* 的估计系数均在 1%的显著性水平上显著为正，说明 OPEC 信息的意外变动会增加油价不确定性。此外，第一阶段的 F 统计量显著大于 10，说明工具变量与 *OUJ* 存在较好的相关性。另外，本书选择了两个工具变量，还进行了工具变量过度识别检验。结果表明，过度识别检验的 P 值为 0.88，说明工具变量是外生的。第（2）和第（3）列为 2SLS 的二阶段回归结果，这里被解释变量分别替换为 *LDebt_fin* 和 *SDebt_fin*，结果表明 *OUJ* 的估计系数分别为-0.292 和 0.274，且都在 1%的显著性水平上显著。工具变量 2SLS 的回归结果有效支持了本书的发现，即油价不确定性会显著降低（提高）企业的长（短）期债务融资。

表 4-7　工具变量 2SLS 回归

变量	2SLS 一阶段回归	2SLS 二阶段回归	2SLS 二阶段回归
	(1)	(2)	(3)
	OUJ	*LDebt_fin*	*SDebt_fin*
Oilsupply_Surprise	0.004*** (0.000)		
OPEC_News	0.053*** (0.001)		
OUJ		-0.292*** (0.094)	0.274** (0.122)
OUC	-0.024 (0.000)	-0.007** (0.003)	0.003 (0.004)
Abs_Beta	0.018*** (0.001)	0.019** (0.000)	-0.011 (0.011)
Size	0.000* (0.000)	0.003*** (0.000)	0.002*** (0.000)
Lev	0.000 (0.000)	0.019*** (0.001)	0.036*** (0.001)
CFO	0.000** (0.000)	-0.033*** (0.002)	-0.141*** (0.003)
Cash	0.000 (0.000)	0.005*** (0.000)	0.006*** (0.000)

续表

变量	2SLS 一阶段回归	2SLS 二阶段回归	2SLS 二阶段回归
	(1)	(2)	(3)
	OUJ	*LDebt_fin*	*SDebt_fin*
Growth	0.000 (0.000)	0.003*** (0.000)	0.005*** (0.000)
ROA	0.000 (0.000)	0.025*** (0.007)	0.056*** (0.009)
MB	0.000** (0.000)	-0.000 (0.000)	0.000 (0.000)
PPE	-0.000*** (0.000)	-0.021*** (0.001)	-0.010*** (0.001)
GDP	-0.009*** (0.000)	-0.003** (0.002)	-0.010 (0.002)
M2	0.005*** (0.000)	0.002** (0.001)	-0.001 (0.001)
Oil_ret	-0.281*** (0.002)	-0.049* (0.029)	0.089** (0.037)
Cons	-0.003*** (0.000)	-0.060 (0.006)	-0.049 (0.007)
Ind	*Yes*	*Yes*	*Yes*
Pro	*Yes*	*Yes*	*Yes*
YQ	*Yes*	*Yes*	*Yes*
First-stage F test statistics	281.8		
Over-identification test p-value		0.88	0.88
Obs	94833	94833	94833
Adj. R^2	0.74	0.048	0.079

注：括号内为稳健标准误差，***、**、*分别表示系数估计在 0.01、0.05、0.1 的显著性水平上显著。

4.5.3 其他稳健性检验

本部分从变量度量、模型设定以及实证样本出发，对前文的基准回归结果做进一步稳健性检验，估计结果如表 4-8 所示。首先，基准回归中的油价不确定性基于已实现波动率的方法，使用原油期货价格波动中的跳跃成分进行识别。为增加估计结果的稳健性，减少变量测度带来的偏差，本书在此使用 *OVX* 跳跃虚拟变量

（具体度量见前文）作为替代变量，并与行业油价变动敏感性系数进一步构建行业油价不确定性，以 *OUJ*2 表示。估计结果如第（1）列所示，*OUJ*2 的估计系数在 5%的显著性水平上显著为负，与本书的基准回归结果一致。其次，第（2）列使用 T 值为 1.96 作为油价敏感性系数的门槛值，*Abs_Beta* 的 T 值大于 1.96，认为该行业为油价变动敏感性行业，小于该值 *Abs_Beta* 则定义为 0，油价不确定性的时间序列与该变量的交互项定义为 *OUJ*3，结果表明，*OUJ*3 的估计系数符号和显著性水平与基准回归一致。因而，可以认为油价不确定性对企业长期债务融资有负向影响，并不受其度量方式的改变而发生变化，减少了对变量度量不准确的担忧。

在模型的使用方面，基准模型仅控制了时间、行业和省份固定效应，第（3）列进一步控制了企业固定效应，可进一步缓解回归模型的遗漏变量干扰。第（3）列结果显示，*OUJ* 的估计系数绝对值虽然减少，但所估计的系数在 5%的显著性水平上显著为负。第（4）列将模型估计标准误聚类到行业层面，结果发现 *OUJ* 对企业长期债务融资的影响系数在 10%的显著性水平上显著为负。另外，本书回归的样本时间段包括了金融危机，该时期宏观经济下行，并伴随着油价的暴跌，由此可能导致本书的结果并不可靠。因而，在第（5）列中将样本限定为 2009~2019 年，以排除国际金融危机的影响。可以发现，在第（5）列中，*OUJ* 的估计系数仍然显著为负，并未受样本选择的干扰。综合来看，油价不确定性对企业长期债务融资的因果影响并不受变量度量、模型设定以及样本选择的影响，进一步增加了本书结论的可靠性。

实际上，原油价格波动与企业融资活动很可能同时受到宏观经济景气度的影响（Kilian，2009）。从原油供给出发寻找合适的外生变量能够进一步增强本书的结论。在本书的研究时段内，2014 年底，OPEC 决定放弃保价政策，使得油价在短时间内下降了 50%。国际原油价格意外、猛烈地大幅度下跌，几乎超出了所有人的预期①，同时使得油价不确定性飙升。事后来看，2014~2015 年油价下跌的主要原因在于供给因素的影响（Arezki 和 Blanchard，2015；Gelman 等，2016；EIA，2018）。原油价格在 2014 年第四季度的意外下跌作为外生事件在其他研究文献中也被应用（Andrén，2016；Gilje 等，2020）。因此，本书以上一年度的行业油价变动敏感性系数绝对值作为处理变量，以 2014 年第三季度作为对照年，构建两期双重差分模型（DID）研究油价不确定性对企业长期债务融资的影响。油价不确定性对企业长期债务融资影响的 DID 估计如表 4-8 第（6）列所示，交互项 *Abs_Beta×Post* 的估计系数在 10%的显著性水平上显著为负，表明本次由供给导致的

① 分析师在 2014 年 10 月对 2015 年油价的平均预测价格为 103 美元/桶，但实际上 2015 年的实际平均油价在 50 美元/桶的低位变动。

油价不确定性显著降低了高油价不确定性暴露企业的长期债务融资水平。

表 4-8　不同变量度量、模型设定及样本估计：被解释变量为长期债务融资

变量	(1)	(2)	(3)	(4)	(5)	(6)
	LDebt_fin	*LDebt_fin*	*LDebt_fin*	*LDebt_fin*	*LDebt_fin*	*LDebt_fin*
OUJ2	-0.016** (0.008)					
OUJ3		-0.088*** (0.023)				
Abs_Beta1		0.003 (0.002)				
OUJ			-0.056** (0.022)	-0.060* (0.031)	-0.046* (0.025)	
Abs_Beta×Post						-0.041* (0.025)
OUC	0.001 (0.003)	-0.001 (0.002)	-0.004 (0.003)	-0.004 (0.003)	-0.003 (0.005)	
Abs_Beta	0.000 (0.007)		0.007 (0.007)	0.005 (0.007)	-0.004 (0.012)	
Size	0.003*** (0.000)	0.003*** (0.000)	0.001*** (0.000)	0.003*** (0.000)	0.003*** (0.000)	0.037*** (0.006)
Lev	0.019*** (0.001)	0.019*** (0.001)	0.011*** (0.001)	0.019*** (0.001)	0.021*** (0.001)	0.153*** (0.019)
CFO	-0.033*** (0.003)	-0.033*** (0.003)	-0.028*** (0.002)	-0.033*** (0.008)	-0.033*** (0.003)	-0.016 (0.022)
Cash	0.005*** (0.001)	0.005*** (0.001)	0.003*** (0.000)	0.005*** (0.001)	0.005*** (0.001)	0.013 (0.009)
Growth	0.003*** (0.000)	0.003*** (0.000)	0.004*** (0.000)	0.003*** (0.001)	0.003*** (0.000)	0.001 (0.002)
ROA	0.026*** (0.008)	0.026*** (0.008)	0.030*** (0.007)	0.026* (0.013)	0.032*** (0.009)	-0.017 (0.050)
MB	0.000 (0.000)	0.000 (0.000)	0.000 (0.000)	0.000 (0.000)	-0.000 (0.000)	-0.001 (0.001)
PPE	-0.021*** (0.002)	-0.021*** (0.002)	-0.005*** (0.001)	-0.021*** (0.003)	-0.020*** (0.002)	-0.018 (0.023)
GDP	-0.001 (0.002)	-0.001 (0.002)	-0.002 (0.002)	-0.002 (0.002)	0.002 (0.003)	

续表

变量	(1)	(2)	(3)	(4)	(5)	(6)
	LDebt_fin	*LDebt_fin*	*LDebt_fin*	*LDebt_fin*	*LDebt_fin*	*LDebt_fin*
M2	0.001 (0.001)	0.001 (0.001)	0.001 (0.001)	0.001 (0.001)	-0.000 (0.001)	
Oil_ret	0.021 (0.014)	0.021 (0.014)	0.013 (0.014)	0.014 (0.019)	0.035** (0.018)	
Cons	-0.067*** (0.007)	-0.067*** (0.007)	-0.019*** (0.002)	-0.067*** (0.010)	-0.003 (0.005)	-0.870*** (0.131)
Ind	*Yes*	*Yes*	*Yes*	*Yes*	*Yes*	*Yes*
Pro	*Yes*	*Yes*	*Yes*	*Yes*	*Yes*	*Yes*
YQ	*Yes*	*Yes*	*Yes*	*Yes*	*Yes*	*Yes*
Obs	94833	94833	94833	94833	86969	3924
Adj. R^2	0.067	0.067	0.034	0.067	0.069	0.531

注：括号内为稳健标准误差，***、**、*分别表示系数估计在0.01、0.05、0.1的显著性水平上显著。

进一步地，从变量度量、模型设定以及实证样本出发，对短期债务融资的稳健性估计结果如表4-9所示。首先，在油价不确定性的度量方面，第（1）列结果显示，*OUJ*2的估计系数在1%的显著性水平上显著为正，与本书的基准回归结果一致。在第（2）列中，*OUJ*3对短期债务融资影响的估计系数符号和显著性水平与基准回归一致。其次，从模型设定的稳健性出发，第（3）列进一步控制了企业固定效应，结果显示，*OUJ*的估计系数虽然减少，但系数仍然在10%的显著性水平上显著为正。第（4）列将模型估计标准误聚类到行业层面，*OUJ*对短期债务融资的影响系数显著性仍然在可接受的范围内显著。最后，在样本的选择方面，第（5）列中样本限定为2009~2019年，以排除国际金融危机的影响。可以发现，*OUJ*的估计系数仍然显著为正，并未受样本选择的干扰。综合来看，油价不确定性对企业短期债务融资的因果影响并不受变量度量、模型设定以及样本选择的影响，进一步增加了本书结论的可靠性。

同样，与对长期债务融资的做法一致，为增强对短期债务融资影响结果的因果推断，本书构建了DID模型。将行业上一年度油价变动敏感性系数绝对值作为处理变量，以2014年第三季度作为对照年，构建两期双重差分模型（DID）。油价不确定性对企业短期债务融资影响的DID估计如表4-9第（6）列所示，交互项*Abs_Beta*×*Post*的估计系数在10%的显著性水平上显著为正，表明本次由供给导致的油价不确定性显著增加了高油价不确定性暴露企业的短期债务融资水平。

表 4-9 不同变量度量、模型设定及样本估计：被解释变量为短期债务融资

变量	(1)	(2)	(3)	(4)	(5)	(6)
	SDebt_fin	SDebt_fin	SDebt_fin	SDebt_fin	SDebt_fin	SDebt_fin
OUJ2	0.021*** (0.007)					
OUJ3		0.052* (0.029)				
Abs_Beta1		-0.003 (0.003)				
OUJ			0.059* (0.031)	0.064** (0.030)	0.071** (0.035)	
Abs_Beta×Post						0.048* (0.027)
OUC	0.002 (0.003)	0.001 (0.003)	-0.000 (0.003)	0.000 (0.003)	-0.004 (0.008)	
Abs_Beta	-0.003 (0.008)		0.003 (0.009)	0.001 (0.006)	0.014 (0.015)	
Size	0.002*** (0.000)	0.002*** (0.000)	0.000*** (0.000)	0.002*** (0.000)	0.002*** (0.000)	0.032* (0.017)
Lev	0.036*** (0.002)	0.036*** (0.002)	0.017*** (0.001)	0.036*** (0.004)	0.039*** (0.002)	0.297*** (0.034)
CFO	-0.141*** (0.004)	-0.141*** (0.004)	-0.120*** (0.004)	-0.141*** (0.009)	-0.140*** (0.004)	-0.214*** (0.030)
Cash	0.006*** (0.001)	0.006*** (0.001)	0.004*** (0.000)	0.006*** (0.001)	0.006*** (0.001)	0.032*** (0.012)
Growth	0.005*** (0.000)	0.005*** (0.000)	0.006*** (0.000)	0.005*** (0.001)	0.004*** (0.000)	-0.004 (0.003)
ROA	0.056*** (0.012)	0.056*** (0.012)	0.078*** (0.010)	0.056*** (0.012)	0.049*** (0.012)	-0.050 (0.075)
MB	0.000*** (0.000)	0.000*** (0.000)	0.000*** (0.000)	0.000*** (0.000)	0.000*** (0.000)	-0.002 (0.001)
PPE	-0.010*** (0.002)	-0.010*** (0.002)	0.002** (0.001)	-0.010** (0.004)	-0.012*** (0.002)	-0.045 (0.031)

续表

变量	(1)	(2)	(3)	(4)	(5)	(6)
	SDebt_fin	*SDebt_fin*	*SDebt_fin*	*SDebt_fin*	*SDebt_fin*	*SDebt_fin*
GDP	-0.000 (0.002)	-0.000 (0.002)	-0.001 (0.002)	-0.001 (0.002)	-0.004 (0.003)	
M2	0.000 (0.001)	0.000 (0.001)	0.000 (0.001)	0.000 (0.001)	0.001 (0.001)	
Oil_ret	0.042** (0.019)	0.027 (0.019)	0.029 (0.019)	0.032 (0.023)	0.028 (0.022)	
Cons	-0.052*** (0.008)	-0.052*** (0.008)	-0.015*** (0.003)	-0.052*** (0.007)	-0.054*** (0.009)	-0.810** (0.380)
Ind	*Yes*	*Yes*	*Yes*	*Yes*	*Yes*	*Yes*
Pro	*Yes*	*Yes*	*Yes*	*Yes*	*Yes*	*Yes*
YQ	*Yes*	*Yes*	*Yes*	*Yes*	*Yes*	*Yes*
Obs	94816	94833	94833	94833	86969	3924
Adj. R^2	0.085	0.084	0.054	0.084	0.088	0.544

注：括号内为稳健标准误差，***、**、*分别表示系数估计在0.01、0.05、0.1的显著性水平上显著。

4.6　异质性分析

前文的实证分析结果表明，油价不确定性能够显著降低中国企业的长期债务融资，增加短期债务融资，并在一系列稳健性检验中依然显著。然而，这种效应对具有不同相关特性的企业会存在显著差异。下面从企业所属行业油气消耗强度、企业信息透明度、外部融资依赖度以及企业股权性质四个方面，探究油价不确定性对企业长期融资的异质性影响，以进一步增强本书的研究结论。

4.6.1　行业油气消耗强度

通过前文的分析，油价不确定性会对企业债务融资产生重要影响。但原油作为工业生产过程中特定的投入要素，其使用原油作为要素投入的占比存在较大差异。因各行业要素成本构成不同，所以油价不确定性对不同行业企业的影响会存在显著差异。已有文献从油价变化的水平影响进行探讨。Loungani（1986）研究发现，油价在1950~1970年的上涨显著促进了劳动力在行业间的流动，但总的来说提高了失业率。谭小芬等（2015）使用SVAR模型发现，原油市场价格变化对中国经济产出有显著的负向影响，且对于能源密集型行业的影响更大。从而在经济直觉上，油价不确定性作为经济不确定性中的特定类别，其对企业全要素生产率的影响会因行业各异。

本书从各行业对油气的消耗特征考察油价不确定性对企业长、短期债务融资的异质性影响，消耗高则属于能源密集型行业。不同行业对油气行业的消耗系数是以国家统计局公布的行业投入产出表为基础而度量的①，该指标能够度量全部行业对油气行业的资源的消耗量联系，以此衡量不同行业对原油的依赖程度。

在分组回归中，将各行业对油气行业的完全消耗系数按其三分位，取其中高、低分位的数据进行分组回归。分组检验回归结果分别如表4-10所示。第（1）和第（2）列是以行业油气完全消耗系数分组下，油价不确定性对企业长期债务融资的影响，可以发现 *OUJ* 的估计系数在油气完全消耗系数较高的样本中为-0.073，且在5%的显著性水平上显著，但在较低油气完全消耗系数的样本中 *OUJ* 的系数并不显著。第（3）和第（4）列是以行业油气完全消耗系数分组下，油价不确定性对企业短期债务融资的影响，结果表明 *OUJ* 的估计系数在油气完全消耗系数较高的样本中为0.123，且在5%的显著性水平上显著，但在较低组的样本回归中 *OUJ* 的估计系数在统计上并不显著。表4-10的回归结果表明，油价不确定性对企业债务融资的显著影响取决于企业以原油为原料的依赖程度。这一分组结果也符合实际情况，只有高度依赖原油生产的企业才会受到影响。

表4-10　行业油气消耗强度分组检验

变量	行业油气完全消耗系数		行业油气完全消耗系数	
	低	高	低	高
	(1)	(2)	(3)	(4)
	LDebt_fin	*LDebt_fin*	*SDebt_fin*	*SDebt_fin*
OUJ	-0.017 (0.038)	-0.073** (0.037)	0.054 (0.053)	0.123** (0.048)
OUC	-0.008 (0.005)	-0.002 (0.007)	-0.003 (0.004)	-0.010 (0.009)

① 本书的实证数据区间为2007~2019年，由于投入产出表五年公布一次，本书以2012年、2017年的投入产出表度量的完全消耗系数的平均值代表本书的衡量指标。完全消耗系数矩阵计算公式为B=（I-A）-1-I，其中，I和A分别为单位矩阵和直接消耗系数矩阵。投入产出表来源于国家统计局网站：https：//data. stats. gov. cn/。

续表

变量	行业油气完全消耗系数		行业油气完全消耗系数	
	低	高	低	高
	(1)	(2)	(3)	(4)
	LDebt_fin	*LDebt_fin*	*SDebt_fin*	*SDebt_fin*
Abs_Beta	0.017 (0.013)	-0.013 (0.024)	0.009 (0.013)	0.009 (0.027)
Size	0.002*** (0.001)	0.005*** (0.001)	0.002*** (0.001)	0.003*** (0.001)
Lev	0.022*** (0.002)	0.024*** (0.003)	0.037*** (0.003)	0.037*** (0.003)
CFO	-0.045*** (0.005)	-0.023*** (0.004)	-0.139*** (0.007)	-0.151*** (0.007)
Cash	0.005*** (0.001)	0.008*** (0.001)	0.006*** (0.001)	0.007*** (0.001)
Growth	0.002*** (0.001)	0.004*** (0.001)	0.002*** (0.001)	0.006*** (0.001)
ROA	-0.003 (0.012)	0.028 (0.018)	0.057*** (0.018)	0.044** (0.022)
MB	0.000 (0.000)	-0.000 (0.000)	0.001*** (0.000)	0.000** (0.000)
PPE	-0.021*** (0.003)	-0.024*** (0.004)	-0.008** (0.003)	-0.012*** (0.003)
GDP	-0.003 (0.003)	0.002 (0.004)	0.000 (0.003)	-0.005 (0.005)
M2	0.000 (0.001)	0.001 (0.002)	-0.001 (0.002)	0.002 (0.002)
Oil_ret	0.021 (0.024)	0.030 (0.028)	0.011 (0.031)	0.085** (0.039)
Cons	-0.042*** (0.012)	-0.106*** (0.016)	-0.054*** (0.014)	-0.068*** (0.017)
OUJ 组间系数差异检验	0.056***		0.069***	
Ind	*Yes*	*Yes*	*Yes*	*Yes*
Pro	*Yes*	*Yes*	*Yes*	*Yes*
YQ	*Yes*	*Yes*	*Yes*	*Yes*
Obs	32774	30402	32774	30402

续表

变量	行业油气完全消耗系数		行业油气完全消耗系数	
	低	高	低	高
	(1)	(2)	(3)	(4)
	LDebt_fin	*LDebt_fin*	*SDebt_fin*	*SDebt_fin*
Adj. R^2	0.081	0.077	0.089	0.096

注：括号内为稳健标准误差，***、**、*分别表示系数估计在0.01、0.05、0.1的显著性水平上显著。分组系数差异性检验时，使用Bootstrap抽样500次。

4.6.2 企业信息透明度

已有文献表明，企业所处环境不确定性的增加会提高市场参与者与企业间的信息不对称程度，为应对经济政策不确定性，Nagar等（2019）发现，企业的信息披露在高不确定性期间显著提高。El等（2021）使用国际样本发现，在高政策不确定性期间，企业的会计质量会显著提高。即便如此，企业开展更多的自愿性信息披露也无法完全弥补信息不对称问题（Nagar等，2019）。信息不对称是影响企业债务融资的重要因素。Jaffee和Russell（1976）、Stiglitz和Weiss研究认为，市场信息不对称的提高会加剧信贷市场资源错配程度。相反，企业信息透明度的提高则能有效缓解企业融资约束程度（张纯和吕伟，2007）。随着市场化的推进，我国商业银行在信贷审批过程中逐渐规范，企业的财务信息质量成为银行信贷决策的重要依据，如胡奕明和谢诗蕾（2005）研究表明，企业财务状况和公司治理状况是贷款利率的关键影响因素。在考虑声誉效应的情形下，胡奕明和唐松莲（2007）实证研究表明，上市公司聘请高质量审计师具有显著的信号作用，能够有效降低企业在银行的贷款利率。

在经济不确定性较高的环境下，企业与银行之间的信息不对称程度越高，银行越会要求更高的贷款利率以进行风险补偿（邱兆祥和刘远亮，2010），尤其对长期债务融资更加明显。不确定性环境下，信贷资产的安全性是银行关注的首要问题，若企业信息透明度较低，则银行的信贷审批就会变得愈加严苛，贷款率也会相应提高，从而使得企业减少外部融资需要。才国伟等（2018）研究表明，政策不确定性能够显著降低企业的融资活动，但其认为融资可获得性是两者间的影响渠道。对于企业信息透明度而言，企业通过自主提高信息披露以减缓油价不确定性产生信息不对称性的效果（Nagar等，2019）。因而，可以推知对于具有较高信息透明度的企业会向债权人释放积极信号，有利于增强债权人对企业生产经营的信心，企业管理层会更有责任地管理好企业。同时，企业较高的信息透明度

说明企业内外部的信息不对称程度较低，那么企业的贷款成本也将相应较低。企业在面临较大的油价不确定性的影响时，银行长期信贷资金会优先匹配给信息透明度较高的企业，使贷款风险尽可能低。相对应地，当企业的长期债务融资相对充足时，其所需增加的短期债务融资将较少。

为验证这一推断，本书选择了由 Kim 和 Verrecchia（2001）提出的 KV 信息披露质量指数对企业的信息透明度进行度量①，该指数能够有效反映投资者对企业信息披露的客观感知，同时该指标包含了强制性和自愿性信息披露的信息（周开国等，2011）。需说明的是，KV 信息披露质量的值越大，企业信息披露质量越低。可以预期，在 KV 指标较高的企业中，企业信息透明度较低，从而油价不确定性对这类企业长期债务融资的负面影响将更大，而对短期债务融资的正向效应也将更大。

具体的检验过程中，本书对 KV 信息披露质量分别以行业、时期的中位数将实证样本分为高、低两组。分组检验回归结果如表 4-11 所示。第（1）和第（2）列是油价不确定性对企业长期债务融资的分组影响估计结果，*OUJ* 的估计系数在 KV 信息披露质量指标较高的企业样本中显著为负，系数值为-0.093；而 *OUJ* 的估计系数在 KV 信息披露质量指标较低的组别中并不显著。组间系数差异检验表明，分组回归的 *OUJ* 系数都在 10%的显著性水平上拒绝了系数相等的原假设。然后，第（3）和第（4）列是油价不确定性对企业短期债务融资的分组影响估计结果，*OUJ* 的估计系数在 KV 信息披露质量指标较高的企业样本中系数估计值为 0.108，且在 5%的显著性水平上显著；而 *OUJ* 的估计系数在 KV 信息披露质量指标较低的组别中并不显著。分组回归做组间系数差异检验，结果表明分组回归的 *OUJ* 系数都在 1%的显著性水平上拒绝了系数相等的原假设。因而可以得出结论，即油价不确定性对企业长期债务融资的负向影响和短期债务融资的正向影响在企业透明度较低的企业样本中更大。

表 4-11 信息透明度分组检验

变量	KV 信息披露质量		KV 信息披露质量	
	高	低	高	低
	(1)	(2)	(3)	(4)
	LDebt_fin	*LDebt_fin*	*SDebt_fin*	*SDebt_fin*
OUJ	-0.093***	-0.039	0.108**	0.035
	(0.031)	(0.033)	(0.044)	(0.045)

① 本书借鉴 Dechow 和 Dichev（2002）的方法度量了企业盈余激进度，该指标越大，企业越有可能对盈余项目进行粉饰，伴随着企业信息的不透明度将越高。在未给出的结果中，本书发现企业盈余激进度越高，油价不确定性对企业长期债务融资的负向作用及对短期债务融资的正向作用越大。

续表

变量	KV 信息披露质量		KV 信息披露质量	
	高	低	高	低
	(1)	(2)	(3)	(4)
	LDebt_fin	*LDebt_fin*	*SDebt_fin*	*SDebt_fin*
OUC	0.000 (0.005)	-0.005 (0.004)	-0.007 (0.007)	0.003 (0.004)
Abs_Beta	0.019 (0.014)	-0.000 (0.007)	-0.004 (0.015)	0.000 (0.011)
Size	0.003*** (0.001)	0.003*** (0.000)	0.001*** (0.001)	0.003*** (0.001)
Lev	0.023*** (0.002)	0.018*** (0.002)	0.041*** (0.003)	0.038*** (0.002)
CFO	-0.029*** (0.003)	-0.035*** (0.004)	-0.143*** (0.006)	-0.140*** (0.006)
Cash	0.005*** (0.001)	0.005*** (0.001)	0.006*** (0.001)	0.008*** (0.001)
Growth	0.002*** (0.001)	0.003*** (0.000)	0.005*** (0.001)	0.004*** (0.001)
ROA	0.027** (0.013)	0.026** (0.012)	0.060*** (0.016)	0.029* (0.017)
MB	-0.000 (0.000)	0.000 (0.000)	0.000*** (0.000)	0.000*** (0.000)
PPE	-0.021*** (0.003)	-0.021*** (0.003)	-0.011*** (0.003)	-0.010*** (0.003)
GDP	-0.004 (0.003)	-0.001 (0.002)	0.003 (0.003)	-0.002 (0.003)
M2	0.001 (0.001)	0.001 (0.001)	-0.001 (0.002)	0.001 (0.001)
Oil_ret	0.025 (0.021)	0.007 (0.021)	0.001 (0.029)	0.062** (0.029)
Cons	-0.069*** (0.012)	-0.068*** (0.010)	-0.045*** (0.012)	-0.068*** (0.012)
OUJ 组间系数差异检验	0.054***		-0.073***	
Ind	*Yes*	*Yes*	*Yes*	*Yes*
Pro	Yes	Yes	Yes	Yes

续表

变量	KV 信息披露质量		KV 信息披露质量	
	高	低	高	低
	(1)	(2)	(3)	(4)
	LDebt_fin	*LDebt_fin*	*SDebt_fin*	*SDebt_fin*
YQ	*Yes*	*Yes*	*Yes*	*Yes*
Obs	46249	47389	46249	47389
Adj. R^2	0.092	0.095	0.113	0.104

注：括号内为稳健标准误差，***、**、*分别表示系数估计在 0.01、0.05、0.1 的显著性水平上显著。分组系数差异性检验时，使用 Bootstrap 抽样 500 次。

4.6.3　外部融资依赖度

外部融资依赖度指企业的生产经营过程中，相对于内源性融资对外部融资的依赖程度。不同企业从外部获得融资的依赖程度存在显著不同，使得油价不确定性对企业债务融资的影响关系产生较大差异。正如 Rajan 和 Zingales（1996）所言，有些行业并不具有很好的“造血”能力，而需要持续不断地从外部进行融资以满足自身的经营生产活动。谭小芬和邵涵（2021）从梳理模型的推导中得出，当企业受到外部事件影响使其融资成本上升时，则外部融资依赖度较高的企业其融资削减得更多，表明外部融资依赖度是企业融资可获得性的重要调节变量，依赖度较高的企业其融资决策的敏感性受外界因素的影响更大。刘莉亚等（2015）构造的局部均衡理论模型说明，在企业投融资中，外部融资依赖度是决定企业投融资决策的重要因素之一，且融资约束的变动对企业外部融资的影响大小与企业融资依赖度正相关。相较于其他行业，外部融资依赖度较高的行业由于自身资产属性，自身“造血”能力不足，只有通过外部融资才能满足自身投资需求。因此，外部融资依赖度越高，企业对外部融资环境的变化表现得越敏感。在宏观经济导致企业信贷融资环境、融资成本发生显著性变化时，属于较高外部融资依赖度行业的企业的资本结构变化较大（Rajan 和 Zingales，1998；Alter 和 Elekdag，2020）。

对应到不确定性研究理论的文献，Caldara 等（2016），Popp 和 Zhang（2016）基于 VAR 模型发现，金融摩擦是放大不确定性影响效应的重要机制。Choi 等（2018）以行业融资依赖度作为金融摩擦的衡量指标，在不确定性高时融资依赖度较高的行业企业生产率下降更多。相反，Wang 等（2014）研究认为，使用更多内部资金的企业，其投资活动受外部不确定性的影响相对较少。对于这一发现的主要原因在于，融资依赖度较高的行业受不确定性的影响并不能有效满足原有的融资需求。企业利用更多的长期外部融资的用途在于满足企业的固定资产投资，长期融资对应长期投资是理想的资金期限匹配方式，可以减少企业的资金使用风险。企业长期债务融资作为企业重要的融资方式之一，其受油价不确定性的影响必然会因企业融资依赖程度的差异而存在显著不同。同时，作为银行对企业信贷资金的补充，企业短期融资会与长期债务融资呈反向变动。因而，可以预期油价不确定性对企业的长期融资的负向影响将在融资依赖度较高的行业中更大。同样，企业为弥补长期债务融资的不足，油价不确定性对短期债务融资的正向影响在外部融资依赖度较高的行业中更大。

为衡量行业外部融资依赖性指标，参照 Rajan 和 Zingales（1998）的经典做法，本书定义外部融资依赖度为：样本区间内各行业总的资本支出减去总经营性现金流，再除以总资本性支出标准化。该指标越高，说明自身“造血”能力越无法满足资本性开支，则行业的外部融资依赖度越高。

在分组回归中，由于样本区间行业融资依赖度的方差变动只体现在行业层面，因而本书将该变量的中位数分为高、低两组。分组回归结果分别如表 4-12 所示。第（1）和第（2）列是油价不确定性对企业长期债务融资的分组影响估计结果，*OUJ* 的估计系数在行业融资依赖度较高的企业样本中显著为负，系数值为-0.092；而 *OUJ* 的估计系数在行业融资依赖度较低的组别中为-0.044，且不显著。组间系数差异检验表明，分组回归的 *OUJ* 系数在 1%的显著性水平上拒绝了系数相等的原假设。而后，第（3）和第（4）列是油价不确定性对企业短期债务融资的分组影响估计结果，*OUJ* 的估计系数在行业融资依赖度较高的企业样本中系数估计值为 0.083，且在 10%的显著性水平上显著；相反，*OUJ* 的估计系数在行业融资依赖度较低的组别中并不显著。分组回归的 *OUJ* 系数做组间系数差异检验，结果表明分组回归的 *OUJ* 系数都在 1%的显著性水平上拒绝了系数相等的原假设。综上，可以认为油价不确定性对企业长期债务融资的负向影响和对短期债务融资的正向影响主要体现在行业融资依赖度较高样本，进一步加强了主回归结果的说服力。

表 4-12　行业融资依赖度分组检验

变量	行业融资依赖度		行业融资依赖度	
	高	低	高	低
	(1)	(2)	(3)	(4)
	LDebt_fin	*LDebt_fin*	*SDebt_fin*	*SDebt_fin*
OUJ	-0.092*** (0.031)	-0.044 (0.036)	0.083* (0.044)	0.028 (0.049)

续表

变量	行业融资依赖度		行业融资依赖度	
	高	低	高	低
	(1)	(2)	(3)	(4)
	LDebt_fin	*LDebt_fin*	*SDebt_fin*	*SDebt_fin*
OUC	-0.001 (0.003)	-0.010** (0.005)	-0.001 (0.004)	0.002 (0.006)
Abs_Beta	0.001 (0.008)	0.009 (0.018)	-0.001 (0.009)	0.008 (0.022)
Size	0.003*** (0.001)	0.004*** (0.001)	0.001* (0.001)	0.003*** (0.001)
Lev	0.020*** (0.002)	0.022*** (0.002)	0.047*** (0.003)	0.035*** (0.002)
CFO	-0.040*** (0.004)	-0.024*** (0.003)	-0.147*** (0.005)	-0.139*** (0.007)
Cash	0.006*** (0.001)	0.004*** (0.001)	0.008*** (0.001)	0.005*** (0.001)
Growth	0.003*** (0.000)	0.003*** (0.001)	0.003*** (0.001)	0.006*** (0.001)
ROA	0.033** (0.013)	0.015 (0.011)	0.056*** (0.019)	0.044*** (0.016)
MB	-0.000 (0.000)	0.000 (0.000)	0.000*** (0.000)	0.000*** (0.000)
PPE	-0.025*** (0.003)	-0.021*** (0.003)	-0.016*** (0.003)	-0.011*** (0.002)
GDP	-0.000 (0.003)	-0.002 (0.003)	-0.000 (0.003)	-0.003 (0.003)
M2	-0.000 (0.001)	0.002 (0.001)	-0.000 (0.002)	0.001 (0.001)
Oil_ret	0.045* (0.023)	-0.030 (0.020)	-0.008 (0.032)	0.060** (0.026)
Cons	-0.059*** (0.012)	-0.088*** (0.011)	-0.040*** (0.013)	-0.077*** (0.012)
OUJ 组间系数差异检验	0.048***		0.055***	
Ind	*Yes*	*Yes*	*Yes*	*Yes*
Pro	*Yes*	*Yes*	*Yes*	*Yes*

续表

变量	行业融资依赖度		行业融资依赖度	
	高	低	高	低
	(1)	(2)	(3)	(4)
	LDebt_fin	*LDebt_fin*	*SDebt_fin*	*SDebt_fin*
YQ	*Yes*	*Yes*	*Yes*	*Yes*
Obs	47199	47609	47199	47609
Adj. R^2	0.078	0.068	0.095	0.086

注：括号内为稳健标准误差，***、**、*分别表示系数估计在0.01、0.05、0.1的显著性水平上显著。分组系数差异性检验时，使用Bootstrap抽样500次。

4.6.4 企业股权性质

企业股权性质的异质性影响效应，一直以来都是经济不确定性对微观企业财务决策影响领域的重要探讨内容之一。上市公司按企业股权性质可以分为三类，包括国有企业、民营企业和外资企业。由于中国经济发展的历史原因，国有控股企业在数量上占据了大半上市公司，而且国有企业是宏观经济发展的重要推动力量。由于国有企业与主要商业银行之间都具有国有资产的背景，并因为政府隐性担保的缘故，国有企业的银行贷款具有较显著的预算软约束（田利辉，2005）。Faccio（2006）认为，国有企业与银行之间的股权关联性，使得银行对企业贷款并不会过多考虑是否盈利，而更多是满足政策目的。孙铮等（2005）认为，国有企业与银行之间具有天然的政治关联，而且信贷机构有一种共同的认识，即国有企业在不能按时还款时能得到政府的隐性担保，使得国有企业无须通过向银行传递信号就可以获得信贷资源。钟宁桦等（2016）实证研究表明，在国家执行去杠杆政策过程中，国有企业杠杆率反而显著增加，非国有企业的杠杆率呈相反的变化趋势。以上研究表明，国有企业相比与非国有企业较少受到银行信贷条款的限制。

在经济不确定性影响方面的文献，大多关注不确定性对企业总债务融资在不同股权性质样本中的差异性影响。Liu 和 Zhang（2020）以中国供给侧改革为研究事件，发现政策不确定性会导致私营企业的债务融资减少，而对国有企业的债务融资并不显著，表现为国有企业比民营企业将更具有融资优势。这也是导致企业固定资产投资在经济政策不确定性的影响下，其所受的负面影响较小的重要原因（李凤羽和杨墨竹，2015）。而 Hasan 等（2021）虽然发现油价不确定性会增加企业短期债务，但并没有从企业股权性质出发进行异质性探讨。

尽管如此，企业长、短期债务融资对银行而言具有不同的风险容忍度，油价不确定性对国有、非国有企业的长短期债务融资决策产生何种影响并不是十分明确。一方面，在油价不确定性的影响下，当银行风险容忍度足够高时，对国有企业的融资需求的总量和期限都可以满足，那么国有企业的长、短期债务融资所受的影响都较小。另一方面，若银行在长期贷款都对国有、非国有企业表现出相同的风险偏好，则国有企业的长期债务融资将减少，并只能通过短期债务融资的增加予以弥补。为对这一疑惑进行解答，本书以企业性质是否为国有企业作为分组指标进行异质性分组回归。

分组检验回归结果如表 4-13 所示。第（1）和第（2）列是以油价不确定性对企业长期债务融资的分样本回归估计结果，结果表明 *OUJ* 的估计系数在国有企业和非国有企业的样本中分别为-0.076 和-0.069，统计意义上均在 5%的显著性水平上显著。同时，分组回归的系数的差异性检验表明，两组回归的 *OUJ* 系数并未拒绝系数相等的原假设。第（3）和第（4）列是油价不确定性对企业短期债务融资的分组回归结果，可以发现 *OUJ* 的估计系数在国有企业的样本中为 0.101，且在 5%的显著性水平上显著，而在非国有企业的样本中的估计系数为 0.058，但在统计上并不显著，两组回归的 *OUJ* 系数的差异性不显著。表 4-13 的结果表明，油价不确定性对企业长期债务融资的负向影响与企业性质无关，但企业短期融资的增加主要体现在国有企业的样本中。从而可以得出结论，在不确定性的影响下，银行等金融机构对国有企业的预算软约束主要表现在短期债务融资上。

表 4-13　企业股权性质分组检验

变量	是否为国有企业		是否为国有企业	
	是	否	是	否
	(1)	(2)	(3)	(4)
	LDebt_fin	*LDebt_fin*	*SDebt_fin*	*SDebt_fin*
OUJ	-0.076** (0.038)	-0.069** (0.030)	0.101** (0.046)	0.058 (0.045)
OUC	-0.002 (0.005)	-0.006 (0.004)	-0.004 (0.006)	-0.001 (0.004)
Abs_Beta	-0.008 (0.018)	0.008 (0.008)	-0.013 (0.020)	0.010 (0.012)
Size	0.004*** (0.001)	0.002*** (0.000)	0.003*** (0.001)	0.001* (0.001)

续表

变量	是否为国有企业		是否为国有企业	
	是	否	是	否
	(1)	(2)	(3)	(4)
	LDebt_fin	*LDebt_fin*	*SDebt_fin*	*SDebt_fin*
Lev	0.015*** (0.002)	0.025*** (0.002)	0.026*** (0.002)	0.049*** (0.002)
CFO	-0.038*** (0.004)	-0.030*** (0.003)	-0.144*** (0.007)	-0.139*** (0.005)
Cash	0.008*** (0.001)	0.005*** (0.001)	0.008*** (0.001)	0.006*** (0.001)
Growth	0.004*** (0.001)	0.002*** (0.000)	0.005*** (0.001)	0.004*** (0.001)
ROA	-0.001 (0.014)	0.042*** (0.011)	0.019 (0.019)	0.072*** (0.015)
MB	0.000 (0.000)	-0.000 (0.000)	0.001*** (0.000)	0.000** (0.000)
PPE	-0.023*** (0.003)	-0.018*** (0.003)	-0.006** (0.003)	-0.018*** (0.003)
GDP	-0.003 (0.002)	0.001 (0.002)	0.001 (0.003)	-0.003 (0.003)
M2	0.003** (0.001)	-0.000 (0.001)	0.001 (0.001)	0.000 (0.002)
Oil_ret	0.023 (0.022)	-0.000 (0.021)	0.012 (0.029)	0.043 (0.028)
Cons	-0.080*** (0.012)	-0.050*** (0.010)	-0.066*** (0.013)	-0.032*** (0.012)
OUJ 组间系数差异检验	0.007		-0.043**	
Ind	*Yes*	*Yes*	*Yes*	*Yes*
Pro	*Yes*	*Yes*	*Yes*	*Yes*
YQ	*Yes*	*Yes*	*Yes*	*Yes*
Obs	41965	52850	41965	52850
Adj. R^2	0.073	0.071	0.075	0.100

注：括号内为稳健标准误差，***、**、*分别表示系数估计在0.01、0.05、0.1的显著性水平上显著。分组系数差异性检验时，使用Bootstrap抽样500次。

4.7 拓展性分析

4.7.1 油价不确定性对其他企业融资决策的影响

前文已经较充分地检验了油价不确定性对企业债务融资的影响关系，但油价不确定性还有可能影响企业其他外部融资活动。基于企业的外部融资优序理论，企业融资成本由大到小依次是股权融资、长期债务融资、短期债务融资以及商业信用融资。尤其对于企业股权融资而言，政策的不确定性会导致股票价格较大的波动（Pastor 和 Veronesi，2011），而较大的股票价格波动将增加企业向外传递的经营风险，增加企业的股权融资成本。于传荣和方军雄（2018）研究认为，在经济政策不确定性的影响下，企业的股权融资相比于债务融资下降更多。同时，考虑到国内资本市场的股权融资市场化程度较低，主要受制于政府管制，监管机构会基于股票市场的波动情况决定是否增加企业股权融资水平，大幅度的市场波动会抑制监管机构对企业股权融资的审批速度。基于前文的分析，油价不确定性提高了企业的外部融资成本，从而导致企业减少长期融资，但与此同时会增加短期融资以满足自身的资金需求。已有文献对经济政策不确定性的影响效应的分析中也出现企业长期融资减少，短期负债增加的现象。Li 和 Su（2020）研究表明经济政策不确定性会降低企业长期债务水平，提高短期债务融资，这对长期投资需求更大的创新密集型行业影响最大。Liu 和 Zhang（2020）发现，政策不确定性会降低短期融资，对长期融资不显著，但该文并没有给出合理的理论解释。李增福等（2022）通过理论进行推导得出，因经济政策不确定性的上升，企业长期融资减少，但短期融资增加。

若本书的分析符合该理论推导，油价不确定性可能会显著负向作用于企业长期融资，同时使得企业短期融资增加。即会对企业股权融资产生负向影响，但同时会增加企业商业信用融资水平，以满足自身的资金需求。而与此同时，不确定性对企业杠杆的影响文献中，张成思和刘贯春（2018）、宫汝凯等（2019）分别从不同角度检验了经济政策不确定性是否对企业杠杆率产生影响，发现两者呈显著负相关关系。但是，经济政策不确定性会降低企业所有融资方式的融资水平，因此企业总杠杆率下降。不同的是，油价不确定性作为企业所面临的特定不确定性，当企业长期融资减少而短期融资增加时，企业总杠杆如何变动则需要进一步的实证检验。

在变量的度量中，对企业股权融资方式的度量时参照程新生等（2012）的方式，使用现金流量表中的股权现金流入与期初总资产之比表示。对企业股权融资成本的度量中，毛新述等（2012）研究表明，基于 PEG 方法的股权融资成本测度能够更好地捕捉各风险因素的影响，而常用的GLS方法在中国市场的运用中存在预测盈余假设过强的问题。因而，本书基于PEG法度量了企业股权融资成本。商业信用融资是企业外部融资的重要方式，在正规金融市场发展不完全时期，对企业的资金供给发挥着重要作用。本书参照王化成等（2016）的做法，采用两种度量方式进行，一是以资产负债表中“应付票据”“应付账款”及“预收款项”之和除以总资产，以 *TC* 表示；二是净商业信用融资，即“应付票据”“应付账款”及“预收款项”三项之和与“应收账款”“应收票据”及“预付款项”三项之和的差额除以总资产，以 *NTC* 表示。另外，对企业杠杆的度量采用通常的方式，即企业的总负债除以总资产。

油价不确定性分别对企业股权融资、商业信用融资以及企业财务杠杆的影响结果如表4-14所示。第（1）和第（2）列分别是油价不确定性分别对企业股权融资成本、企业股权融资的影响，结果表明 *OUJ* 对 *COE* 的影响系数为0.123，且在5%的显著性水平上显著，而对 *Equity_fin* 的影响系数为-0.071，在10%的显著性水平上显著。这表明油价不确定性会同时显著提高企业的股权融资成本，进而降低企业的股权融资水平，可能的原因在于企业股权融资和长期债务融资在用途、期限等方面较为接近，会同时受到油价不确定性的负面影响，但由于企业短期融资一般以满足日常的营运需求为目的，资金需求更为迫切，受外界的因素影响较少。第（3）列是油价不确定性对企业商业信用融资 *TC* 的影响，可以发现 *OUJ* 对 *TC* 的影响系数均在5%的显著性水平上显著为正，表明油价不确定性会导致企业以供应链为短期融资手段的商业信用融资显著增加。该回归结果进一步印证了前文的发现，即在不确定性环境下企业在缩减长期融资的同时会增加短期融资。第（4）列为油价不确定性对企业财务杠杆的影响，*OUJ* 对 *Lev* 的影响系数为0.078，但统计上并不显著，表明油价不确定性对企业总体的财务杠杆政策作用并不显著。该结果与现有研究发现经济政策不确定性会负面影响企业杠杆的结论存在差异（蒋腾等，2018；张成思和刘贯春，2018；宫汝凯等，2019），也从侧面反映了不同来源的不确定性会对企业的融资决策行为产生显著不同的影响效应，补充了不确定性微观影响效应方面的文献。

表4-14 油价不确定性对股权、商业信用融资以及企业财务杠杆的影响

变量	(1)	(2)	(3)	(4)
	COE	*Equity_fin*	*TC*	*Lev*
OUJ	0.123** (0.051)	-0.071* (0.037)	0.152** (0.070)	0.078 (0.098)

续表

变量	(1)	(2)	(3)	(4)
	COE	*Equity_fin*	*TC*	*Lev*
OUC	0.004 (0.003)	0.008 (0.007)	0.010 (0.008)	−0.011 (0.012)
Abs_Beta	−0.024 (0.020)	0.007 (0.020)	0.016 (0.023)	0.005 (0.039)
Size	0.006*** (0.001)	0.021*** (0.001)	−0.010*** (0.003)	0.101*** (0.004)
Lev	0.023*** (0.005)	−0.083*** (0.004)	0.270*** (0.009)	
CFO	−0.008 (0.007)	−0.052*** (0.005)	0.157*** (0.009)	0.040*** (0.013)
Cash	−0.004** (0.001)	0.027*** (0.002)	−0.007** (0.003)	−0.100*** (0.005)
Growth	−0.001 (0.001)	0.008*** (0.001)	0.007*** (0.001)	0.013*** (0.001)
ROA	0.019 (0.013)	−0.106*** (0.015)	0.149*** (0.028)	−1.406*** (0.056)
MB	−0.002*** (0.000)	0.001*** (0.000)	0.000 (0.000)	0.017*** (0.001)
PPE	−0.020*** (0.006)	−0.040*** (0.004)	−0.071*** (0.012)	0.034* (0.018)
GDP	0.002 (0.007)	−0.002 (0.004)	0.006 (0.005)	−0.012 (0.009)
M2	−0.002 (0.004)	−0.001 (0.002)	−0.006* (0.003)	0.005 (0.005)
Oil_ret	0.007 (0.090)	−0.034 (0.028)	0.068** (0.034)	−0.044 (0.056)
Cons	−0.014 (0.027)	−0.416*** (0.019)	0.270*** (0.058)	−1.826*** (0.086)
Ind	*Yes*	*Yes*	*Yes*	*Yes*
Pro	*Yes*	*Yes*	*Yes*	*Yes*
YQ	*Yes*	*Yes*	*Yes*	*Yes*
Obs	12130	94833	94833	94833

续表

变量	(1)	(2)	(3)	(4)
	COE	*Equity_fin*	*TC*	*Lev*
Adj. R^2	0.494	0.170	0.825	0.840

注：括号内为稳健标准误差，***、**、*分别表示系数估计在0.01、0.05、0.1的显著性水平上显著。

4.7.2 企业资本结构政策的选择：激进型VS保守型

资本结构政策是企业财务决策的重要方面，其包括激进型和保守型。激进型资本结构政策的重要特征是资产负债率较高。企业选择这类政策的重要原因在于能够有效地扩张企业生产规模，在投资收益率大于借贷成本时能够为股东提供超额收益，增加股东权益价值。相反，激进型资本结构政策也存在较大的弊端，当外部环境变差时，企业陷入财务危机的可能性会成倍提高。其中，最典型的就是房地产行业，多数民营房企选择高杠杆、高周转的财务政策，宏观经济的好坏直接决定企业经营能否长期发展。与之对应的是，保守型资本结构政策的特征是资产负债率相对较低。尽管在外部环境较好的情况下，这类企业可能会失去投资机会，丢失市场份额，所创造的公司价值较低。但与之相对应的是，企业在外部环境较差时能够具有较好的财务灵活性，从而受到环境的负面影响较小。基于这样的逻辑，油价不确定性容易造成金融市场摩擦，从而给企业的外部环境带来负面影响，因而可以预期其对企业融资的负面影响在资本结构激进型的企业样本中更大。

本书以企业资产负债率的行业、时期的中位数将实证样本分为高、低两组，资产负债率较高为资本结构政策激进型企业，较低则为保守型企业。分组回归结果如表4-15所示。第（1）和第（2）列是以油价不确定性对企业长期债务融资的分样本回归估计结果，结果表明*OUJ*的估计系数在资本结构激进型和保守型的样本中分别为-0.091和-0.039，但只有激进型的企业样本回归中才在5%的显著性水平上显著。第（3）和第（4）列是以油价不确定性对企业短期债务融资的分组回归结果，可以发现*OUJ*的估计系数在统计上都不显著。表4-15的结果表明，油价不确定性对企业长期债务融资的负向影响主要集中在资本结构政策为激进型的企业样本中，但对短期融资的影响并不受资本结构政策类型的调节作用。从而可以得出结论，油价不确定性会导致资本结构激进型的企业长期债务融资显著下降。

表 4-15　企业资本结构政策的选择：激进型 VS 保守型

变量	资本结构类型		资本结构类型	
	激进型	保守型	激进型	保守型
	(1)	(2)	(3)	(4)
	LDebt_fin	*LDebt_fin*	*SDebt_fin*	*SDebt_fin*
OUJ	-0.091 ** (0.039)	-0.039 (0.027)	0.064 (0.048)	0.043 (0.041)
OUC	-0.005 (0.006)	-0.004 (0.003)	-0.007 (0.009)	0.003 (0.003)
Abs_Beta	0.005 (0.020)	0.006 (0.007)	0.035 * (0.020)	-0.006 (0.007)
Size	0.004 *** (0.001)	0.002 *** (0.000)	0.003 *** (0.001)	0.000 (0.001)
Lev	0.014 *** (0.003)	0.026 *** (0.002)	0.036 *** (0.003)	0.052 *** (0.003)
CFO	-0.050 *** (0.004)	-0.018 *** (0.003)	-0.183 *** (0.006)	-0.102 *** (0.005)
Cash	0.023 *** (0.002)	0.003 *** (0.000)	0.022 *** (0.002)	0.005 *** (0.001)
Growth	0.004 *** (0.001)	0.001 *** (0.000)	0.005 *** (0.001)	0.003 *** (0.000)
ROA	0.040 *** (0.015)	-0.005 (0.009)	0.084 *** (0.020)	0.006 (0.013)
MB	0.000 (0.000)	0.000 * (0.000)	0.000 *** (0.000)	0.000 *** (0.000)
PPE	-0.024 *** (0.004)	-0.015 *** (0.002)	-0.008 ** (0.003)	-0.013 *** (0.003)
GDP	-0.004 (0.003)	0.000 (0.002)	-0.001 (0.003)	-0.001 (0.002)
M2	0.003 ** (0.001)	-0.001 (0.001)	-0.001 (0.002)	0.001 (0.001)
Oil_ret	0.017 (0.024)	0.007 (0.018)	0.042 (0.031)	0.016 (0.024)
Cons	-0.097 *** (0.013)	-0.047 *** (0.010)	-0.079 *** (0.014)	-0.020 (0.012)
Ind	*Yes*	*Yes*	*Yes*	*Yes*

续表

变量	资本结构类型		资本结构类型	
	激进型	保守型	激进型	保守型
	(1)	(2)	(3)	(4)
	LDebt_fin	*LDebt_fin*	*SDebt_fin*	*SDebt_fin*
Pro	*Yes*	*Yes*	*Yes*	*Yes*
YQ	*Yes*	*Yes*	*Yes*	*Yes*
Obs	46735	47867	46735	47867
Adj. R^2	0.097	0.079	0.109	0.093

注：括号内为稳健标准误差，***、**、*分别表示系数估计在0.01、0.05、0.1的显著性水平上显著。

4.8 本章小结

企业能否获得外部融资是有效帮助企业抓住投资机会、扩大生产规模和提高生产率的重要保障，但同时会受到多种内外部因素的影响。本章以2007~2019年沪深A股上市公司季度财务数据为实证样本，研究油价不确定性是否会影响企业债务融资，并重点分析对企业长、短期债务融资影响的差异性，突出企业信息不对称程度、债务融资成本在其中扮演的影响渠道作用。同时，本书分别探讨了企业信息透明度、外部融资依赖度以及企业股权性质，对油价不确定性与企业长期、短期债务融资之间影响关系进行了深入异质性探讨，以进一步加强对油价不确定性与企业债务融资之间的影响机制的理解。在拓展分析中检验了油价不确定性对股权融资、商业信用融资以及总杠杆率的影响，以增强油价不确定性对企业长、短期债务融资差异性影响的理解。

研究结果表明，油价不确定性对企业总债务融资不显著，但会显著影响企业债务融资长短期结构，即对长期债务融资产生显著的抑制作用，而对短期债务融资产生显著正向影响。其原因在于企业受不确定性的影响其长期债务融资得不到满足（被动缩减），转而以短期融资弥补资金需求（主动寻求）。该结果表现出较好的稳健性，即油价不确定性对长期、短期债务融资影响在控制一系列其他经济不确定性指标、更换变量度量以及模型设定后都存在。影响渠道分析表明，油价不确定性会同时恶化企业信息环境，并提高企业的债务融资成本，从而导致企业长期债务融资减少。进一步的异质性分析结果显示，企业信息透明度较低、外

部融资依赖度越高的样本中，油价不确定性对企业长期债务融资的抑制作用和对短期债务融资的正向影响将进一步提高。然而，油价不确定性对国有、非国有企业长期债务融资的影响并不存在差异，只有国有企业的短期债务融资得到显著提高，表现出国有企业融资预算软约束特征。拓展性分析中发现，油价不确定性对企业融资的影响符合经典的融资优序理论，即油价不确定性会降低企业股权融资（长期融资），但同时会增加不用付息的商业信用融资（短期融资）。企业长、短期外部融资的此消彼长，也使得企业总杠杆并未发生显著的调整变化。另外，企业资本结构政策的选择也会改变油价不确定性的影响效应。具体而言，会导致资本结构激进型的企业长期债务融资显著下降。

本章的研究结论具有较强的政策意义。首先，突发性的油价不确定性由不可预料事件引起，难以事先做好防范措施。政府及有关部门在尊重市场演变规律的同时，应做好重大突发事件的应急机制，特别是提高油价不确定性暴露较高行业以及企业的金融普惠力度，推动银行等金融机构简化审批程序，降低企业融资难度和融资成本。其次，由于信息不对称性是重要的影响渠道，企业应做好信息披露工作，提高企业会计信息披露质量，并保证会计信息的及时性、稳健性和可靠性。企业可以加强在新闻媒介、投资者网络平台中与投资者的互动力度，提高投资者对企业各项信息的了解程度和对企业未来业绩的可预测性，增强企业的经营信心。最后，政策的制定还应考虑油价不确定性对企业长、短期债务融资结构的影响，特别要关注企业长期债务融资难的问题，从而着实缓解实体经济融资难、融资贵的问题，保障我国实体经济产业健康平稳运行。

第5章 油价不确定性对上市公司投资决策的影响分析

本章在新古典投资理论、实物期权和金融摩擦等理论的基础上，分析了油价不确定性对企业投资决策的影响。以2007~2019年中国沪深A股上市公司季度财务数据为样本进行实证分析，着重检验了企业融资约束在其中的渠道作用。同时，验证了资本不可逆性、对外融资依赖度和产品市场竞争的异质性作用效应。研究发现，油价不确定性对企业投资产生抑制作用，其重要的影响渠道提高了企业的融资约束水平，资本不可逆、行业融资依赖度以及市场竞争程度加剧了油价不确定性对企业投资的抑制作用。拓展性分析发现，企业使用金融对冲工具并不能减弱油价不确定性的负向影响，而且油价不确定性导致了企业的投资不足。本章的研究旨在深入探究油价不确定性对微观企业行为的影响，为油价不确定性如何影响企业投资决策提供更为全面、可靠的经验依据，有助于政府出台合理经济政策，以降低油价不确定性的负向作用。

5.1 引言

企业投资是财务管理研究最重要的核心问题之一，有效的投资决策活动直接决定了企业的经营绩效和企业价值，从而显著影响宏观经济的稳定运行。影响企业投资决策的因素众多，内部因素包括企业财务状况、公司治理情况以及管理层自身特征等。从企业外部环境影响因素来看，包括宏观经济景气度、地区金融发展程度以及环境不确定性因素等。而从外部不确定性的影响因素来看，都遵从“成本—收益”的基本原则。首先，实物期权理论认为环境不确定性会增加企业的等待期权价值，这增加了企业投资的机会成本，从而导致企业放弃原有的投资项目。另外，与企业自身相关的宏观不确定性还会降低投资未来收益的可预测性，以此影响企业投资决策。其次，在企业外部环境确定条件下，经典的新古典投资理论将企业的投资决策假定为只受投资机会和资金成本的影响。其中，企业投资机会直接决定了企业是否存在投资动机，但也会由于企业内外部信息存在不

对称性，从而提高企业的融资成本，导致企业融资约束程度提高，最终降低企业投资水平。企业信息不对称推动融资成本的上升主要原因是其中存在代理成本。

在相关研究中，现有文献发展出了不同理论以解释不确定性与投资之间的关系。一方面，在特定条件下，不确定性会产生 Oi－Hartman－Abel 效应（Oi，1961；Hartman，1972；Abel，1983），能够增加企业投资的预期边际利润，从而刺激企业投资。Dixit 和 Pindyck（1994）开创的实物期权理论认为不确定性会增加企业的等待期权价值，从而抑制投资，这一理论被大多数现有实证研究所支撑。Kim 和 Kung（2017）研究发现，在资产二次销售价值较低的企业样本中不确定性因素会导致投资下降得更多，表明推进二手资产市场的完善具有重要意义。基于中国的实证数据，经济政策不确定性会显著降低企业的固定资产投资水平已被充分论证（李凤羽和杨墨竹，2015；饶品贵等，2017；刘贯春等，2019）。另一方面，Gilchrist 等（2014）在带有金融摩擦的模型中发现，企业融资约束会导致不确定性对企业投资的负向作用被进一步放大，说明金融市场摩擦对不确定性的影响效应具有放大器的作用。谭小芬和张文婧（2017）研究进一步支持了金融市场摩擦是不确定性影响企业投资的作用渠道之一。

有学者针对不确定性的具体来源，研究各类不确定性对企业投资的影响，如汇率不确定性（Li 等，2019）、关税不确定性（李胜旗和毛其淋，2018）、地缘政治不确定性（Caldara 和 Iacoviello，2018）。原油作为企业重要的成本要素之一，是经济不确定性中一种典型的外生变量（Bloom，2009）。Kellogg（2014）研究了油价不确定性对石油企业钻井活动的影响，验证了实物期权理论的真实性。而后，诸多研究均发现油价不确定性会显著抑制企业投资（Yoon 和 Ratti，2011；俞剑等，2016；Wang 等，2017；Phan 等，2019）。因而，从现有研究可以看出，油价不确定性是企业日常生产经营将面临的重要不确定性之一，会显著影响企业投资决策，进而间接考验着一国工业发展和宏观经济运行的稳定性。本章着重从金融摩擦理论出发，在理论分析的基础上实证检验油价不确定性对企业投资的影响。本书的研究结论进一步加深了油价不确定性对微观企业投资影响的认识和理解，可为政府的政策制定及企业采取合理防范措施提供经验依据。

5.2　理论基础与研究假设

不确定环境下，企业如何做出投资决策一直是经济学、金融学领域关注的重要问题。企业做出投资决策取决于投资项目未来现金流的净现值之和是否大于零。投资项目净现值由未来每期的现金流和贴现率构成，油价不确定性可以通过影响这两种成分而影响公司投资决策。本节将回顾相关理论，在此基础上提出本书的研究假设，然后从金融摩擦视角出发进行理论逻辑分析。

5.2.1 相关理论基础

5.2.1.1 实物期权理论

在环境确定假设下，新古典投资理论认为企业的投资规模取决于资金使用成本。该理论还引入了投资调节成本，刻画了投资决定的动态过程，强调企业投资规模与投资机会有关。但是，新古典投资理论忽视了实际投资中的三个重要特征。首先，企业做出投资决策时需要将未来的成本和收益同时纳入进来，但由于资本投资只是部分可逆的，资本可逆性越差，企业所面临的沉没成本越大。其次，当未来收益存在不确定性时，人们对投资项目的评估只能根据每种可能进行收益的评估，无法有效测算出综合预期收益。最后，企业推迟当前投资可以获得更多的市场信息，从而能对投资时机进行有效的把握。基于这些特性，Pindyck（1990）、Dixit 和 Pindyck（1994）等提出了不确定性条件下的实物期权理论。

实物期权理论认为，企业在面对环境或市场不确定性时会驻足观望，不采取任何行动，直到形势明朗了之后再行动，这相当于企业持有一种“等待期权”。不确定性影响越大，“等待期权”的价值越高。换言之，动态规划是实物期权投资决策理论中的重要特征，其阐明的是未来每一时期企业的等待价值是不同的，只有当投资项目的预期净收益大于等待期权价值时，企业才会采取行动。Bernanke（1983）认为，不确定性程度越高时，企业采取“等待观望”策略越倾向于延期行动。只有当不确定性得到缓解后，即立即行权的价值等于未来行权的价值后，企业才会考虑采取投资行动（Pindyck，1990）。不过，面对相同大小的不确定性，企业会因投资项目的资本可逆性程度的不同而表现出不同的投资行为。在不确定性的影响下，资本可逆性较低的企业，其等待期权的价值会更大，更倾向于延期甚至放弃投资。Bloom（2014）对现有不确定性理论做进一步总结，认为不确定性发挥实物期权机制在于三个条件能否有效满足：一是投资项目的可逆性程度较低；二是企业现有的投资机会一直存在；三是企业做出任何投资决策时都会影响到项目的总收益。

5.2.1.2 融资约束理论

企业开展项目投资的资金主要来自两个方面。一是内源性自有资金，主要由企业的盈利状况和现金流的回收程度所决定。二是外源性融资，包括银行等金融中介贷款和从权益市场上融资。新古典投融资理论基于一个完全有效市场的假设，市场并不存在信息摩擦，认为企业的内外部融资成本相等。从而，企业投资

决策与资金来源无关，也与企业结构无关（Modigliani 和 Miller，1958）。

与真实情况相比，完全有效市场的假设不够实际。因为企业与银行等金融中介所签订的合同契约并不完备，信息不对称及代理成本等金融摩擦现象仍然存在，这就导致企业内外部融资成本并不相等，银行对企业的信贷融资会要求一定的风险补偿，从而使得内部融资成本相对较低。Myers 和 Majuf（1984）认为，由于金融摩擦的存在，过高的成本可能会导致企业放弃那些原本能为企业产生正向收益的项目，由此造成企业的融资约束现象。另外，Bernanke 和 Gertler（1989）认为，市场信息不对称程度是导致企业内外部融资成本重要原因。由于融资约束程度的不同，造成了企业之间的投资水平出现较大差异（童盼和陆正飞，2005）。Fazzari 等（1988）从理论和实证上对融资约束与企业投资之间的关系进行了验证，即企业投资对自身的现金流敏感性程度越高，则企业外部融资约束程度就越高。Kaplan 和 Zingales（1997）构建了 KZ 融资约束指数，并基于数据实证的方式表明，当企业融资约束提高时，企业会增加自身的流动资金以避免陷入流动性风险。屈文洲等（2011）基于中国的情景进行了分析，发现融资约束是企业投资的重要影响因素，一旦融资约束程度提高，将会显著影响企业的投资支出。通过这些分析，可以认为在金融摩擦的影响下，将提高企业融资约束程度，从而抑制企业投资支出。

5.2.2 研究假说

石油价格的暴涨暴跌往往被认为是经济系统中典型的负外部经济因素（Bloom，2009），其会对相关企业的投资决策和生产经营活动产生重要影响。根据现有相关理论基础，本书从实物期权和金融摩擦等作用机制提出研究假设。

5.2.2.1 实物期权渠道

关于油价不确定性对企业投资的影响最早可以追溯到 Bernanke（1983）的开创性研究。Bernanke 指出，由于实物期权效应的存在，而且大部分企业的资产投资可逆性较低，在放弃投资时并不能以同样的价值二次销售，因此油价不确定性将显著降低企业的投资信心。具体而言，在实物期权理论的定义下，企业当前的投资决策可看成一种看涨期权，当企业放弃当前投资时，则可以等待更好投资机会的出现，这是等待期权价值的体现。与新古典投资理论不一样，企业做出投资决策的依据是投资项目的收益必须大于投资成本和暂停投资期权价值。假设企业可以选择投资和不投资，一旦出现油价不确定性提高，当前投资的实际机会成本将增加，企业延迟投资的等待期权价值也相应增加，则企业有可能暂停投资的意愿。即使外部需求变好时，投资机会成本的上升也会导致企业暂停投资，以等待新投资机会或不确定性的消失（王义中和宋敏，2014）。Bontempi 等（2010）研究表明，因劳动力的雇佣更具灵活性，需求不确定性的上升会促使企业增加劳动力占投入要素中的比重。李凤羽和杨墨竹（2015）研究表明，政府调控政策对企业投资正面影响有限的原因在于，政策的变动会提高不确定性，增加投资风险。因此，当企业在投资决策的过程中面临油价不确定性影响时，企业等待期权价值将显著增加，从而抑制企业投资。

为了检验油价不确定性确实会通过实物期权渠道作用于企业投资，诸多学者从宏观、微观两个方面进行了较多探讨。在宏观方面，Elder 和 Serletis（2009，2010）采用 SVAR 模型的脉冲响应分析发现，油价不确定性导致加拿大和美国制造业企业的投资及产出水平显著降低，该结果验证了 Bernanke（1983）的理论推导的可信性。Carrière-Swallow 和 Céspedes（2013）研究发现，新兴国家由于经济增长不稳定，则油价不确定性对宏观固定资产投资的负面影响、持续时间会更长。在微观方面，因为石油开采行业投资不可逆性很大，则油井勘探、开发等受不确定性的作用更加明显，Kellogg（2014）基于油井钻探数据，验证了实物期权理论的真实存在。更为直接的是，油价不确定性作为一种特定来源的不确定性，其对抑制能源密集型行业企业的投资活动更为明显（Yoon 和 Ratti，2011）。当然，油价作为重要的宏观经济变量，在不同行业经济活动中都存在显著的传导效应，所以对所有行业企业的投资都有可能造成负向影响。利用上市公司全样本数据，Maghyereh 和 Abdoh（2020）、Wang 等（2017）发现，油价不确定性会对企业投资产生显著的负向影响。Phan 等（2019）以全球 54 个国家的上市公司为样本，验证了油价不确定性实物期权效应的存在。

5.2.2.2　金融摩擦渠道

经济中不确定性成分作为企业经营环境的重要外部因素，对企业投资的经济效应除实物期权效应外，学者们越来越重视金融摩擦在经济活动中的作用，并对其展开研究。Christensen 和 Dib（2008）在 DSGE 模型中加入金融摩擦机制，发现外生不确定性因素会通过金融市场摩擦增加企业的融资成本，从而抑制企业投资。Carrière-Swallow 和 Céspedes（2013）认为，在面临宏观经济不确定性时，新兴国家相比发达国家的经济衰退更多的原因在于它们的金融发展程度较低，经济不确定性会通过金融摩擦渠道增加企业的融资约束，使得国家的经济波动和商业周期变化更为剧烈。当然，在控制信贷作用渠道后，不同金融发展程度的消费、投资等活动表现出相类似的特征。Gulen 和 Ion（2016）进一步论证了经济不确定性的影响存在金融摩擦渠道，其发现即使在投资不可逆程度较低的情况下，即实物期权效应较低时，企业投资仍会受到经济不确定性的负面影响。

诚然，油价不确定性会提高市场信息不对称程度，造成金融市场摩擦加剧，同时降低银行信贷供给并提高融资成本，进而对企业投资产生抑制作用。首先，

在不确定环境的影响下，企业资产的抵押品价值将下降，进而降低企业贷款的可获得额度（Carrière-Swallow 和 Céspedes，2013）。Li 等（2021）研究发现，环境不确定性会提高企业的融资约束水平，进而降低企业投资水平。其次，Hasa 等（2021）研究发现，油价不确定性会影响信贷市场的期限供给结构，尽管企业因投资需要的是长期贷款，但由于长期贷款难以得到风险补偿，银行等信贷机构更倾向于增加短期贷款。在这种情形下，企业获得更多的短期融资将承担较大的滚动还款风险，导致企业很难顺利开展更多的长期投资。另外，信息是决定企业获得市场贷款利率水平的决定性因素，信息的准确度越高，企业的融资成本将越低（Lambert 等，2012）。油价不确定性会增加外部资金供给者对企业内部经营信息的了解程度，从而对企业要求更高的风险溢价。Gilchrist 等（2014）研究发现，经济不确定性存在同时会增加企业代理成本和内外部的信息不对称程度，扩大企业贷款利差，从而限制企业资本支出。因此，油价不确定性通过降低企业投资所需的资金供给规模，提高融资成本，导致企业的融资约束程度上升，进而抑制企业投资支出。

基于以上分析，油价不确定性除在以往文献中发现存在实物期权渠道外，还有可能从金融摩擦渠道对企业投资产生负向影响，故提出以下研究假设：

H5-1：油价不确定性会提高企业融资约束，从而降低企业的投资支出。

5.2.3　理论逻辑分析

已有很多学者对油价不确定性影响企业投资的机制进行了大量研究（Yoon 和 Ratti，2011；Carrière-Swallow 和 Céspedes，2013；Kellogg，2014），但大多是从实务期权的角度出发展开论证，而本书着重从金融摩擦的视角进行理论分析。在前文的理论分析得出，油价不确定性会减少银行对企业长期贷款的供应，可通过增加短期贷款的形式来满足企业的融资需求。即使实证发现企业外部融资总额受油价不确定性的影响不显著，但由于金融市场存在金融摩擦，增加贷款总额成本也会抑制企业的资本性支出。本节采用以企业最优投资决策为分析对象的利润最大化模型进行理论分析，从而推导出油价不确定性对企业投资的影响。基于 Bond 和 Meghir（1994）的理论基础，结合陈国进和王少谦（2016）的拓展分析，在不考虑税收的情形下，企业 i 在 t 期的资本价值最大化方程如下：

$$V_t(K_{i,t-1}) = \max_{I_{i,t}} \{ \pi(K_{i,t},\ L_{i,t},\ I_{i,t}) + \beta^t_{i,t+1} E_t[V_{t+1}(K_{i,t})] \} \tag{5-1}$$

式中，$\pi(K_{i,t},\ L_{i,t},\ I_{i,t})$ 表示企业 i 在第 t 期的利润函数；$K_{i,t}$ 表示企业 i 在第 t 期的资本存量，资本积累方程为 $K_{i,t}=(1-\delta)K_{i,t-1}+I_{i,t}$；$I_{i,t}$ 是企业 i 在第 t 期的投资量；企业 i 在第 t 期的折旧率为 δ；$L_{i,t}$ 表示企业 i 在第 t 期的劳动投入；

$\beta_{i,t+1}^{t}$ 是企业 i 从第 $(t+1)$ 期折现到第 t 期的现值因子，当企业 i 在第 t 期资金成本为 $r_{i,t}$ 时，有 $\beta_{i,t+1}^{t}(1+r_{i,t})=1$；$E_t[\cdot]$ 是企业 i 第 t 期的条件期望。

企业资本价值最大化下的投资决策最优化过程，即对式（5-1）中的 $I_{i,t}$ 求导：

$$\frac{\partial V_t(K_{i,t-1})}{\partial I_{i,t}}=\frac{\partial \pi(K_{i,t},\ L_{i,t},\ I_{i,t})}{\partial K_{i,t}}+\frac{\partial \pi(K_{i,t},\ L_{i,t},\ I_{i,t})}{\partial I_{i,t}}+\beta_{i,t+1}^{t}\ \frac{\partial E_t[V_{t+1}(K_{i,t})]}{\partial K_{i,t}}=0 \tag{5-2}$$

为便于求解，可令 $\lambda_{i,t}=\partial V_t(K_{i,t-1})/\partial K_{i,t-1}$，基于包络定理可得：

$$\lambda_{i,t}=(1-\delta)\frac{\partial \pi(K_{i,t},\ L_{i,t},\ I_{i,t})}{\partial K_{i,t}}+(1-\delta)\beta_{i,t+1}^{t}E_t[\lambda_{i,t+1}] \tag{5-3}$$

联合式（5-2）和式（5-3），可得投资最优化的欧拉方程如下：

$$(1-\delta)\beta_{i,t+1}^{t}E_t\left[\frac{\partial \pi(K_{i,t+1},\ L_{i,t+1},\ I_{i,t+1})}{\partial I_{i,t+1}}\right]=\frac{\partial \pi(K_{i,t},\ L_{i,t},\ I_{i,t})}{\partial K_{i,t}}+\frac{\partial \pi(K_{i,t},\ L_{i,t},\ I_{i,t})}{\partial I_{i,t}} \tag{5-4}$$

式（5-4）左边表示当期每资本单位的投资在下一期的利润贴现，右边表示当期单位投资资本利润所得。当式（5-4）成立时，企业 i 处于最优投资状态。

现实中，企业所处的市场信息环境并不完全，经常处于信息不确定性环境，突发的油价不确定性通常是企业无法避免的。因此，本书进一步简化分析企业 i 在油价不确定性下的单期利润函数 π（$K_{i,t}$，$L_{i,t}$，$I_{i,t}$）的变化情况。当油价不确定性的影响较大时，人们会增加家庭的预防性储蓄，同时减少家庭消费，从而降低企业的产出水平（Bloom，2009）。那么，本书可以假设包含油价不确定性影响的企业生产函数为 $F\times(K_{i,t},\ L_{i,t})=(1-\tau_{i,t})F(K_{i,t},\ L_{i,t})$，其中，$F(K_{i,t},\ L_{i,t})$ 是没有油价不确定性影响的企业生产函数。假设规模收益恒定，$\tau_{i,t}$ 表示油价不确定性对企业生产规模的影响大小，其值位于 0~1。另外，在油价不确定性影响下，企业与银行之间的信息不对称程度扩大，从而导致资金成本提高，抑制企业投资（林钟高等，2015）。本书假设存在油价不确定性影响时，企业资金成本可用 $r_{i,t}^{*}=(1+\upsilon_{i,t})r_{i,t}$ 表示，未受到油价不确定性影响的资金成本为 $r_{i,t}$，$\upsilon_{i,t}$ 被用来衡量油价不确定性对企业资金成本的影响程度，并假设 $\upsilon_{i,t}=f(OUJ_t)$ 且 $f'(OUJ_t)>0$，$\tau_{i,t}=h(OUJ_t)$ 且 $h'(OUJ_t)>0$。由此得出企业 i 在第 t 期利润函数可表示如下：

$$\pi(K_{i,t},\ L_{i,t},\ I_{i,t})=F\times(K_{i,t},\ L_{i,t})-r_{i,t}^{*}K_{i,t}-\omega_{i,t}L_{i,t}-I_{i,t}-\frac{\phi}{2}\left(\frac{I_{i,t}}{K_{i,t}}\right)^2K_{i,t} \tag{5-5}$$

式中，$K_{i,t}$、$r_{i,t}^{*}$、$L_{i,t}$、$\omega_{i,t}$、$I_{i,t}$ 分别表示油价不确定性影响下企业 i 在第 t 期

的资本存量、单位资金成本、劳动投入、单位劳动成本和投资量；$\phi/2(I_{i,t}/K_{i,t})^2K_{i,t}$ 为企业 i 在第 t 期投资所需的调整成本。利用式（5-5）分别对 $I_{i,t}$ 和 $K_{i,t}$ 求导可得式（5-6）和式（5-7）：

$$\frac{\partial\pi(K_{i,t},\ L_{i,t},\ I_{i,t})}{\partial I_{i,t}}=\frac{\partial F\times(K_{i,t},\ L_{i,t})}{\partial K_{i,t}}-r_{i,t}^{*}-1-\phi\frac{I_{i,t}}{K_{i,t}}+\frac{\phi}{2}\left(\frac{I_{i,t}}{K_{i,t}}\right)^2 \tag{5-6}$$

$$\frac{\partial\pi(K_{i,t},\ L_{i,t},\ I_{i,t})}{\partial K_{i,t}}=\frac{\partial F\times(K_{i,t},\ L_{i,t})}{\partial K_{i,t}}-r_{i,t}^{*}+\frac{\phi}{2}\left(\frac{I_{i,t}}{K_{i,t}}\right)^2 \tag{5-7}$$

进而将式（5-6）和式（5-7）代回投资的欧拉方程（5-4），等式两边都做滞后一期处理，可得到油价不确定性影响下企业投资率的影响等式（5-8）：

$$\left(1-\frac{I_{i,t}}{K_{i,t}}\right)^2=A_1+A_2\left(\frac{I_{i,t-1}}{K_{i,t-1}}-\frac{1}{2}\right)^2-A_3(1-\tau_{i,t})\frac{\partial F(K_{i,t},\ L_{i,t})}{\partial K_{i,t}}+A_3(1+\upsilon_{i,t})r_{i,t}+\varepsilon_{i,t} \tag{5-8}$$

式中，$A_1=\frac{2r_{i,t-1}}{(1-\delta)\phi}\left[2\delta-\frac{\phi}{4}-1\right]+\frac{2}{\phi}+1$；$A_2=\frac{2r_{i,t-1}}{1-\delta}$；$A_3=\frac{2}{\phi}>0$；$\varepsilon_{i,t}$ 是误差项，主要由条件期望转非条件期望方程时所带来的。对式（5-8）进行移项可得式（5-9）：

$$\frac{I_{i,t}}{K_{i,t}}=A_4+A_5\frac{I_{i,t-1}}{K_{i,t-1}}+A_6(1-\tau_{i,t})\frac{\partial F(K_{i,t},\ L_{i,t})}{\partial K_{i,t}}-A_6(1+\upsilon_{i,t})r_{i,t}+\zeta_{i,t} \tag{5-9}$$

式中，$A_4=\frac{A_5}{\phi}\left[\frac{3}{4}+\frac{\phi}{4}-2\delta\right]-\frac{1}{\phi}$，$A_5=\frac{r_{i,t-1}}{1-\delta}$，$A_6=\frac{1}{\phi}>0$，参数 A_4、A_5、A_6 可以视为既定的常数。$\zeta_{i,t}$ 为在对式（5-8）进行处理时所出现的，包括原有的误差项以及非关注的投资率二次项。根据式（5-9）可以看出，假设油价不确定性通过金融摩擦渠道影响企业投资决策，则资本成本和资本边际收益率是两个重要的影响渠道。具体而言，油价不确定性会降低企业边际资本收益[$(1-\tau_{i,t})$减少]，从而使得企业降低资本投资支出；此外，油价不确定性会提高企业资金成本[$A_6(1+\upsilon_{i,t})r_{i,t}$ 增加]，从而对企业投资率产生抑制作用。

5.3　实证模型及数据来源

5.3.1　实证模型

本书基于 Gulen 和 Ion（2016）的投资影响模型，将油价不确定性作为本书的核心解释变量，构建油价不确定性—投资的回归模型，本书具体的实证模型构建如下：

$$INV_{i,t}=\alpha+\beta\times OVJ_{j,t}+\gamma\times Abs\_Beta_{j,t-1}^{oil}+Control_{i,t}+Ind_j+Pro_p+YQ_t+\varepsilon_{i,t} \tag{5-10}$$

模型（5-10）为本章的基准回归模型，$INV_{i,t}$ 表示企业 i 在 t 时期的资本性开支，用现金流量表中的构建固定资产、无形资产的现金支出与期初总资产之比表示。$OUJ_{j,t}$ 为 j 行业在 t 时期所面临的油价不确定性，即 $RVJ_t\times Abs\_Beta_{j,t-1}^{oil}/100$。$RVJ_t$ 和 $Abs\_Beta_{j,t-1}^{oil}$ 分别为第 3 章所估计的油价已实现跳跃波动和行业油价变动敏感性系数的绝对值。该项的估计系数 β 为本章重点关注系数，若 β 显著小于 0，表明油价不确定性的下跌能够降低企业的固定资产投资支出。

控制变量的选取中，参照 Gulen 和 Ion（2016）的研究，本书在模型中控制了在第 t 时期会影响企业投资的控制变量，包括企业规模（*Size*）为对数化的总资产；*Tobins'Q* 值（*TQ*）为市值加上总负债除以当期总资产；企业销售增长率（*Growth*）为企业当期与上年同期相比的销售增长率；经营现金流（*CFO*）为经营性现金流除以当期总资产；息税前净利润率（*EBIT*）为息税前净利润除以当期总资产；固定资产占比（*PPE*）为固定资产除以当期总资产；企业性质（*SOE*）为 0~1 哑变量，若企业股权性质为国有控股则定义为 1，否则为 0。除控制与被解释变量相关的公司层面变量，本书还控制了油价变动的一阶影响（Oil_ret_t）、经济增长率（GDP_t）及货币政策（$M2_t$）的影响。为体现出行业的差异，同样将 $Abs\_Beta_{j,t-1}^{oil}$ 与三个变量交乘，得到行业维度变量。模型中还控制了油价波动连续成分（$OUC_{j,t}$），以排除可预期波动率因素的影响。固定效应中控制了年份—季度（YQ_t），使得时间维度上变动的 RVJ_t 和三个宏观经济变量被多重共线性吸收掉，并未在模型中体现。另外，模型中加入了行业（IND_j）及省份（PRO_p）虚拟变量的固定效应，以减小企业所在行业、地区的遗漏变量因素的影响。与前文估计一致，模型系数估计使用 Cluster 将标准误聚类于企业个体层面（见表 5-1）。

表 5-1　主要变量和定义：油价不确定性对上市公司投资决策的影响分析

变量	名称	变量说明
INV	固定资产投资	构建固定资产、无形资产的现金支出与期初总资产之比
OUJ	油价不确定性	油价波动跳跃成分与行业油价敏感性系数的绝对值的交互项
OUC	油价波动连续成分	油价波动连续成分与行业油价敏感性系数的绝对值的交互项
Abs_Beta	行业油价敏感性系数的绝对值	根据 Fama 三因子模型计算所得，详见第 3 章

续表

变量	名称	变量说明
Size	企业规模	对数化的总资产
TQ	Tobins'Q 值	市值加上总负债除以当期总资产
Growth	企业销售增长率	当期与上年同期相比的销售增长率
CFO	经营现金流	经营性现金流除以当期总资产
EBIT	息税前净利润率	息税前净利润除以当期总资产
PPE	固定资产占比	固定资产除以当期总资产
SOE	企业性质	国有控股定义为 1，否则为 0
GDP	经济增长率	*GDP* 增长率与行业油价敏感性系数的绝对值的交互项
M2	货币政策	*M2* 增长率与行业油价敏感性系数的绝对值的交互项
Oil_ret	一阶油价变动	油价变化率与行业油价敏感性系数的绝对值的交互项
WW	融资约束指数	参照许晓芳等（2020）对 *WW* 指数进行构建
SA	融资约束指数	参照鞠晓生等（2013）对 *SA* 指数进行构建

5.3.2 数据来源及描述性统计

本书实证研究对象为 2007~2019 年在沪深证券交易所交易的 A 股上市公司，财务数据频率为季度，数据来源于中国股票市场与会计研究数据库（CSMAR）。实证样本始于 2007 年，原因在于该年度起 A 股上市公司实行新的会计准则，以保证财务数据的可比性。参照通常做法，本书按照以下标准对数据进行筛选：①剔除金融、保险行业公司样本；②剔除受到证监会 ST 或者 ST * 处理的公司；③剔除公司股东权益账面价值小于 0 的公司；④剔除关键变量数据缺失的样本。最终得到样本有 3153 家企业，96037 个样本观测值。*GDP* 实际增长率和 *M2* 货币增长率数据从国家统计局网站下载。为排除异常值的干扰，本书对公司层面的连续变量的极端值分别按照上尾和下尾各 1%的分位数水平进行 Winsorize 处理。

样本区间公司层面变量的描述性统计如表 5-2 所示，上市公司季度固定资产投资率平均值为 3.3%，标准差为 3.9%，最小值为 0，最大值为 20%，说明企业季度固定资产投资占总资产比重为 3.3%，且不同企业间存在较大的差异。对于油价不确定性而言，最小值为 0，最大值为 0.193，标准差为 0.006，说明不同的样本企业之间所面临的油价不确定性存在显著差异，从而使得回归估计中有足够大的方差来解释企业投资率。就控制变量而言，企业的季度同比销售增长率（*Growth*）平均值为 13%，固定资产占比平均值（*PPE*）为 22.6%，样本中有 44.2%的企业为国有企业（*SOE*），它们的样本统计量与前人基本一致。另外，附录附表 3 给出了本章主要实证变量的 Person 相关系数表，结果表明油价不确定性 *OUJ* 与企业投资 *INV* 的相关系数为-0.016，且在 1%的显著性水平上显著。表明油价不确定性与企业投资负相关，后文的实证模型将对两者的因果影响关系进行探讨。

表 5-2　主要变量描述性统计：油价不确定性对上市公司投资决策的影响分析

变量	样本数	平均值	标准差	最小值	中位数	最大值
INV	96037	0.033	0.039	0	0.019	0.200
OUJ	96037	0.002	0.006	0	0	0.193
OUC	96037	0.019	0.062	0	0	7.136
Abs_Beta	96037	0.029	0.047	0	0	2.688
Size	96037	22.13	1.269	19.87	21.94	26.06
TQ	96037	2.481	1.652	0.857	1.955	9.748
Growth	96037	0.130	0.407	-1.157	0.110	1.815
CFO	96037	0.018	0.060	-0.150	0.014	0.200
PPE	96037	0.226	0.167	0.002	0.192	0.721
EBIT	96037	0.012	0.018	-0.049	0.010	0.077
SOE	96037	0.442	0.497	0	0	1
GDP	96037	0.236	0.371	0	0	1.746
M2	96037	0.405	0.632	0	0	2.655
Oil_ret	96037	0	0.010	-0.051	0	0.028

5.4　实证结果分析

5.4.1　主回归结果

基于季度数据得到的原油价格不确定对中国上市公司固定资产投资影响的实证结果如表 5-3 所示。第（1）列在控制企业规模、托宾 Q、销售增长率、经营现金流、固定资产占比、企业盈利能力以及企业性质等公司层面的控制变量，以及时间、行业和省份固定效应的情况下油价不确定性 *OUJ* 的估计系数在 1%的显著性水平上显著为负，说明在控制企业的基本特征以及其自身的增长投资机会后，油价不确定性导致企业投资显著减少。第（2）列进一步控制其他可能影响的企业投资的宏观经济变量，包括实际 *GDP* 季度增长率、*M2* 增长率以减少宏观经济和货币政策的干扰，还加入了油价收益用来控制油价变动的一阶影响。结果表明，*OUJ* 的估计系数仍然在 1%的显著性水平上显著为负。*OUJ* 的估计系数大小为-0.104，表明油价不确定 1 个标准差的变动会导致企业季度资本性投资减少 2.67%①，换算成年度则减少 10.67%，经济意义上具有的显著性。

然而，油价波动除不可预期的跳跃成分，还包含可被预期到的连续波动成分。在表 5-3 中第（3）和第（4）列进一步比较分析了油价波动的连续成分对企业投资的影响。直觉上说，可以预期油价连续波动对企业投资不会产生显著的负向影响。回归估计结果支持前文的推测，油价连续波动成分 *OUC* 的估计系数为负，但不显著。相反，油价不确定性 *OUJ* 的估计系数仍然显著为负，即便加入 *OUC* 后其显著性并未受到干扰②。

在控制变量的系数估计结果方面，*Size* 的估计系数显著为正，表明公司规模较大时通常开展较多的投资；*TQ* 的估计系数显著为正，与文献中的预期一致，表明增长机会较大的企业，会开展更多的项目投资；*CFO* 的估计系数显著为正，表明企业内部现金流较充裕的企业会进行更多项目投资，即使可能出现投资过度现象；*EBIT* 的估计系数显著为正，表明盈利能力越高的企业，越会开展更多资本性投资。*PPE* 的估计系数显著为正，说明固定资产规模较大的公司资本投资越多；*SOE* 的估计系数越显著为负，表明相比于民营企业，国有企业的投资相对较少。另外，本书发现，宏观经济变量 *GDP* 系数显著为负，*M2* 的估计系数显著为正，以及一阶油价变动 *Oil_ret* 的估计系数显著为正，但由于各变量是三个时间序列与油价敏感性系数的绝对值的交叉项，能够在模型排除可能的交互干扰因素，本质上并不具有明确的经济含义。即便如此，油价不确定性对企业投资的影响并未出现显著变化，初步表明其估计影响系数具有较好的稳健性，从而验证了本章提出的研究假说，即油价不确定性会降低企业固定资产投资水平。

表 5-3　油价不确定性对企业固定资产投资的影响

变量	(1)	(2)	(3)	(4)
	INV	*INV*	*INV*	*INV*
OUJ	-0.150*** (0.026)	-0.097*** (0.032)		-0.104*** (0.031)

① 具体的计算方式为-2.67% = (-0.104/0.039)/100，其中-0.104 为估计系数，0.039 为企业固定资产投资的标准差，除以 100 是由于在计算行业 *RVJ* 的过程中进行了百分化处理。

② 在附录附表 4 中，本书进一步检验了由已实现波动率直接构建的油价不确定性 *OU* 对企业投资的影响，发现 *OU* 的估计系数在统计上并不显著。

续表

变量	(1)	(2)	(3)	(4)
	INV	INV	INV	INV
OUC			-0.004 (0.006)	-0.006 (0.006)
Abs_Beta	0.014*** (0.005)	0.009 (0.007)	0.009 (0.011)	0.016 (0.012)
Size	0.002*** (0.000)	0.002*** (0.000)	0.002*** (0.000)	0.002*** (0.000)
TQ	0.002*** (0.000)	0.002*** (0.000)	0.002*** (0.000)	0.002*** (0.000)
Growth	0.005*** (0.000)	0.005*** (0.000)	0.005*** (0.000)	0.005*** (0.000)
CFO	0.045*** (0.004)	0.045*** (0.004)	0.045*** (0.004)	0.045*** (0.004)
PPE	0.040*** (0.003)	0.040*** (0.003)	0.040*** (0.003)	0.040*** (0.003)
EBIT	0.087*** (0.013)	0.087*** (0.013)	0.087*** (0.013)	0.087*** (0.013)
SOE	-0.008*** (0.001)	-0.009*** (0.001)	-0.009*** (0.001)	-0.009*** (0.001)
GDP		-0.008*** (0.003)	-0.008*** (0.003)	-0.009*** (0.003)
M2		0.005*** (0.001)	0.005*** (0.002)	0.005*** (0.002)
Oil_ret		0.085*** (0.019)	0.103*** (0.016)	0.075*** (0.019)
Cons	-0.032*** (0.008)	-0.032*** (0.008)	-0.032*** (0.008)	-0.032*** (0.008)
Ind	Yes	Yes	Yes	Yes
Pro	Yes	Yes	Yes	Yes
YQ	Yes	Yes	Yes	Yes
Obs	96037	96037	96037	96037
Adj. R^2	0.284	0.285	0.285	0.285

注：括号内为稳健标准误差，***、**、*分别表示系数估计在0.01、0.05、0.1的显著性水平上显著。

5.4.2 影响渠道分析

现有大部分学者一般对不确定性导致企业投资下降大都基于实物期权理论进行阐述，又称为等待观望理论。Bloom 等（2007）、Magud（2008）基于实物期权理论对不确定性如何导致企业投资下降的原因进行解释，发现资本可逆性能够显著提高不确定性影响下企业投资的等待期权价值。以油价不确定视角展开的研究也都从实物期权视角展开。Kellogg（2014）发现，油价不确定性会显著降低企业的钻井活动，因而是实物期权理论的有效验证。有研究使用不同国家的样本，发现原油价格波动造成的不确定性对企业投资具有延缓作用（Yoon 和 Ratti，2011）。但不确定性的作用机制除实物期权外，金融摩擦渠道是近来被学术界认为的另一条重要渠道。Christiano 等（2014）以及 Gilchrist 等（2014）放宽了金融市场不完美的假设，发现在不确定性影响下企业的代理成本和信息不对称程度都将上升，金融机构要求更高的资本报酬率，从而导致企业投资水平下降。本章前文的理论分析表明，油价不确定性会导致企业资金借贷成本提高，同时本书发现与长期投资相匹配的长期贷款显著下降，综合而言，油价不确定性会导致企业外部融资约束程度的上升。然而，现有对油价不确定性微观投资效应的研究中较少从金融摩擦视角进行检验。另外，本书论述了油价不确定性会减少企业的外部长期融资，因而影响企业投资下降的重要影响渠道之一是融资约束程度的提高。基于以上论述，本书构建以融资约束为因变量的渠道检验模型。

$$FC_{i,t}=\alpha+\beta\times OUJ_{j,t}+\gamma\times Abs\_Beta_{j,t-1}^{oil}+Control_{i,t}+Ind_j+Pro_p+YQ_t+\varepsilon_{i,t} \tag{5-11}$$

式（5-11）中，$FC_{i,t}$ 为作用渠道变量，表示企业 i 在 t 期所受到的融资约束程度。Whited 和 Wu（2006）度量了企业季度融资约束指数，即 *WW* 指数，原因在于 *WW* 指数能够有效测度中国企业的融资约束（Livdan 等，2009）。该指标值越大，融资约束程度越高。Hadlock 和 Pierce（2010）研究发现，*KZ* 指数对融资约束的衡量，还不如企业规模、年龄等单一指标。邓可斌和曾海舰（2014）认为，以往的 *KZ* 融资指数会混淆企业融资约束和财务困境，相比之下，*WW* 指数更适合测度中国上市公司融资约束程度。参照许晓芳等（2020）对中国上市公司 *WW* 融资指数的构建方式，本书 *WW* 指数的具体构建如下所示：

$$WW=-0.091\,CFO_{it}-0.062\,Div_{it}+0.021\,Tlaon_{it}-0.044\,Size_{it}+0.102\,IGrowth_{it}-0.035\,Growth_{it} \tag{5-12}$$

式中，*CFO* 是经营性现金流与总资产之比；*Div* 是企业在当期是否分红，分红为1，否则为0；*Tlaon* 为长期负债除以总资产；*Size* 为企业总资产的自然对数；*IGrowth* 为企业所处行业的销售增长率；*Growth* 为企业自身的销售增长率。另外，参考已有研究对企业 *SA* 融资约束指数定义（鞠晓生等，2013；姜付秀等，

2016)，本书 *SA* 指数的具体构建如下所示：

$$SA=-0.737\times Size+0.043\times Size^2-0.04\times Age \tag{5-13}$$

式中，*Size* 为企业规模（单位为百万元）的自然对数值；*Age* 为企业成立的时间长短。为便于理解，本书将计算出的 *SA* 指数做取绝对值处理，该指标值越高，企业所受融资约束程度越大。

以 *WW* 指数、*SA* 指数为影响渠道变量的油价不确定性影响的估计结果如表 5-4 所示。第（1）列是以 *WW* 为因变量的回归结果，可以发现 *OUJ* 对 *WW* 的影响系数为 0.182，且在 1%的显著性水平上显著，表明油价不确定性显著提高了企业的融资约束和财务困境程度。第（2）列是以 *SA* 为因变量的回归结果，可以发现 *OUJ* 对 *SA* 的影响系数为 0.276，统计上在 10%的显著性水平上显著，这与第（1）列的结果一致，即油价不确定性显著提高了企业的融资约束程度。因而，通过这部分的回归可以说明，油价不确定性会显著提高企业融资约束程度，会进一步降低企业投资。

表 5-4　影响渠道分析

变量	(1)	(2)
	WW	*SA*
OUJ	0.182*** (0.049)	0.276* (0.161)
OUC	-0.006 (0.007)	-0.015 (0.016)
Abs_Beta	0.053** (0.023)	0.018 (0.079)
Size	-0.048*** (0.000)	-0.028*** (0.005)
TQ	0.000 (0.000)	-0.025*** (0.002)
Growth	0.021*** (0.001)	-0.007*** (0.002)
CFO	-1.023*** (0.006)	0.057* (0.031)
PPE	0.003 (0.003)	-0.035 (0.026)
EBIT	-0.262*** (0.024)	0.498*** (0.116)

续表

变量	(1)	(2)
	WW	*SA*
SOE	0.002** (0.001)	0.086*** (0.009)
GDP	-0.021*** (0.005)	-0.012 (0.014)
M2	0.008*** (0.003)	0.001 (0.008)
Oil_ret	-0.083** (0.035)	-0.083 (0.073)
Cons	0.065*** (0.010)	4.386*** (0.105)
Ind	*Yes*	*Yes*
Pro	*Yes*	*Yes*
YQ	*Yes*	*Yes*
Obs	94707	96020
Adj. R^2	0.752	0.318

注：括号内为稳健标准误差，***、**、*分别表示系数估计在 0.01、0.05、0.1 的显著性水平上显著。

5.5　稳健性检验

5.5.1　排除遗漏变量的影响

前文分析可能存在的内生性问题是“油价不确定性对企业投资的影响还可能受其他不确定性因素影响”。如果控制了时间固定效应，时间维度的不可观测不确定性因素将被有效控制，但这些不确定性变量有可能与行业油价不确定性暴露对企业投资产生交互作用。为缓解这一疑虑，本书继续在模型中控制一系列不确定性指标，包括由 Baker 等（2016）度量的全球经济政策不确定性（*GEPU*①）；

① *GEPU* 资料来源：https：//www.policyuncertainty.com/global_monthly.html。

Huang 和 Luk（2020）以中国为对象度量的经济政策不确定性（*CEPU*①）；由 COBE 推出的美国股票市场恐慌指数（*VIX*②）；中国股票市场指数波动率（*Mark_Vol*），使用上证综指收益度量的季度方差；个股股价波动率（*Vol*），使用日度收益度量的季度方差。为使时间序列维度的不确定性变量在回归中不被时间固定效应所吸收，除个股波动率外，不确定性指标都乘以油价变动敏感性系数的绝对值（*Abs_Beta*）。通过在基准模型中逐个加入这些不确定性指数，用于检验基准回归中油价不确定性对企业投资的影响系数是否会受到影响。

在控制不同不确定性变量的情况下，油价不确定性对企业投资的影响如表 5-5 所示。第（1）列的基准回归中加入了 *GEPU*，其估计系数并不显著，说明全球经济政策不确定性并不能显著影响中国企业的固定资产投资，而 *OUJ* 的估计系数显著为负，表明油价不确定性的影响效应并未受到干扰。第（2）列的基准回归中加入了 *CEPU*，其估计系数不显著，表明中国经济政策不确定性也可降低企业固定资产投资，这和现有的研究发现一致（李凤羽和杨墨竹，2015；饶品贵等，2017；刘贯春等，2019）。同样，*OUJ* 在该回归中的符号和显著性并未改变。第（3）和第（4）列分别控制了国际和国内的股票市场不确定性，结果发现 *VIX* 估计系数并不显著，*Mark_Vol* 的估计系数不显著，说明中国企业的投资活动主要受国内金融市场不确定性的影响，但 *OUJ* 在第（3）和第（4）列的估计系数仍然显著为负。第（5）列在基准模型中控制了企业自身的股价波动率，结果发现 *Vol* 的估计系数并不显著，但与之对应的 *OUJ* 对 *INV* 的影响系数仍然显著为负。第（6）列将全部不确定性控制变量都加入后的估计结果，*OUJ* 的估计系数仍在 10%的显著性水平上显著为负。总的来说，尽管表 5-5 分别控制了不同的不确定性指标，但油价不确定性对企业固定资产投资的影响并未受到影响，保证了本书估计结果的可靠性。

表 5-5　控制各种不确定性因素

变量	(1)	(2)	(3)	(4)	(5)	(6)
	INV	*INV*	*INV*	*INV*	*INV*	*INV*
OUJ	−0.094***	−0.068**	−0.102***	−0.111***	−0.104***	−0.048*
	(0.028)	(0.026)	(0.031)	(0.029)	(0.031)	(0.027)
GEPU	−0.004					0.042*
	(0.009)					(0.022)

① *CEPU* 资料来源：https：//www.policyuncertainty.com/scmp_monthly.html。

② *VIX* 资料来源：https：//fred.stlouisfed.org/series/VIXCLS。

续表

变量	(1)	(2)	(3)	(4)	(5)	(6)
	INV	INV	INV	INV	INV	INV
CEPU		-0.003 (0.002)				-0.014*** (0.005)
VIX			-0.096 (0.061)			-0.090 (0.076)
Mark_Vol				-0.149 (0.099)		-0.023 (0.106)
Vol					0.002 (0.004)	0.002 (0.004)
OUC	-0.006 (0.006)	-0.006 (0.006)	-0.002 (0.006)	-0.003 (0.006)	-0.006 (0.006)	-0.004 (0.006)
Abs_Beta	0.022 (0.019)	0.025 (0.016)	0.034* (0.018)	0.023** (0.011)	0.016 (0.012)	0.012 (0.028)
Size	0.002*** (0.000)	0.002*** (0.000)	0.002*** (0.000)	0.002*** (0.000)	0.002*** (0.000)	0.002*** (0.000)
TQ	0.002*** (0.000)	0.002*** (0.000)	0.002*** (0.000)	0.002*** (0.000)	0.002*** (0.000)	0.002*** (0.000)
Growth	0.005*** (0.000)	0.005*** (0.000)	0.005*** (0.000)	0.005*** (0.000)	0.005*** (0.000)	0.005*** (0.000)
CFO	0.045*** (0.004)	0.045*** (0.004)	0.045*** (0.004)	0.045*** (0.004)	0.045*** (0.004)	0.045*** (0.004)
PPE	0.040*** (0.003)	0.040*** (0.003)	0.040*** (0.003)	0.040*** (0.003)	0.040*** (0.003)	0.040*** (0.003)
EBIT	0.087*** (0.013)	0.087*** (0.013)	0.087*** (0.013)	0.087*** (0.013)	0.087*** (0.013)	0.087*** (0.013)
SOE	-0.009*** (0.001)	-0.009*** (0.001)	-0.009*** (0.001)	-0.009*** (0.001)	-0.009*** (0.001)	-0.009*** (0.001)
GDP	-0.009*** (0.003)	-0.008*** (0.003)	-0.010*** (0.003)	-0.009*** (0.003)	-0.009*** (0.003)	-0.008*** (0.003)
M2	0.005*** (0.002)	0.005*** (0.002)	0.006*** (0.002)	0.005*** (0.002)	0.005*** (0.002)	0.005*** (0.002)
Oil_ret	0.075*** (0.019)	0.078*** (0.019)	0.081*** (0.020)	0.073*** (0.019)	0.075*** (0.019)	0.087*** (0.018)
Cons	-0.032*** (0.008)	-0.032*** (0.008)	-0.032*** (0.008)	-0.032*** (0.008)	-0.032*** (0.008)	-0.032*** (0.008)

续表

变量	(1)	(2)	(3)	(4)	(5)	(6)
	INV	*INV*	*INV*	*INV*	*INV*	*INV*
Ind	*Yes*	*Yes*	*Yes*	*Yes*	*Yes*	*Yes*
Pro	*Yes*	*Yes*	*Yes*	*Yes*	*Yes*	*Yes*
YQ	*Yes*	*Yes*	*Yes*	*Yes*	*Yes*	*Yes*
Obs	96037	96037	96037	96037	96037	96037
Adj. R^2	0.285	0.285	0.285	0.285	0.285	0.285

注：括号内为稳健标准误差，***、**、*分别表示系数估计在0.01、0.05、0.1的显著性水平上显著。

5.5.2 工具变量2SLS分析

正如前文所讨论的，油价的变动是内生于宏观经济系统的，宏观经济的好坏往往伴随着油价的涨跌，从供给角度出发是找到有效外生工具变量的可靠方式。原因在于：一方面，经济需求因素和油价以及宏观经济变量相关性最大（Kilian，2009）；另一方面，中国经济的迅速发展不仅推动着油价的快速飙升，而且在原油市场上扮演价格接受者的角色。一个确切的事实是，石油输出国组织（OPEC）占据着世界原油生产的44%，其供给信息的变化会对油价产生显著影响（Lin和Tamvakis，2010）。因而，本书从原油市场的供给结构选择了两个工具变量。第一个是由Känzig（2021）度量的原油供给信息变量，该指数源于OPEC在做出产量决策时所造成的市场反应，具有严格的外生性。第二个是Plante（2019）提供的OPEC信息指数，该指标是对与OPEC生产相关的OPEC会议和事件的新闻报刊进行量化所得。原油供给信息变量和OPEC信息指数分别使用*Oilsupply_Surprise*和*OPEC_News*表示①。

油价不确定性对企业投资影响的工具变量的2SLS的回归结果如表5-6所示。第（1）列给出了2SLS一阶段回归结果，因变量为油价不确定性*OUJ*，结果发现工具变量*Oilsupply_Surprise*和*OPEC_News*的估计系数均在1%的显著性水平上显著为正，说明OPEC信息的意外变动会增加油价不确定性。此外，第一阶段的F统计量显著大于10，以及过度识别检验的P值为0.709，说明工具变量与*OUJ*存在较好的相关性且满足排他性要求。第（2）列为2SLS的二阶段回归结果，被解释变量为企业投资*INV*，结果表明*OUJ*的估计系数为-0.660，且在1%的显著性

① 工具变量详细的论述和构建方式参见第4章。

水平上显著。工具变量 2SLS 的回归结果有效支持了本书的发现，表明油价不确定性会显著降低企业的投资水平。

表 5-6　工具变量 2SLS 回归

变量	2SLS 一阶段回归	2SLS 二阶段回归
	(1)	(2)
	OUJ	*INV*
Oilsupply_Surprise	0.004*** (0.000)	
OPEC_News	0.053*** (0.001)	
OUJ		-0.660*** (0.115)
OUC	-0.025*** (0.000)	-0.014*** (0.004)
Abs_Beta	0.021*** (0.001)	0.052*** (0.010)
Size	0.000* (0.000)	0.002*** (0.000)
TQ	0.000 (0.000)	0.002*** (0.000)
Growth	0.000** (0.000)	0.005*** (0.000)
CFO	-0.000 (0.000)	0.045*** (0.002)
PPE	0.000 (0.000)	0.040*** (0.001)
EBIT	-0.000 (0.001)	0.087*** (0.007)
SOE	0.000** (0.000)	-0.008*** (0.000)
GDP	-0.008*** (0.000)	-0.012*** (0.002)
M2	0.005*** (0.000)	0.007*** (0.001)

续表

变量	2SLS 一阶段回归	2SLS 二阶段回归
	(1)	(2)
	OUJ	*INV*
Oil_ret	-0.282*** (0.002)	-0.077** (0.035)
Cons	-0.001*** (0.000)	-0.045*** (0.003)
Ind	*Yes*	*Yes*
Pro	*Yes*	*Yes*
YQ	*Yes*	*Yes*
First-stage F test statistics	308.6	
Over-identification test p-value		0.709
Obs	96037	96037
Adj. R^2	0.578	0.282

注：括号内为稳健标准误差，***、**、*分别表示系数估计在0.01、0.05、0.1的显著性水平上显著。

5.5.3 其他稳健性检验

本部分从变量度量、模型设定以及实证样本出发，对前文的基准回归结果做进一步稳健性检验，估计结果如表5-7所示。首先，基准回归中的企业投资使用构建固定资产、无形资产的现金支出衡量的。在此基础上，本书参照张琦等（2021）的度量，加上支付其他与投资活动有关的现金，并减去其他处置与投资活动有关的现金，再除以期初总资产的比率作为替代变量。估计结果如第（1）列所示，*OUJ* 的估计系数在5%的显著性水平上显著为负，与本书的基准回归结果一致。其次，为增加估计结果的稳健性，减少变量测度带来的偏差，本书在此使用 *OVX* 跳跃虚拟变量（具体度量见第3章）作为替代变量，并与行业油价变动敏感性系数的绝对值做交互项进一步构建行业油价不确定性，以 *OUJ2* 表示。估计结果如第（2）列所示，*OUJ2* 的估计系数在5%的显著性水平上显著为负，与本书的基准回归结果一致。第（3）列使用T值为1.96作为油价敏感性系数的门槛值，*Abs_Beta* 的T值大于该值才认为该行业为油价变动的敏感性行业，小于该值 *Abs_Beta* 则定义为0，油价不确定性的时间序列与该变量的交互项表示为 *OUJ3*。结果发现 *OUJ3* 的估计系数符号和显著性水平与基准回归结果一致。

在模型的使用方面，基准模型仅控制了时间、行业和省份固定效应，第（4）列进一步控制了企业固定效应，可进一步缓解回归模型的遗漏变量干扰。第（4）列结果显示，*OUJ* 的估计系数绝对值虽然减少，但系数仍然在1%的显著性水平上显著。另外，第（5）列给出了模型估计标准误聚类到行业层面的估计结果，结果表明 *OUJ* 的估计系数的显著性仍在可接受的范围内显著为负。另外，本书回归的样本时间段包括了金融危机，该时期宏观经济下行，并伴随着油价的暴跌，由此可能导致本书的结果并不可靠。因而，第（6）列将样本限定为2009~2019年，以排除国际金融危机的影响。可以发现第（6）列中，*OUJ* 的估计系数仍然显著为负，并未受样本选择的干扰。

实际上，原油价格波动与企业投资活动可能同时受到宏观经济需求的影响（Kilian，2009）。从原油供给出发寻找合适的外生变量能够进一步增强本书的结论。2014年底，OPEC决定放弃保价政策，使得油价在短时间内下降了50%之多。国际原油价格意外、猛烈地大幅度下跌，几乎超出了所有人的预期①，同时使得油价不确定性飙升，由前文油价跳跃波动时序图可知。事后来看，2014~2015年油价下跌主要原因在于供给因素的影响（Arezki 和 Blanchard，2015；Gelman 等，2016；EIA，2018）。利用原油价格在2014年第四季度的意外下跌作为外生事件在一些研究文献中也被应用（Andrén，2016；Gilje 等，2020）。因此，本书以行业上一年度的油价变动敏感性系数的绝对值作为处理变量，以2014年第三季度作为对照年，构建两期双重差分模型（DID）。油价不确定性对企业投资的DID估计如表5-7第（7）列所示，交互项 *Abs_Beta×Post* 的估计系数显著为负，即油价不确定性显著降低了高油价不确定性暴露企业的投资水平。通过以上稳健性检验，可以发现油价不确定性对企业投资的负向影响并不受变量度量、模型设定以及样本选择的影响，说明本书的基准结果是稳健的。

表5-7　不同变量度量及模型设定

变量	(1)	(2)	(3)	(4)	(5)	(6)	(7)
	INV2	*INV*	*INV*	*INV*	*INV*	*INV*	*INV*
OUJ	-0.088** (0.039)			-0.078*** (0.027)	-0.104* (0.051)	-0.131*** (0.033)	
OUJ2		-0.118** (0.053)					

① 分析师在2014年10月对2015年油价的平均预测价格为103美元/桶，但实际上2015年的实际平均油价在50美元/桶的低位变动。

续表

变量	(1)	(2)	(3)	(4)	(5)	(6)	(7)
	INV2	*INV*	*INV*	*INV*	*INV*	*INV*	*INV*
OUJ3			-0.118*** (0.028)				
Abs_Beta1			0.008 (0.005)				
Abs_Beta×Post							-0.029*** (0.011)
OUC	-0.002 (0.007)	0.012 (0.010)	-0.004 (0.005)	-0.006 (0.006)	-0.006 (0.013)	-0.004 (0.005)	
Abs_Beta	0.011 (0.014)	0.042** (0.018)		0.024 (0.016)	0.016 (0.021)	-0.015 (0.018)	
Size	0.003*** (0.000)	0.002*** (0.000)	0.002*** (0.000)	0.004*** (0.001)	0.002*** (0.000)	0.002*** (0.000)	0.002* (0.001)
TQ	0.002*** (0.000)	0.002*** (0.000)	0.002*** (0.000)	0.001*** (0.000)	0.002*** (0.000)	0.001*** (0.000)	0.001 (0.001)
Growth	0.011*** (0.001)	0.005*** (0.000)	0.005*** (0.000)	0.003*** (0.000)	0.005*** (0.002)	0.005*** (0.000)	0.006*** (0.002)
CFO	0.059*** (0.005)	0.045*** (0.004)	0.045*** (0.004)	0.026*** (0.004)	0.045*** (0.012)	0.042*** (0.005)	0.053*** (0.012)
PPE	0.033*** (0.003)	0.040*** (0.003)	0.040*** (0.003)	-0.044*** (0.004)	0.040*** (0.007)	0.041*** (0.003)	0.071*** (0.008)
EBIT	0.080*** (0.015)	0.087*** (0.013)	0.087*** (0.013)	0.050*** (0.011)	0.087** (0.030)	0.080*** (0.014)	0.014 (0.044)
SOE	-0.012*** (0.001)	-0.009*** (0.001)	-0.009*** (0.001)	-0.006*** (0.002)	-0.009*** (0.001)	-0.009*** (0.001)	-0.012*** (0.002)
GDP	-0.006* (0.003)	-0.009*** (0.003)	-0.008*** (0.003)	-0.006** (0.003)	-0.009 (0.006)	-0.002 (0.004)	
M2	0.004** (0.002)	0.006*** (0.002)	0.005*** (0.002)	0.003** (0.001)	0.005** (0.002)	0.005*** (0.002)	
Oil_ret	0.090*** (0.023)	0.104*** (0.016)	0.078*** (0.018)	0.082*** (0.017)	0.075*** (0.020)	0.039* (0.020)	
Cons	-0.044*** (0.008)	-0.032*** (0.008)	-0.032*** (0.008)	-0.054*** (0.017)	-0.032*** (0.007)	-0.026*** (0.008)	-0.007 (0.020)
Ind	*Yes*	*Yes*	*Yes*	*Yes*	*Yes*	*Yes*	*Yes*

续表

变量	(1)	(2)	(3)	(4)	(5)	(6)	(7)
	INV2	*INV*	*INV*	*INV*	*INV*	*INV*	*INV*
Pro	*Yes*	*Yes*	*Yes*	*Yes*	*Yes*	*Yes*	*Yes*
YQ	*Yes*	*Yes*	*Yes*	*Yes*	*Yes*	*Yes*	*Yes*
Obs	96037	95098	96037	96018	96037	88047	4033
Adj. R^2	0.242	0.284	0.285	0.513	0.285	0.286	0.228

注：括号内为稳健标准误差，***、**、*分别表示系数估计在 0.01、0.05、0.1 的显著性水平上显著。

5.6　异质性分析

前文的实证分析结果表明，油价不确定性能够显著降低企业的投资水平，并在一系列稳健性检验中依然显著。但前述回归模型建立在变量平均影响效应之上，并没有揭示出其他因素对这种关系的异质性影响。本部分将从四个方面的异质性视角出发，进一步加强油价不确定性对企业投资负向影响的讨论分析。

5.6.1　原油产业链

原油作为工业生产过程中特定的投入要素，不同行业对以原油为原材料的产品投入并不相同，因各行业要素成本构成不同，油价不确定性对不同行业企业的影响会存在显著差异。已有文献从油价变化的水平影响进行过探讨。以中国为分析对象，钱浩祺等（2014）研究发现，油价正向变化将导致我国石油产业链上的企业产出同时受到负向供需因素的影响，只是强度各有差异。谭小芬等（2015）以 SVAR 模型进行实证研究也发现了相同的结论。从而在经济直觉上，油价不确定性作为经济不确定性中的特定类别，其对企业全要素生产率的影响也因行业各异。

本书主要依据钱浩祺等（2014）的定义将实证样本划分为是否为原油产业链行业，上游的工业基础原料业，主要包括采掘业、化工业、金属冶炼加工业等；中游的制造工业中间品业，主要包括农业、纺织业、机械设备业、建筑业等；下游的终端消费品业，主要包括交通运输业、电力燃气供应业、房地产业等。一共涉及 23 个行业（除制造业为二级行业外，其他均为一级行业），如果企业位于这些行业则定义为1，否则为0。

在分组回归中，企业是否为原油产业链企业，按其哑变量分组回归。分组检验回归结果分别如表5-8所示。第（1）和第（2）列是以企业是否为原油产业链企业的分组回归结果，可以发现 *OUJ* 的估计系数在原油产业链样本中为-0.211，且在1%的显著性水平上显著，在非原油产业链样本中 *OUJ* 的系数为-0.090，且在10%的显著性水平上显著。系数差异性检验表明，分组回归系数差别为0.121，且在1%的显著性水平上显著。表5-8的回归结果表明，油价不确定性对企业固定资产投资的显著负向影响在原油产业链当中更大。

表5-8 是否为原油产业链分组

变量	是否为原油产业链	
	是	否
	(1)	(2)
	INV	*INV*
OUJ	-0.211*** (0.040)	-0.090* (0.048)
OUC	-0.022*** (0.008)	0.006 (0.004)
Abs_Beta	0.080*** (0.027)	0.001 (0.010)
Size	0.002*** (0.000)	0.003*** (0.001)
TQ	0.002*** (0.000)	0.001*** (0.000)
Growth	0.005*** (0.000)	0.005*** (0.001)
CFO	0.038*** (0.005)	0.055*** (0.008)
PPE	0.029*** (0.004)	0.057*** (0.005)
EBIT	0.101*** (0.016)	0.057** (0.024)
SOE	-0.007*** (0.001)	-0.011*** (0.001)

续表

变量	是否为原油产业链	
	是	否
	(1)	(2)
	INV	*INV*
GDP	-0.016*** (0.004)	-0.005 (0.004)
M2	0.007*** (0.002)	0.002 (0.003)
Oil_ret	0.095*** (0.023)	0.020 (0.031)
Cons	-0.023*** (0.009)	-0.054*** (0.017)
OUJ 组间系数差异检验	0.121***	
Ind	*Yes*	*Yes*
Pro	*Yes*	*Yes*
YQ	*Yes*	*Yes*
Obs	65372	30664
Adj. R^2	0.296	0.281

注：括号内为稳健标准误差，***、**、*分别表示系数估计在 0.01、0.05、0.1 的显著性水平上显著。分组系数差异性检验时，使用 Bootstrap 抽样 500 次。

5.6.2　企业资产可逆性

前文提到，企业的外部需求增加往往意味着投资机会的上升，从而促使企业增加固定资产投资以扩大生产规模。但现实情况是，实物期权效应的存在会导致经济环境不确定性的投资机会成本增加，从而延缓企业投资。该理论认为，高的不确定性使得人们对未来经济形势难以准确预判，在投资项目不可逆时会增加企业的投资机会成本，从而可能减少或推迟项目投资，在不确定性减弱后又促使企业投资反弹增加（Bernanke，1983）。后续诸多研究从实证的角度进行了验证。Bloom（2007）发现了实物期权效应的存在，但不确定性只会在短期对投资产生负向影响。Gulen 和 Ion（2016）验证了不确定性实物期权效应，主要是通过分析资本可逆性对经济政策不确定性的异质性效应。换言之，当企业的资产不可逆程度较高时，企业投资失败所承受的损失将更大，因而这类企业在面临不确定性时会更加谨慎，以避免投资决策失误。

国内学者在分析经济政策不确定性时，大多认为实物期权效应是不确定性影响中国企业投资的重要机制（李凤羽和杨墨竹，2015；饶品贵等，2017；刘贯春等，2019），发现资产可逆性较低的企业其投资受到不确定性的负面影响更大。对于油价不确定性而言，它是影响经济政策不确定性的重要成分（Bloom，2007），预期在影响上也符合不确定性的理论框架。可以预期，油价不确定性会增加等待的期权价值，且当企业资产不可逆程度越高时，企业面临的沉没成本和等待的期权价值越高，那么，油价不确定性对企业投资的抑制作用更强。

本书采用两种方式对企业资产可逆性程度进行衡量，以验证实物期权的作用机制是否存在。第一种为行业层面的沉没成本指标，该度量能够有效衡量企业投资的机会成本。参考 Farinas 和 Ruano（2005）的度量方法，通过综合行业资产折旧率和在二手市场的流动性水平来衡量资产的沉没成本。本书首先分别计算企业层面的指标。企业的折旧率为资产折旧费用除以期初总资产；企业资产流动性为固定资产销售、处置的收入除以期初固定资产。行业指标分别对这两个指标取平均值。为构建行业沉没成本指标，当两个行业指标均大于行业中位数时，定义为0；两指标都小于行业中位数时，定义为2；其他情况时，该指标定义为1。该指标数值较大，表明企业沉没成本较高，企业投资不可逆性程度较低。第二种为参照 Li 等（2019）度量的资产可逆性指标。该指标首先计算行业的劳动/资本比率得到时间序列指标，其次计算得到该指标每个行业的标准差，标准差越大则说明行业劳动、资本自由调整的弹性越高，因而行业的资产可逆性也越高。

在分组回归中，行业沉没成本以沉没成本虚拟变量进行分组；行业劳动资本比率标准差以该指标的中位数进行分组。分组检验回归结果如表 5-9 所示。第（1）和第（2）列是以沉没成本指标分组回归得到的结果，可以发现 *OUJ* 的估计系数仅在高资产沉没成本的行业样本中显著为负，而在沉没成本较低样本中并不显著。第（3）和第（4）列则是以行业劳动资本比率标准差分组回归得到的结果，结果表明 *OUJ* 的估计系数只在比率标准差较低的组显著为负，而在较高的样本分组回归中系数并不显著。进一步地，本书还对各分组回归进行了组间系数差异检验，结果表明两分组回归的 *OUJ* 系数都在 1%的显著性水平上显著拒绝了系数相等的原假设。综上，可以认为油价不确定性对企业投资的显著负向影响主要体现在资产可逆性较低的样本，从而验证了实物期权理论影响机制在油价不确定性与企业投资的影响关系中同样存在。

表 5-9　资产可逆性分组检验

变量	沉没成本		行业劳动资本比率标准差	
	高	低	高	低
	(1)	(2)	(3)	(4)
	INV	*INV*	*INV*	*INV*
OUJ	-0.107** (0.047)	-0.052 (0.038)	-0.052 (0.045)	-0.164*** (0.043)
OUC	-0.000 (0.011)	-0.011 (0.007)	-0.008 (0.012)	-0.010 (0.008)
Abs_Beta	0.017 (0.019)	0.016 (0.015)	0.019 (0.019)	0.030 (0.021)
Size	0.002*** (0.000)	0.003*** (0.000)	0.003*** (0.001)	0.003*** (0.000)
TQ	0.002*** (0.000)	0.001*** (0.000)	0.001*** (0.000)	0.002*** (0.000)
Growth	0.002*** (0.001)	0.007*** (0.001)	0.007*** (0.001)	0.004*** (0.000)
CFO	0.042*** (0.006)	0.044*** (0.005)	0.030*** (0.006)	0.055*** (0.006)
PPE	0.071*** (0.006)	0.034*** (0.003)	0.074*** (0.005)	0.023*** (0.004)
EBIT	0.071*** (0.019)	0.097*** (0.016)	0.115*** (0.022)	0.080*** (0.017)
SOE	-0.005*** (0.001)	-0.010*** (0.001)	-0.009*** (0.001)	-0.007*** (0.001)
GDP	-0.014*** (0.005)	-0.006* (0.003)	-0.013*** (0.004)	-0.010** (0.004)
M2	0.007*** (0.002)	0.004** (0.002)	0.006** (0.002)	0.006*** (0.002)
Oil_ret	0.073** (0.036)	0.062*** (0.023)	0.021 (0.032)	0.094*** (0.024)
Cons	-0.025** (0.011)	-0.035*** (0.009)	-0.045*** (0.013)	-0.032*** (0.010)
OUJ 组间系数差异检验	0.055***		-0.112***	
Ind	*Yes*	*Yes*	*Yes*	*Yes*
Pro	*Yes*	*Yes*	*Yes*	*Yes*

续表

变量	沉没成本		行业劳动资本比率标准差	
	高	低	高	低
	(1)	(2)	(3)	(4)
	INV	*INV*	*INV*	*INV*
YQ	*Yes*	*Yes*	*Yes*	*Yes*
Obs	23535	72501	40199	55837
Adj. R^2	0.305	0.284	0.296	0.294

注：括号内为稳健标准误差，***、**、*分别表示系数估计在0.01、0.05、0.1的显著性水平上显著。分组系数差异性检验时，使用Bootstrap抽样500次。

5.6.3 外部融资依赖度

理论上，油价不确定性导致的金融摩擦主要表现为两种机制：一是金融市场由于不确定性的提高会提高信贷市场信息不对称水平（Nagar等，2019），增加融资成本，从而会降低企业外部融资水平（Bessler等，2011）。在油价不确定性上升的情况下，银行与企业的信息不对称程度上升，银行对企业的资产、经营状况的评估难度加大，从而会要求更高的风险补偿。二是企业在面临较大的不确定性时，金融机构对企业未来的经营状况的可预测性会显著降低，从而导致企业抵押品的价值下降，进而影响企业贷款可获得的融资额度，降低企业的融资能力。在这两种情形下，油价不确定性将导致企业投资的下降。然而，对于是否需要进行外部融资的企业而言会存在显著的异质性。在极端情况下，如果企业的各类经济活动不涉及向外融资，所需资金完全可以自给自足，那么即使外界信贷市场存在再大的金融摩擦也不会影响到企业外部融资活动。

实际上，在现实世界中，有些行业并不具有很好的“造血”能力，而需要持续不断地从外部进行融资以满足自身的经营生产活动（Rajan和Zingales，1996），这就导致企业投资因金融摩擦受油价不确定性负面影响的程度更大。谭小芬和张文婧（2017）研究发现，由金融摩擦导致企业融资约束的提高，是经济政策不确定性影响企业投资下降的重要作用机制之一。Choi等（2018）研究了不确定性在金融摩擦渠道下对企业生产率的影响，认为融资依赖度较高的行业在高不确定性期间金融摩擦程度会更高。这类研究实际上是验证了不确定性地基于金融摩擦效应对微观企业行为的影响。基于此，可以预期油价不确定性对企业投资的负向影响将在融资依赖度较高的行业中更加显著。

为衡量行业外部融资依赖性指标，参照Rajan和Zingales（1998）的做法，

本书定义两种不同的变量度量方式，数据可使用 CSMAR 所汇编的资产负债表和损益表①。第一种度量方式是使用样本区间内各行业的加总的资本支出减去总经营性现金流，再除以总资本性支出标准化。第二种度量方式是先求出各个企业的比值［（资本性支出-经营性现金流）/资本性支出］，再以该指标的行业、时期的中位数值作为行业融资依赖度的测量，这种做法与 Choi 等（2018）一致。

在分组回归中，由于样本区间行业融资依赖度、样本前行业融资依赖度的方差变动只体现在行业层面，因而本书对两个变量以其中位数分为高、低两组。分组检验回归结果如表 5-10 所示。第（1）和第（2）列是以样本区间行业融资依赖度的回归结果，*OUJ* 的估计系数仅在融资依赖度高的行业样本中显著为负，而在融资依赖度降低的样本中并不显著。第（3）（4）列是以企业所在行业中位数融资依赖度作为分组变量的回归结果，尽管 *OUJ* 系数在融资依赖度较高和较低的样本中显著为负，但组间系数差异检验结果表明 *OUJ* 系数在 1%的显著水平上拒绝了系数相等的原假设。综上，可以认为油价不确定性对企业投资的负向影响中，因金融摩擦的存在而主要体现在行业融资依赖度较高样本，从而验证了前文的推断。

表 5-10　融资依赖度分组检验

变量	样本行业融资依赖度		行业中位数融资依赖度	
	高	低	高	低
	(1)	(2)	(3)	(4)
	INV	*INV*	*INV*	*INV*
OUJ	-0.134***	-0.006	-0.121**	-0.079**
	(0.039)	(0.052)	(0.059)	(0.037)
OUC	0.017*	-0.011	0.003	-0.011
	(0.009)	(0.011)	(0.007)	(0.008)
Abs_Beta	0.021	0.014	0.003	0.030*
	(0.024)	(0.016)	(0.013)	(0.017)
Size	0.003***	0.002***	0.003***	0.002***
	(0.000)	(0.000)	(0.001)	(0.000)
TQ	0.002***	0.001***	0.001***	0.001***
	(0.000)	(0.000)	(0.000)	(0.000)

① 一般而言企业的资产负债率越高，也意味着企业的外部融资依赖度越高。同时负债率越高的企业资本结构则为激进型企业，越容易受到外部不良环境的影响。附录附表 5 的分组结果表明，油价不确定性对企业投资的负向影响主要体现在资产负债率较高的样本当中。

续表

变量	样本行业融资依赖度		行业中位数融资依赖度	
	高	低	高	低
	(1)	(2)	(3)	(4)
	INV	*INV*	*INV*	*INV*
Growth	0.004*** (0.001)	0.007*** (0.001)	0.002*** (0.001)	0.007*** (0.001)
CFO	0.062*** (0.006)	0.021*** (0.006)	0.054*** (0.007)	0.040*** (0.005)
PPE	0.053*** (0.004)	0.029*** (0.004)	0.054*** (0.006)	0.037*** (0.003)
EBIT	0.064*** (0.019)	0.117*** (0.018)	0.035 (0.024)	0.104*** (0.015)
SOE	-0.008*** (0.001)	-0.008*** (0.001)	-0.004*** (0.001)	-0.010*** (0.001)
GDP	-0.005 (0.004)	-0.011*** (0.004)	-0.007 (0.005)	-0.010*** (0.003)
M2	0.003 (0.002)	0.006** (0.002)	0.004 (0.003)	0.005*** (0.002)
Oil_ret	0.093*** (0.026)	0.038 (0.032)	0.017 (0.038)	0.062*** (0.024)
Cons	-0.052*** (0.011)	-0.019* (0.011)	-0.049*** (0.013)	-0.029*** (0.009)
OUJ 组间系数差异检验	0.128***		0.058***	
Ind	*Yes*	*Yes*	*Yes*	*Yes*
Pro	*Yes*	*Yes*	*Yes*	*Yes*
YQ	*Yes*	*Yes*	*Yes*	*Yes*
Obs	45284	50752	18536	77500
Adj. R^2	0.298	0.282	0.319	0.276

注：括号内为稳健标准误差，***、**、*分别表示系数估计在0.01、0.05、0.1的显著性水平上显著。分组系数差异性检验时，使用Bootstrap抽样500次。

5.6.4 产品市场竞争程度

油价不确定性对企业投资的影响在不同的竞争环境下可能表现出显著的异质性。但理论上而言，油价不确定性对投资的影响受竞争调节的方向并不明确。标

准实物期权理论认为，企业会在增长机会净现值和等待价值间进行权衡（Pindyck，1990）。由于许多投资是不可逆转的，其成功也存在不确定性，使得等待期权存在价值。然而，在考虑公司战略的情形下，竞争可能会使等待期权的价值降低（Grenadier，2002；Aguerrevere，2003），市场竞争的存在可能会迫使公司提前投资。因此，竞争加剧可能会导致企业更快地行使期权，因为若不提前行动，公司的市场份额将有可能遭到其他企业的侵蚀，从而导致不确定性与投资之间的负关联减弱。因此，在存在竞争压力的情况下，油价不确定性对企业投资的负面影响将会增强。

另外，有学者提出了利润率缓冲假说，即不确定性对企业投资的负向影响对于市场地位较高的企业来说较小。其潜在机制在于，竞争程度高的行业，公司的经营收益波动性和风险显著较高，外部环境不确定性较高时对这类企业的影响更大。相反，位于行业集中度较高的公司对销售的产品有更高的市场定价能力，允许公司损失部分利润率以部分减少不确定性对企业投资的负面影响（Campa 和 Goldberg，1995；Kandilov 和 Leblebicioğlu，2011）。因此，考虑到在竞争环境中企业生产经营环境本身具有不确定性，如果投资失败，那么在竞争性市场中的投资成本可能比在集中市场中的投资成本更高。因此，随着竞争强度的提高，不确定性与投资间的负关联可能会变得更大。基于上述讨论，竞争环境如何作用油价不确定性对企业投资的影响关系并不能直接确立，需要进一步实证检验。

本书采用三种方式对企业的竞争环境进行衡量。第一种采用常用的赫芬达尔—赫希曼（*HHI*）指数衡量行业竞争度，指数越大市场越集中。该指数的具体计算公式为 $HHI=\sum\ (X_i/X)^2$，X_i 为企业销售收入，X 为行业销售总收入。第二种采用行业的销售毛利率来衡量。Edmans 等（2017）认为，由于数据限制，计算 *HHI* 时只用到了上市公司销售额的数据，会使得度量精度存在偏差。相比之下，企业的价格成本比率（Price-cost Margin）同时受到公共和私营企业的影响。参照其做法，本书使用每一时期的行业内价格成本比率的中位数作为行业价格成本比率的衡量指标，指标值越高则市场竞争越低。第三种参照 Margaritis 和 Psillaki（2007）的做法，使用以行业内前四名的销售额之和与行业销售总额的比重作为市场集中度的衡量指标，指标值越高行业竞争就越低。

由于 *HHI*、行业价格成本比率以及行业前四名销售占比都为行业指标，本书以其每一期的中位数将实证样本分为高、低两组。分组检验回归结果分别如表 5-11 所示。第（1）和第（2）列是以分 *HHI* 为分组变量的回归结果，*OUJ* 的估计系数在 *HHI* 高、低两组中的系数分别为-0.073 和-0.237，但都在统计上显著，不过组间系数差异检验表明 *HHI* 较低的组别 *OUJ* 的系数绝对值显著更大。第（3）和第（4）列是以行业价格成本比率为分组变量的回归结果，结果发现 *OUJ*

的估计系数在两组中的系数分别为-0.093 和-0.128，且组间系数差异检验在 10%的显著性水平上拒绝了两者相等的原假设。第（5）和第（6）列是以行业前四大销售额占比为分组变量的回归结果，结果发现在集中度高、低两组样本中 *OUJ* 的估计系数分别为-0.076 和-0.217，组间系数差异检验结果表明后者系数绝对值在统计意义上显著大于前者。通过这些检验，可以得出结论，市场竞争程度高时油价不确定性对企业投资的负向影响将更大，从而支持企业利润缓冲假说。

表 5-11　产品市场竞争分组检验

变量	销售额 *HHI*		行业价格成本比率		Top4 集中度	
	高	低	高	低	高	低
	(1)	(2)	(3)	(4)	(5)	(6)
	INV	*INV*	*INV*	*INV*	*INV*	*INV*
OUJ	-0.073* (0.039)	-0.237*** (0.053)	-0.093** (0.045)	-0.128*** (0.039)	-0.076* (0.040)	-0.217*** (0.048)
OUC	0.003 (0.005)	-0.036*** (0.012)	-0.014** (0.007)	-0.001 (0.006)	0.006 (0.004)	-0.038*** (0.011)
Abs_Beta	-0.006 (0.009)	0.167*** (0.034)	0.025 (0.015)	0.011 (0.018)	-0.005 (0.009)	0.161*** (0.032)
Size	0.002*** (0.000)	0.002*** (0.000)	0.001*** (0.000)	0.003*** (0.000)	0.002*** (0.000)	0.002*** (0.000)
TQ	0.001*** (0.000)	0.002*** (0.000)	0.001*** (0.000)	0.002*** (0.000)	0.001*** (0.000)	0.002*** (0.000)
Growth	0.005*** (0.001)	0.005*** (0.001)	0.006*** (0.001)	0.005*** (0.001)	0.006*** (0.001)	0.005*** (0.000)
CFO	0.044*** (0.006)	0.045*** (0.006)	0.049*** (0.006)	0.042*** (0.006)	0.041*** (0.006)	0.048*** (0.005)
PPE	0.038*** (0.004)	0.042*** (0.004)	0.043*** (0.004)	0.037*** (0.004)	0.039*** (0.004)	0.040*** (0.004)
EBIT	0.092*** (0.019)	0.088*** (0.018)	0.019 (0.018)	0.123*** (0.019)	0.092*** (0.019)	0.080*** (0.017)
SOE	-0.009*** (0.001)	-0.009*** (0.001)	-0.007*** (0.001)	-0.009*** (0.001)	-0.010*** (0.001)	-0.008*** (0.001)
GDP	-0.006 (0.004)	-0.024*** (0.004)	-0.009** (0.004)	-0.009** (0.004)	-0.005 (0.003)	-0.018*** (0.004)
M2	0.004** (0.002)	0.006** (0.002)	0.005** (0.002)	0.006*** (0.002)	0.003 (0.002)	0.004* (0.002)

续表

变量	销售额 *HHI*		行业价格成本比率		Top4 集中度	
	高	低	高	低	高	低
	(1)	(2)	(3)	(4)	(5)	(6)
	INV	*INV*	*INV*	*INV*	*INV*	*INV*
Oil_ret	0.068*** (0.025)	0.088*** (0.027)	0.042 (0.027)	0.095*** (0.026)	0.028 (0.025)	0.095*** (0.026)
Cons	-0.029*** (0.011)	-0.034*** (0.011)	-0.010 (0.011)	-0.051*** (0.010)	-0.030*** (0.011)	-0.033*** (0.010)
OUJ 组间系数差异检验	-0.164***		-0.035*		-0.141***	
Ind	*Yes*	*Yes*	*Yes*	*Yes*	*Yes*	*Yes*
Pro	*Yes*	*Yes*	*Yes*	*Yes*	*Yes*	*Yes*
YQ	*Yes*	*Yes*	*Yes*	*Yes*	*Yes*	*Yes*
Obs	46206	49830	48018	48018	45572	50464
Adj. R^2	0.289	0.287	0.291	0.289	0.275	0.301

注：括号内为稳健标准误差，***、**、*分别表示系数估计在 0.01、0.05、0.1 的显著性水平上显著。分组系数差异性检验时，使用 Bootstrap 抽样 500 次。

5.7　拓展性分析

5.7.1　油价不确定性能被有效对冲吗？

本书将油价波动分为连续成分和跳跃成分，并认为跳跃成分能更好地刻画企业所面临的不确定性。相比于价格变动的连续成分，跳跃成分源自价格的突然变化和极端波动率，表明跳跃波动是一种难以使用衍生品分散的风险（Bollerslev 等，2008；Bollerslev 等，2016）。例如，基于货币期权隐含波动率构建的波动率指数可以作为衍生产品的基础工具。Li 等（2018）在对汇率不确定性的经济后果研究中发现，以往研究未能发现汇率波动显著降低企业出口的原因在于对变量的刻画不准确导致，并论证了不可对冲的汇率跳跃波动能显著降低企业出口。因而，可以预期油价不确定性对企业财务决策的负面影响是不可被对冲的。

本书以企业是否使用与商品相关的金融工具来衡量企业的风险对冲行为。现有研究大都关注衍生品工具使用对企业财务行为（王晓珂和黄世忠，2017；李庆华等，2021）、企业价值（郭飞，2012）等的影响，并发现金融对冲工具的使用有助于缓解企业的融资约束程度，增加研发创新程度，提高企业价值。参照已有研究，企业是否使用金融对冲工具并不会强制性披露，也无法直接从相关数据库中直接得到，最合适的方式是查看企业公开文本中是否包含了对金融工具的描述。需说明的是，原油产业链所包含的商品或物料众多，公司董事会报告中并不会对原油直接做出分析，大多数可能只对其使用的直接原料进行价格风险对冲①。为尽可能地保留更多样本，作为近似的做法，本书对上市公司年报文本搜索“期货”“期权”“衍生品”等词，若搜索到任意关键词则认为企业使用衍生品进行对冲，否则认为企业未采用金融对冲工具。

企业使用金融对冲工具样本中，油价不确定性对企业投资的回归结果如表5-12所示。第（1）列是油价不确定性对企业投资的影响，*OUJ* 的估计系数在企业使用金融对冲工具时显著为负。而且，使用金融对冲工具的样本估计中 *OUJ* 的系数比基准回归的系数更大，可能的原因是对于受油价波动影响较大的企业更倾向于使用风险对冲工具。第（3）列是油价连续波动对企业投资的回归结果，可以发现 *OUC* 的影响系数在统计上并不显著，原因在于对于可预期的风险企业可以事先调整自身的经营活动予以应对。Gao 等（2021）认为，企业会通过调整企业存货以应对油价不确定性。第（5）列同时在回归中考虑了 *OUJ* 和 *OUC*，可以发现两者的估计系数并未发生变化。与之相对应的，第（2）、第（4）、第（6）列的结果给出了油价不确定性对企业投资的影响在未使用金融衍生工具的样本中的回归结果，可以发现 *OUJ* 和 *OUC* 的估计系数均不显著，侧面说明了这类企业与油价变动相关性较低，企业受油价不确定性的影响相应较小。上述结果表明，金融对冲工具并不能有效分散油价跳跃波动产生的不确定性效应，从侧面印证了波动的跳跃成分对油价不确定性刻画的有效性。

表 5-12　企业使用金融对冲工具、油价不确定性与企业投资的影响

变量	是否采用金融工具		是否采用金融工具		是否采用金融工具	
	是	否	是	否	是	否
	(1)	(2)	(3)	(4)	(5)	(6)
	INV	*INV*	*INV*	*INV*	*INV*	*INV*
OUJ	-0.162*** (0.050)	-0.040 (0.043)			-0.162*** (0.050)	-0.044 (0.044)

① 沥青、PTA、PP、PVC、EG、低硫燃料油、橡胶、聚乙烯、聚丙烯等期货都是与原油价格变动关联度比较高的商品品种。

续表

变量	是否采用金融工具		是否采用金融工具		是否采用金融工具	
	是	否	是	否	是	否
	(1)	(2)	(3)	(4)	(5)	(6)
	INV	*INV*	*INV*	*INV*	*INV*	*INV*
OUC			0.001 (0.010)	-0.002 (0.007)	-0.000 (0.010)	-0.003 (0.007)
Abs_Beta	-0.006 (0.018)	0.013* (0.007)	-0.017 (0.024)	0.014 (0.014)	-0.006 (0.022)	0.016 (0.015)
Size	0.002*** (0.000)	0.003*** (0.000)	0.002*** (0.000)	0.003*** (0.000)	0.002*** (0.000)	0.003*** (0.000)
TQ	0.002*** (0.000)	0.001*** (0.000)	0.002*** (0.000)	0.001*** (0.000)	0.002*** (0.000)	0.001*** (0.000)
Growth	0.004*** (0.001)	0.006*** (0.001)	0.004*** (0.001)	0.006*** (0.001)	0.004*** (0.001)	0.006*** (0.001)
CFO	0.044*** (0.006)	0.046*** (0.006)	0.044*** (0.006)	0.046*** (0.006)	0.044*** (0.006)	0.046*** (0.006)
PPE	0.038*** (0.004)	0.042*** (0.004)	0.038*** (0.004)	0.042*** (0.004)	0.038*** (0.004)	0.042*** (0.004)
EBIT	0.090*** (0.017)	0.079*** (0.017)	0.090*** (0.017)	0.079*** (0.017)	0.090*** (0.017)	0.079*** (0.017)
SOE	-0.008*** (0.001)	-0.008*** (0.001)	-0.008*** (0.001)	-0.008*** (0.001)	-0.008*** (0.001)	-0.008*** (0.001)
GDP	-0.010* (0.006)	-0.005 (0.003)	-0.012* (0.006)	-0.005 (0.003)	-0.010* (0.006)	-0.005 (0.003)
M2	0.009*** (0.003)	0.002 (0.002)	0.010*** (0.003)	0.002 (0.002)	0.009*** (0.003)	0.002 (0.002)
Oil_ret	0.049 (0.034)	0.090*** (0.023)	0.118*** (0.022)	0.091*** (0.022)	0.049 (0.034)	0.084*** (0.024)
Cons	-0.029*** (0.009)	-0.042*** (0.010)	-0.029*** (0.009)	-0.041*** (0.010)	-0.029*** (0.009)	-0.041*** (0.010)
Ind	*Yes*	*Yes*	*Yes*	*Yes*	*Yes*	*Yes*
Pro	*Yes*	*Yes*	*Yes*	*Yes*	*Yes*	*Yes*
YQ	*Yes*	*Yes*	*Yes*	*Yes*	*Yes*	*Yes*
Obs	43481	52555	43481	52555	43481	52555

续表

变量	是否采用金融工具		是否采用金融工具		是否采用金融工具	
	是	否	是	否	是	否
	(1)	(2)	(3)	(4)	(5)	(6)
	INV	*INV*	*INV*	*INV*	*INV*	*INV*
Adj. R^2	0.287	0.292	0.287	0.292	0.287	0.292

注：括号内为稳健标准误差，***、**、*分别表示系数估计在0.01、0.05、0.1的显著性水平上显著。

5.7.2 对企业投资效率的影响

油价不确定性能够以等待期权、金融摩擦等机制显著降低企业投资，正是因为这些因素的存在可能会阻碍企业做出最优的企业决策，从而影响企业的投资效率。一般而言，企业管理层因担心为决策后果承担责任，在高不确定性时期，往往表现为风险规避，从而导致企业投资的下降。Bloom等（2007）认为，由于不确定性会使得企业未来的经营状况难以准确预期，而项目投资是存在失败风险的，那么企业管理层会采取更加谨慎的态度而做出投资决策。已有研究表明原油价格的大幅波动也提高了企业所处环境的经济不确定性，从而提高企业等待的期权价值，增加金融摩擦，以减少当期投资水平（Wang等，2017；Phan等，2019）。在油价不确定性的影响下，企业既有可能会减少过度投资，但也可能会增加投资不足。

本书参照Richardson（2006）的做法，构建投资方程回归模型，度量企业的投资效率、过度投资及投资情况，以探究油价不确定性对企业投资效率的影响。企业正常投资与企业自身的财务特征显著相关，可以采用回归拟合法度量出正常投资水平。若企业投资偏离拟合值越多，说明企业的投资效率越低，具体表现为投资不足和投资过度两种形式。具体计量方式如下：

$$INV_{i,t}=\alpha_0+\alpha_1 TQ_{i,t-1}+\alpha_2 Cash_{i,t-1}+\alpha_3 Age_{i,t-1}+\alpha_4 Leverage_{i,t-1}+\alpha_5 INV_{i,t-1}+\alpha_6 Size_{i,t-1}+\alpha_7 Return_{i,t-1}+Control_{i,t}+Ind_j+YQ_t+\varepsilon \tag{5-14}$$

式中，*TQ*、*Cash*、*Age*、*Lev*、*Size*、*Return* 分别是Tobins'Q值、现金持有（总资产标准化）、上市年龄、资产负债率、企业资产规模以及季度股票收益。这些变量均滞后1期放入模型，并加入滞后1期企业投资，还控制了行业和时期虚拟变量。按照模型（5-14）回归后得到残差，然后取绝对值得到公司每个季度的投资效率变量（*ABSRINV*），其中，残差大于0的部分为过度投资（*OINV*），残差小于0的部分为投资不足，为便于比较，做绝对值处理（*UINV*）。将三个变量

分别与本章基准模型中的因变量进行替换，以回归检验油价不确定性对企业投资效率的影响。

油价不确定性对企业投资效率的影响结果如表 5-13 所示。具体地，第（1）列的结果为 *OUJ* 对 *ABSRINV* 的影响，*OUJ* 的估计影响系数为 0.001，且在统计上并不显著。这表明，油价不确定性的提高对企业总的投资效率并不显著，但这并不能说明油价不确定性对企业投资效率的类别没有影响。进一步地，第（2）和第（3）列分别为油价不确定性对企业过度投资和投资不足的影响，结果显示 *OUJ* 对 *OINV* 的影响系数为-0.016，说明油价不确定性与企业过度投资负相关，但并不显著；而 *OUJ* 对 *UINV* 的影响系数为 0.040，且在 5%的显著性水平上显著，表明油价不确定性对企业投资效率的降低主要体现在提高了企业的投资不足。因而，可以认为油价不确定性的存在不仅降低了企业的投资水平，同时也提高了企业经营管理者的谨慎性态度，增加了企业的风险规避。结合前文的研究发现，油价不确定性产生的金融摩擦效应和等待期权效应应该是企业投资不足的重要影响机制。由此可见，油价不确定性进一步增加了企业的委托代理问题，做出投资决策的企业高管风险规避意愿增加，使得企业的投资效率下降。

表 5-13　油价不确定性与企业投资效率

变量	(1)	(2)	(3)
	ABSRINV	*OINV*	*UINV*
OUJ	0.001 (0.018)	-0.016 (0.036)	0.040** (0.016)
OUC	0.003 (0.003)	0.007** (0.003)	0.001 (0.002)
Abs_Beta	-0.002 (0.006)	-0.007 (0.010)	-0.007 (0.005)
Size	0.001*** (0.000)	0.001** (0.000)	0.000 (0.000)
TQ	0.001*** (0.000)	0.001*** (0.000)	0.000*** (0.000)
Growth	0.003*** (0.000)	0.005*** (0.000)	0.002*** (0.000)
CFO	0.014*** (0.002)	0.026*** (0.004)	-0.008*** (0.001)
PPE	0.020*** (0.002)	0.016*** (0.002)	0.011*** (0.001)

续表

变量	(1)	(2)	(3)
	ABSRINV	*OINV*	*UINV*
EBIT	0.022*** (0.007)	-0.007 (0.011)	0.008* (0.004)
SOE	-0.004*** (0.000)	-0.004*** (0.001)	-0.002*** (0.000)
GDP	-0.004*** (0.001)	-0.002 (0.003)	-0.002** (0.001)
M2	0.003*** (0.001)	0.001 (0.001)	0.002*** (0.000)
Oil_ret	0.030*** (0.011)	0.044** (0.019)	-0.017* (0.009)
Cons	-0.005 (0.004)	0.004 (0.006)	0.013*** (0.002)
Ind	*Yes*	*Yes*	*Yes*
Pro	*Yes*	*Yes*	*Yes*
YQ	*Yes*	*Yes*	*Yes*
Obs	88815	37780	51035
Adj. R^2	0.236	0.131	0.537

注：括号内为稳健标准误差，***、**、*分别表示系数估计在0.01、0.05、0.1的显著性水平上显著。

5.8 本章小结

本章试图研究油价不确定性对企业投资的影响，并理解两者间的作用机制。具体而言，本章以2007~2019年中国A股上市公司季度财务数据为基础研究样本，实证分析油价不确定性如何影响企业投资决策，弥补了现有文献缺乏从金融摩擦这一影响渠道出发的不足。同时，本书分别从资本不可逆程度、外部融资依赖度以及产品市场竞争等角度，探讨了它们是否对油价不确定性对企业投资的抑制作用产生影响，以及分析出哪种影响机制占据主导。进一步地，本章探讨了油价不确定性对企业投资效率的影响，延伸了现有油价不确定性微观经济效应的研究。

研究结果表明，油价不确定性会显著降低企业投资水平，其中，企业融资约束的提高是重要的影响渠道，突出了油价不确定性产生的金融摩擦效应。进一步的异质性效应分析结果表明，企业位于原油产业链、资本可逆性程度越低、外部融资依赖度越高以及产品市场竞争程度越高，使得油价不确定性对企业投资的负向影响显著提高。此外，企业使用金融对冲工具并不能有效分散油价跳跃波动产生的不确定性。同时，本书发现油价不确定性对企业总投资效率影响并不明显，但显著提高了企业的投资不足。

本章研究结论对于完善我国能源发展战略、有效应对油价不确定性具有重要的理论借鉴意义。首先，我国正处于传统制造业大国转型期，诸多产业仍属于能源密集型行业，除要主动应对油价上升所带来的通胀风险外，还要警惕油价突发性上涨或下跌增加企业所面临的经济不确定性，进而避免因企业投资减缓所造成的经济失速风险。其次，政府在政策制定时要充分考虑油价不确定性影响机制，降低“一刀式”的政策风险，突出部分行业或企业政策实施的特殊性。具体来讲，对于油价不确定性的实物期权效应，可以大力发展资产二手市场，降低企业投资的机会成本；对于油价不确定性的金融摩擦效应，应对融资需求大的企业提高资金供给水平，降低融资约束；对于市场竞争机制，相关部门可以进行合适的干预，注重引导企业预期，避免由正常市场竞争导致的企业投资效率的恶化。另外，企业金融工具无法对冲油价不确定性，但对于突发的极端事件，可以鼓励企业通过购买保险合约，降低企业资产的不确定性暴露水平。

第6章　油价不确定性对上市公司全要素生产率的影响分析

全要素生产率是企业生产率的重要测度指标，能够有效衡量生产率进步中的技术提高部分。理论上，油价不确定性可通过实物期权机制和金融摩擦机制对企业全要素生产率产生影响。本章以中国沪深A股上市公司的季度财务数据为实证样本，样本区间为2007年第一季度至2019年第四季度，用来检验油价不确定性对企业生产率的作用效果，进一步探讨人力资本投资、研发投入和信息技术投资在上述影响中的作用渠道，以及外部融资依赖、产品市场竞争和企业风险承担对上述影响的异质性影响效应。结果表明，油价不确定性会降低企业的生产率水平，这一影响分别通过降低企业人力资本投资、研发投入以及信息技术投资发挥作用。此外，异质性分析表明，在较高的外部融资依赖度、产品市场竞争程度、较低的企业风险承担能力以及非国有企业样本中，油价不确定性对企业生产率水平的负向作用会进一步增强。在拓展性分析中发现，油价不确定性对企业全要素生产率的负向影响仅存在于对原油依赖程度较高的样本中。

6.1　引言

当前，我国正处于工业化和城镇化过程中的结束期，叠加全球经济周期下行，我国经济增长承压，保持经济的健康稳定运行成为我国政府部门和经济学家研究的重要课题。2017年，党的十九大报告指出，“以供给侧结构性改革为主线，推动经济发展质量变革、效率变革、动力变革，提高全要素生产率”，表明中国经济由高速增长阶段转向高质量发展阶段。从经济增长数据来看，我国GDP实际增长率不断下滑，从2008年国际金融危机前的10%以上降至2019年的6%。学术界对当前中国经济增速下行的原因有各种解释，而全要素生产率（TFP）是重要的分析视角。蔡昉（2013）指出，中国经济未来增长的主要动力关键在于全要素生产率的提升，也是促进经济高质量发展的决定性条件。从企业内部来看，全要素生产率的提升是全方面的，包括技术进步、工艺优化、产品创新、管理效率提高和生产结构优化等（刘笃池等，2016），但这些方面又会显著因企业外部因素如产品需求、投资收益等变量的变化而受到制约（胡春阳和余泳泽，2019；张跃，2020）。如今，我国企业外部环境不断变化，分析哪些重要因素会影响企业全要素生产率，对于促进企业生产效益的提高，防范我国经济增长失速、推动实体经济高质量发展意义重大。

在理论上，企业所处的外部经济环境不确定性会对企业生产率产生重要影响，既会增加企业生产经营风险，又可能改变企业的财务决策。自 Baker 等（2016）量化了经济政策不确定性以来，有学者开始探讨影响外部不确定性环境对企业全要素生产率的影响。李凤羽和杨墨竹（2015）、陈德球等（2017）的研究发现，经济政策不确定性上升时，即使存在投资机会时，企业也会变得更加谨慎，降低甚至放弃收益率为正的投资项目，从而企业资本配置效率低下。Tut 和 Cao（2021）研究认为，政策不确定性降低企业生产率的原因是不可逆投资的下降以及资本配置效率的下降。Li 等（2021）发现，经济政策不确定性会提高企业金融资源错配，从而降低企业生产率。这些研究有助于理解经济不确定性影响下企业全要素生产率的变化。

相较而言，油价不确定性作为企业所面临不确定性环境中特定类别（Bernanke，1983；Bloom，2009），近年来有研究开始探讨油价不确定性对企业财务决策的影响。部分学者发现，油价不确定性会降低企业的资本投资（Kellogg，2014；Wang 等，2017；Doshi 等，2018）、降低财务杠杆水平（Fan 等，2021）、提高企业现金持有（Zhang 等，2020）等。然而，暂未发现有文献研究油价不确定性对企业全要素生产率这一综合经济后果指标的影响。前文已发现油价不确定性对企业投融资决策会产生显著的负向影响，那么其对企业经营的综合效率指标的影响又是怎样的？油价不确定性又是如何对企业全要素生产率产生影响的，其潜在的传导机制是什么？在当前经济转型阶段，深入探讨油价不确定性对企业全要素生产率的影响，对于我国经济高质量发展，出台有利于提高全要素生产率的政策，有着重要的现实意义。

6.2　理论基础与研究假设

从 2016 年开始，我国经济增长过程中的全要素生产率逐步提高，且产生了明显的正向溢出效应，但对经济增长的贡献率仍然处于较低水平[①]。哪些因素影响

① 资料来源：http：//finance. sina. com. cn/china/hgjj/2018-01-24/doc-ifyqwiqk2554376. shtml。

响了企业全要素生产率是学术界关注的热点话题。现有文献对全要素生产率影响的因素众多，诸多学者分别从不同视角出发对影响全要素生产率的因素进行了深入的探讨，包括地区营商环境（申烁等，2021）、金融发展（陈中飞等，2021）、人力资本投资（程惠芳和陆嘉俊，2014）、技术创新（李静等，2013）等。然而，在不确定性的经济环境中，企业生产率的提高受到了较大的挑战。

现有不确定性理论认为，在面临经济不确定性时，企业对投资项目的未来现金流和折现率的可预测性下降，这不仅会提高企业的等待期权的价值，同时使得企业资金成本、外部融资约束提高，从而对企业的经营和财务决策产生显著影响。Bloom 等（2018）研究表明，当不确定性很高时，公司会减少扩张并收缩生产规模，并较少对高生产率的投资分配。众多文献探讨了油价不确定性对宏观经济以及微观企业财务决策的影响效应（Elder 和 Serletis，2009，2010；Yoon 和 Ratti，2011；Kellogg，2014），发现油价不确定性会在短期显著抑制宏观经济活动。这些研究论证了油价不确定性会对企业决策产生显著且持续的效应，但较少有文献关注油价不确定性对企业全要素生产率的影响。

从现有不确定性的研究理论出发，油价不确定性可能会同时以实物期权效应和金融摩擦效应为作用渠道而影响企业生产率。一方面，油价不确定性会产生“等待观望效应”，增加企业当前投资的机会成本，从而影响企业能够提高企业生产率的资本投资决策。借鉴其他人关于不确定性的理论研究，经济不确定性导致企业投资项目净现值的可预测性的难度加大，企业出于谨慎态度，会暂停或者削减原有的投资项目（Bloom 等，2007；Magud，2008），伴随着生产率增强型的企业投资项目也被迫暂停（Bloom 等，2018）。另一方面，油价不确定性也会导致金融市场摩擦，通过影响企业的融资约束，扭曲企业内部的资源配置，进而影响企业的全要素生产率。金融摩擦理论强调，企业信息不对称程度上升将带来多种成本的增加，包括信息成本、企业监督成本和融资成本。经济环境不确定性上升时，外部金融机构对企业经营信息的了解程度下降，信息不对称程度提高，企业的经营风险提高，从而导致企业的融资成本和融资约束程度上升（林建浩和阮萌柯，2016），进而影响企业的各项财务活动（Christiano 等，2014；Gilchrist 等，2014）。然而，投资项目的正常推进和全要素生产率的提高都需要资金的支持。油价不确定性会提高企业的融资约束程度，从而恶化企业的内部资本配置效率，导致企业生产率水平下降。

具体而言，油价不确定性影响企业全要素生产率的路径可能包括以下三个方面。一是人力资本是企业生产率的重要保证，但企业专业人才的培育需要花费较长时间和较多资金，当企业面临不确定性风险时会选择削减人力资本投资（Li 和 Su，2019），从而导致企业生产率下降。Lotti 和 Viviano（2012）发现，当不

确定性增加时，企业对临时工的使用增加，因为他们容易被解雇或重新雇佣，但短期工技能水平不高，生产效率较低，这会降低企业的生产率。二是研发作为企业创新发展的重要来源，其通过创新创意设计、要素的优化组合等方式实现降低成本、提高销售，最终实现企业生产率的提高。在宏观经济领域，研发创新被认为是长期经济发展的唯一动力。对应到企业层面，相关研究表明，企业研发创新能有效促进企业生产率（Sheu 和 Yang，2005；Sharma，2012；Duval 等，2020）。然而，由于研发投资具有较高风险特征，失败率较高，极易受到经济不确定性等外界环境因素的负面影响（郝威亚等，2016；Lou 等，2022），以此会进一步对企业全要素生产率产生不利影响。三是部分技术性资本投资能够提高企业的信息化水平，减少企业内外部信息传递的延迟程度，从而提高企业系统集成化程度，有助于企业生产率的提高。Choi 等（2018）认为，金融摩擦是不确定性的重要作用渠道，会导致企业外部融资受限，从而企业会减少有助于提高企业生产率的资本性投资。通畅的企业外部融资有助于企业生产率的提高，而当企业受到严重的融资约束时，将限制企业做出最优的财务决策，由此可能导致资本配置效率下降，并最终降低企业生产率（何光辉和杨咸月，2012）。

综合以上方面可知，稳定的油价变动能为企业的经营提供稳定的外部环境，这有利于企业全要素生产率的提高；相反，突发性的油价不确定性使得企业无法有效应对，实物期权和金融摩擦效应将抑制有助于企业生产率的各项投资，从而降低企业全要素生产率。即油价不确定性可能与企业全要素生产率负相关。因而，提出假设：

H6-1：油价不确定性会降低企业全要素生产率。

6.3　变量度量、实证模型及数据来源

6.3.1　全要素生产率度量

企业全要素生产率指标是本书的核心被解释变量，是企业资本和劳动力在生产使用过程中整体的有效性和效率指标，同时也是重要的企业绩效指标之一。为对企业全要素生产率进行测度，本书参照金融学领域对企业全要素生产率常见的做法（Schoar，2002；Giannetti 等，2015），以对数柯布—道格拉斯模型的思想构建以下计量模型，以模型估计得到的残差作为企业全要素生产率的测度指标。

$$\ln Y_{ijt}=\beta_{0jt}+\beta_{1jt}\ln K_{ijt}+\beta_{2jt}\ln L_{ijt}+\beta_{3jt}\ln M_{ijt}+\varepsilon_{ijt} \tag{6-1}$$

式中，$\ln Y$ 为企业营业收入对数值，$\ln K$ 为企业总资产对数值，$\ln L$ 为企业员工总数对数值，$\ln M$ 为企业为生产投入的中间品，即“购买商品、接受劳务支付的现金”的对数值。i、j、t 分别代表企业、行业及所处的年份。按照通常的做法，本书对模型按照分行业、分时期进行分组回归，得到的残差项 ε_{ijt}，即为企业的全要素生产率水平，记为 TFP。为保证本书的实证结论不受变量测度偏差的影响，本书还使用常见的 LP 法、OP 估计法对企业全要素生产率水平进行测量，作为稳健性检验。

6.3.2 实证模型

本书将油价不确定性作为影响企业全要素生产率的核心解释变量，构建油价不确定性—生产率的回归模型，本书具体的实证模型构建如下所示：

$$TFP_{i,t}=\alpha+\beta\times OUJ_{j,t}+\gamma\times Abs\_Beta_{j,t-1}^{oil}+Control_{i,t}+Ind_j+Pro_p+YQ_t+\varepsilon_{i,t} \tag{6-2}$$

模型（6-2）为本章的基准回归模型，$TFP_{i,t}$ 表示企业 i 在 t 时期的全要素生产率。$OUJ_{j,t}$ 为 j 行业在 t 时期所面临的油价不确定性，即 $RVJ_t\times Abs\_Beta_{j,t-1}^{oil}/100$。$RVJ_t$ 和 $Abs\_Beta_{j,t-1}^{oil}$ 分别为第 3 章所估计的油价已实现跳跃波动和行业油价变动敏感性系数的绝对值。该项的估计系数 β 为本章内容所重点关注系数，若 β 显著小于 0，表明油价不确定性的下降能够降低企业的全要素生产率。

控制变量的选取中，参照 Li 等（2021）研究，本书在模型中控制了第 t 时期会影响企业全要素生产率的控制变量，包括：企业规模（*Size*）；资产负债率（*Lev*）；净资产收益率（*ROE*）；研发投入（*RD*）；经营现金流（*CFO*）；企业销售增长率（*Growth*）；息税前净利润率（*EBIT*）；第一大股东持股比例（*First*）；企业性质（*SOE*）。除控制与被解释变量相关的公司层面变量，本书还控制了油价变动的一阶影响（oil_return_t）、经济增长率（GDP_t）及货币政策（$M2_t$）的影响，为体现出行业的差异，同样将三个宏观变量与 $Abs\_Beta_{j,t-1}^{oil}$ 交乘，得到行业维度变量。模型中还控制了油价波动连续成分（$OUC_{j,t}$），以排除可预期波动率因素的影响。固定效应中控制了年份—季度（YQ_t），使得时间维度上变动的 RVJ_t 和三个宏观经济变量被多重共线性吸收掉，并未在模型中体现。另外，参照 Li 等（2021）的模型设定，本书在模型中加入了不随时间变动的行业（IND_j）固定效应。除此之外，加入省份（PRO_p）虚拟变量以控制不随时间变动的地区固定效应，以减小企业所在行业、地区的遗漏变量因素的影响。与前文保持一致，模型系数估计使用 Cluster 将标准误聚类于企业个体层面。如表 6-1 所示。

表 6-1 主要变量和定义：油价不确定性对上市公司全要素生产率的影响分析

变量	名称	变量说明
TFP	企业全要素生产率	由回归式（6-1）计算所得
OUJ	油价不确定性	油价波动跳跃成分与行业油价敏感性系数的绝对值的交互项
OUC	油价波动连续成分	油价波动连续成分与行业油价敏感性系数的绝对值的交互项
Abs_Beta	行业油价敏感性系数的绝对值	根据 Fama 三因子模型计算所得（详见第3章）
Size	企业规模	对数化的总资产
Lev	资产负债率	企业总负债除以当期总资产
ROE	净资产收益率	企业净利润除以当期净资产
RD	研发投入	企业研发支出除以当期营业收入
CFO	经营现金流	经营性现金流除以当期总资产
Growth	企业销售增长率	当期与上年同期相比的销售增长率
EBIT	息税前净利润率	息税前净利润除以当期总资产
First	第一大股东持股比例	控股股东持有股份数除以企业总股份数
SOE	企业性质	股权性质为国有控股则定义为1，否则为0
GDP	经济增长率	*GDP* 增长率与行业油价敏感性系数的绝对值的交互项
M2	货币政策	*M2* 增长率与行业油价敏感性系数的绝对值的交互项
Oil_ret	一阶油价变动	油价变化率与行业油价敏感性系数的绝对值的交互项
HCI	人力资本投资	（0.3×销售及一般管理费+研发费用）/期初总资产
RD	研发投资	研发投入与当期销售额之比
ICT	信息技术投资	信息技术投资的增加额之和除以期初总资产

6.3.3 数据来源及描述性统计

本书实证研究对象为2007~2019年在沪深证券交易所交易的A股上市公司，财务数据频率为季度，数据来源于中国股票市场与会计研究数据库（CSMAR）。实证样本始于2007年，原因在于该年度起A股上市公司实行新的会计准则，以保证财务数据的可比性。参照通常做法，本书按照以下标准对数据进行筛选：①剔除金融、保险行业公司样本；②剔除受到证监会ST或者ST＊处理的公司；③剔除公司股东权益账面价值小于0的公司；④剔除关键变量数据缺失的样本。一共包含3165家企业，95614个样本观测值。*GDP* 实际增长率和 *M2* 货币增长率数据从国家统计局网站下载。为排除异常值的干扰，本书将对公司层面的连续变量的极端值分别按照上尾和下尾各1%的分位数水平进行 Winsorize 处理。

样本区间公司层面变量的描述性统计如表 6-2 所示，上市公司季度全要素生产率平均值为 0.003，标准差为 0.369，最小值为-1.083，最大值为 1.093，表明企业全要素生产率整体围绕在 0 值附近，这是由于分行业、时期回归做了均值化处理。这一结果和 Giannetti 等（2015）的数据描述性统计相近。对于油价不确定性而言，最小值为 0，最大值为 0.094，标准差为 0.005，说明不同的样本企业之间所面临的油价不确定性存在显著差异，从而使得回归估计中解释变量有足够大的方差来解释企业全要素生产率。就控制变量而言，资产负债率（*Lev*）平均值为 42.5%，净资产收益率（*ROE*）为 1.9%，第一大股东持股比例（*First*）平均值为 35.48%，样本中有 42.4%的企业为国有企业（*SOE*），它们的样本统计量与前人研究基本一致。此外，附录附表 6 给出了本章主要实证变量的相关系数表，结果表明油价不确定性 *OUJ* 与企业全要素生产率 *TFP* 的相关系数为-0.065，且在 5%的显著性水平上显著，说明油价不确定性与企业全要素生产率负相关。

表 6-2 主要变量描述性统计：油价不确定性对上市公司全要素生产率的影响分析

变量	样本数	平均值	标准差	最小值	中位数	最大值
TFP	95614	0.003	0.369	-1.083	-0.009	1.093
OUJ	95614	0.002	0.005	0	0	0.094
OUC	95614	0.019	0.054	0	0	1.156
Abs_Beta	95614	0.030	0.043	0	0	0.274
Size	95614	22.09	1.285	19.87	21.90	26.08
Lev	95614	0.425	0.207	0.046	0.422	0.867
ROE	95614	0.019	0.032	-0.130	0.018	0.122
RD	95614	0.017	0.021	0	0.012	0.105
CFO	95614	0.017	0.061	-0.156	0.014	0.198
Growth	95614	0.036	0.436	-1.465	0.040	1.562
First	95614	35.48	15.02	8.790	33.70	74.86
SOE	95614	0.424	0.494	0	0	1
M2	95614	0.242	0.366	0	0	1.675
GDP	95614	0.418	0.631	0	0	2.632
Oil_ret	95614	0	0.010	-0.051	0	0.028

6.4 实证结果分析

6.4.1 主回归结果

基于季度数据得到的油价不确定性对中国上市公司全要素生产率影响的实证结果如表6-3所示。第（1）列在控制企业规模、资产负债率、净资产收益率、研发投入、经营现金流、销售增长率、第一大股东持股比例以及企业性质等公司层面的控制变量，以及时间、行业和省份固定效应的情况下，油价不确定性 *OUJ* 对 *TFP* 的估计系数在1%的显著性水平上显著为负，说明在控制企业的基本特征后，油价不确定性会导致企业全要素生产率显著减少。第（2）列进一步控制其他可能影响的企业全要素生产率的宏观经济变量，包括实际 *GDP* 季度增长率、*M2* 增长率以减少宏观经济和货币政策的干扰，还加入了油价收益用来控制油价变动的一阶影响。结果表明，*OUJ* 的估计系数仍然在1%的显著性水平上显著为负。*OUJ* 的估计系数大小为-0.853，表明油价不确定1个标准差的变动会导致企业季度全要素生产率减少2.35%①，换算成年度则减少9.39%，经济意义上具有显著性。

然而，油价波动除不可预期的跳跃成分，还包含了可被预期到的连续波动成分。表6-3中第（3）和第（4）列进一步比较分析了油价波动的连续成分对企业全要素生产率的影响。直觉上说，可以预期油价连续波动对企业全要素生产率不会产生显著的负向影响。回归估计结果支持前文的推测，油价连续波动成分 *OUC* 的估计系数为负，但并不显著。相反，油价不确定性 *OUJ* 的估计系数仍然显著为负，即便加入 *OUC* 后 *OUJ* 的显著性并未受到干扰②。

在控制变量的系数估计结果方面，*Size* 的估计系数显著为正，表明公司规模较大企业全要素生产率越高，就越表现出规模效应；*Lev* 的估计系数显著为负，表明资产负债率较高的企业会受到的融资约束的限制，从而降低企业全要素生产率；*ROE* 的估计系数显著为正，表明盈利能力较高的企业与企业全要素生产率显著相关；*RD* 的估计系数显著为正，说明企业研发创新投入越多越有可能提高企

---

① 具体的计算方式为-2.35% =（-0.866/0.369）/100，其中，-0.866为估计系数，0.369为企业全要素生产率的标准差，除以100是由于在计算行业 *RVJ* 的过程中进行了百分化处理。

② 在附录附表7中本书进一步检验了由已实现波动率直接构建的油价不确定性 *OU* 对企业全要素生产率的影响，发现 *OU* 的估计系数在统计上并不显著。

业全要素生产率，符合熊彼特创新理论；*CFO* 的估计系数显著为正，表明企业内部现金流较充裕的企业能够满足企业的资金需求，从而提高企业全要素生产率；*Growth* 的估计系数显著为正，企业的增长机会越高，企业的全要素生产率就越高；*First* 估计系数并不显著，可能的原因是在中国该变量与企业全要素生产率并不是简单的线性关系（叶彬和任佩瑜，2010），与 Li 等（2021）的结果一致；*SOE* 的估计系数也并不显著，表明样本内国有企业与民企的全要素生产率并没有显著差异。本书发现，宏观经济变量 *GDP* 系数显著为负，*M2* 的估计系数不显著，以及一阶油价变动 *Oil_ret* 的估计系数显著为正，但由于三个各变量是三个时间序列与油价敏感性系数的绝对值的交叉项，能够在模型排除可能的交互干扰因素，本质上并不具有明确的经济含义。即便如此，油价不确定性对企业全要素生产率的影响并未出现显著变化，初步表明其估计影响系数具有较好的稳健性。

表 6-3　油价不确定性与企业全要素生产率

变量	(1)	(2)	(3)	(4)
	TFP	*TFP*	*TFP*	*TFP*
OUJ	-0.922*** (0.226)	-0.853*** (0.269)		-0.866*** (0.270)
OUC			-0.024 (0.044)	-0.031 (0.044)
Abs_Beta	0.032 (0.052)	0.393** (0.195)	0.324 (0.208)	0.423** (0.209)
Size	0.038*** (0.004)	0.038*** (0.004)	0.038*** (0.004)	0.038*** (0.004)
Lev	-0.091*** (0.022)	-0.091*** (0.022)	-0.091*** (0.022)	-0.091*** (0.022)
ROE	2.456*** (0.083)	2.457*** (0.083)	2.457*** (0.083)	2.457*** (0.083)
RD	0.779*** (0.213)	0.779*** (0.213)	0.780*** (0.213)	0.780*** (0.213)
CFO	1.060*** (0.048)	1.060*** (0.048)	1.060*** (0.048)	1.060*** (0.048)
Growth	0.327*** (0.004)	0.327*** (0.004)	0.327*** (0.004)	0.327*** (0.004)

续表

变量	(1)	(2)	(3)	(4)
	TFP	*TFP*	*TFP*	*TFP*
First	−0.000 (0.000)	−0.000 (0.000)	−0.000 (0.000)	−0.000 (0.000)
SOE	−0.002 (0.009)	−0.002 (0.009)	−0.002 (0.009)	−0.002 (0.009)
GDP		−0.045* (0.026)	−0.038 (0.027)	−0.048* (0.027)
M2		0.000 (0.013)	−0.000 (0.013)	0.002 (0.013)
Oil_ret		0.304* (0.156)	0.490*** (0.141)	0.262 (0.168)
Cons	−0.887*** (0.082)	−0.886*** (0.082)	−0.886*** (0.082)	−0.886*** (0.082)
Ind	Yes	Yes	Yes	Yes
Pro	Yes	Yes	Yes	Yes
YQ	Yes	Yes	Yes	Yes
Obs	95614	95614	95614	95614
Adj. R^2	0.274	0.274	0.274	0.274

注：括号内为稳健标准误差，***、**、*分别表示系数估计在 0.01、0.05、0.1 的显著性水平上显著。

6.4.2 影响渠道分析

理论上，油价不确定性对企业生产率的影响可能同时从实物期权渠道和金融摩擦渠道发挥作用。一方面，资本投资的不可逆性会导致企业等待观望，甚至削减投资（Bloom 等，2007；Magud，2008），从而使得生产率增强型的企业投资项目也被迫暂停。已有学者发现，油价不确定性会降低企业投资（Kellogg，2014；Yoon 和 Ratti，2011）。另一方面，较高的不确定性会导致因代理成本上升和信息不对称程度加剧引致更大的损失，因而通过增加企业的融资成本，限制企业的财务活动（Arellano 等，2010；Christiano 等，2014；Gilchrist 等，2014）。通过前文章节实证研究发现，油价不确定性会造成金融摩擦，导致企业外部融资的削减。然而，对于企业来说，高生产率项目一般属于长期投资，往往需要外部融资。

人力资本是企业生产率的重要保证，但企业专业人才的培育需要花费较长时间和较多资金，当企业面临不确定性风险时就会选择削减人力资本投资（Li 和 Su，2019），从而导致企业生产率下降。在企业研发创新方面，根据经典的熊彼特创新发展理论，研发创新是生产率提高的长期作用因素。现有实证也验证了企业研发创新会正向作用于企业生产率（Sheu 和 Yang，2005；Sharma，2012）。更为确切的是，研发投资作为可逆性更低、风险更高的投资活动，其将显著地受经济不确定性负向影响（郝威亚等，2016；Lou 等，2022）。此外，信息技术投资是一项有效降低企业信息沟通成本的重要投资。Choi 等（2018）的研究发现，不确定性环境下会导致企业外部融资受限，导致信息技术投资减少，最终使得企业生产率下降。因而，本书以企业人力资本投资、研发投入以及信息技术投资为渠道，解释油价不确定性为何会显著降低企业全要素生产率这一发现。基于以上论述，本书构建以人力资本投资、研发投入和信息技术投资为因变量的实证模型。

$$Channel_{i,t}=\alpha+\beta\times OUJ_{j,t}+\gamma\times Abs\_Beta_{j,t-1}^{oil}+Control_{i,t}+Ind_j+Pro_p+YQ_t+\varepsilon_{i,t} \tag{6-3}$$

式中，$Channel_{i,t}$ 为作用渠道变量，分别为企业 i 在 t 期的人力资本投资、研发投资以及信息技术投资。在变量度量上，本书参照 Zhang（2014）的做法，企业当期人力资本投资为销售及一般管理费用的 0.3 倍与研发费用之和①，进一步将其除以期初总资产得到人力资本投资率，用 *HCI* 以表示。研发投入为企业研发投入占当期销售额之比，该处使用年度数据是为了使得对变量的测度更精确，以保证结果的可靠性。对于企业信息技术投资的度量，使用企业固定资产、无形资产折旧表中有关于信息技术投资②的增加额之和除以期初总资产，以 *ICT* 表示。

以人力资本投资、研发投入和信息技术投资为影响渠道变量的油价不确定性与企业投资的估计结果如表 6-4 所示。第（1）列是以 *HCI* 为因变量的回归结果，可以发现 *OUJ* 对 *HCI* 的影响系数为-0.016，且在 1%的显著性水平上显著，这表明油价不确定性显著降低了企业人力资本投资。第（2）列是以 *RD* 为因变量的回归结果，可以发现 *OUJ* 对 *RD* 的影响系数为-0.121，且在 1%的显著性水平上显著，表明油价不确定性显著降低了企业研发投资。第（3）列是以 *ICT* 为因变量的回归结果，可以发现 *OUJ* 对 *ICT* 的影响系数为-0.007，且在 5%的显著性水平上显著，表明油价不确定性显著降低了企业的信息技术投资水平。因而，表 6-4 的结果说明，由于油价不确定性的存在，企业因等待观望和融资约束的上

① Hulten 和 Hao（2008）也认为，销售及一般管理费用的 30%一般用于企业组织发展和员工培训方面的投资。由于企业季度研发费用为公布，本书使用年度研发费用除以 4 予以代替。

② 具体是在固定资产、无形资产增加额的项目明细的字段中，包含“电子设备”“计算机”“电脑”“软件”“信息”“系统”“平台”等则认定为信息技术投资。

升会放弃有助于企业全要素生产率提高的投资项目，具体表现出企业人力资本投资、研发投入和信息技术投资的显著减少，进而通过这些渠道变量负向作用于企业全要素生产率。

表 6-4　影响渠道分析

变量	(1)	(2)	(3)
	HCI	*RD*	*ICT*
OUJ	-0.016*** (0.005)	-0.121*** (0.031)	-0.007** (0.003)
OUC	0.000 (0.001)	0.004** (0.002)	-0.001*** (0.000)
Abs_Beta	0.002 (0.004)	0.098** (0.038)	-0.001 (0.003)
Size	-0.001*** (0.000)	-0.001 (0.000)	-0.000 (0.000)
Lev	0.002*** (0.000)	-0.041*** (0.003)	-0.000 (0.000)
ROE	0.019*** (0.002)	-0.032** (0.014)	0.005*** (0.001)
RD	0.373*** (0.004)		0.022*** (0.003)
CFO	0.010*** (0.001)	-0.024*** (0.007)	-0.001*** (0.000)
Growth	0.001*** (0.000)	0.001 (0.002)	0.001*** (0.000)
First	0.000 (0.000)	-0.000*** (0.000)	-0.000 (0.000)
SOE	-0.000 (0.000)	-0.007*** (0.001)	-0.000*** (0.000)
GDP	-0.001*** (0.000)	0.002 (0.004)	-0.001** (0.000)
M2	0.001*** (0.000)	-0.010*** (0.002)	0.001*** (0.000)
Oil_ret	0.005** (0.002)	-0.045 (0.046)	-0.012** (0.005)

续表

变量	(1)	(2)	(3)
	HCI	*RD*	*ICT*
Cons	0.015*** (0.002)	0.069*** (0.008)	0.001 (0.000)
Ind	*Yes*	*Yes*	*Yes*
Pro	*Yes*	*Yes*	*Yes*
YQ	*Yes*	*No*	*No*
Year	*No*	*Yes*	*Yes*
Obs	94884	25045	25045
Adj. R^2	0.719	0.480	0.101

注：括号内为稳健标准误差，***、**、*分别表示系数估计在0.01、0.05、0.1的显著性水平上显著。

6.5 稳健性检验

6.5.1 排除遗漏变量的影响

前文的分析还可能存在的内生性问题是，油价不确定性对全要素生产率的影响还可能是受其他遗漏的不确定性因素影响。如果控制了时间固定效应，时间维度的不可观测、不确定性因素将被有效控制，但这些不确定性变量也有可能与行业油价不确定性暴露特征对企业全要素生产率产生交互影响，如油价不确定性暴露较高的行业受经济政策不确定性的影响也较大。为缓解这一疑虑，本书继续在模型中控制一系列不确定性指标，包括由 Baker 等（2016）度量的全球经济政策不确定性（*GEPU*①）；Huang 和 Luk（2020）以中国为对象度量的经济政策不确定性（*CEPU*②）；由 COBE 推出的美国股票市场恐慌指数（*VIX*③）；中国股票市场指数波动率（*Mark_Vol*），使用上证综指收益度量的季度方差；个股股价波动率（*Vol*），使用日度收益度量的季度方差。为使时间序列维度的不确定性变量在回归中不被时间固定效应所吸收，除个股波动率外，不确定性指标都乘以油价变

① *GEPU* 资料来源：https：//www.policyuncertainty.com/global_monthly.html。

② *CEPU* 资料来源：https：//economicpolicyuncertaintyinchina.weebly.com/。

③ *VIX* 资料来源：https：//fred.stlouisfed.org/series/VIXCLS。

动敏感性系数绝对值（*Abs_Beta*）。通过在基准模型中，逐个加入不确定性指数，用以检验基准回归中油价不确定性对企业全要素生产率的影响系数是否会受到影响。

在控制不同不确定性变量的情况下，油价不确定性对企业全要素生产率的影响如表 6-5 所示。第（1）列的基准回归中加入了 *GEPU*，*OUJ* 的估计系数在 1%的显著性水平上显著为负。第（2）列的基准回归中加入了 *CEPU*，其估计系数显著为正，说明中国经济政策不确定性有助于高油价不确定性暴露行业的企业生产率的提高，因为政府的宏观政策调控往往会刺激原材料行业的产出增长。尽管刘帷韬等（2021）和 Li 等（2021）的研究表明，中国经济政策不确定性会显著降低中国企业全要素生产率，但并不会在油价不确定性暴露不同的行业中体现出显著的差异性影响。第（3）和第（4）列分别控制了国际和国内的股票市场不确定性，结果发现 *VIX* 的系数显著为负，但 *Mark_Vol* 的估计系数并不显著。第（5）列在基准模型中控制了企业自身的股价波动率，结果发现 *Vol* 的估计系数显著为正，但 *OUJ* 的估计系数仍显著为负。第（6）列将全部不确定性控制变量都加入后的估计结果，*OUJ* 的估计系数仍在 1%的显著性水平上显著为负。综上，尽管表 6-5 分别控制了不同的不确定性指标，但油价不确定性对企业全要素生产率的负向影响并未显著改变，表明本书的基准结果并不受其他不确定性指标的干扰。

表 6-5　控制各种不确定性因素的影响

变量	(1)	(2)	(3)	(4)	(5)	(6)
	TFP	*TFP*	*TFP*	*TFP*	*TFP*	*TFP*
OUJ	-1.255*** (0.269)	-1.224*** (0.257)	-0.672** (0.268)	-0.848*** (0.267)	-0.861*** (0.270)	-0.843*** (0.246)
GEPU	0.213** (0.089)					0.733*** (0.202)
CEPU		0.038* (0.020)				-0.107** (0.045)
VIX			-2.515*** (0.785)			-3.501*** (0.838)
Mark_Vol				0.929 (1.055)		4.267*** (1.077)
Vol					0.038*** (0.012)	0.037*** (0.013)

续表

变量	(1)	(2)	(3)	(4)	(5)	(6)
	TFP	*TFP*	*TFP*	*TFP*	*TFP*	*TFP*
OUC	-0.030 (0.044)	-0.025 (0.044)	0.086* (0.049)	-0.055 (0.048)	-0.031 (0.044)	0.007 (0.051)
Abs_Beta	-0.060 (0.273)	0.204 (0.220)	0.513** (0.217)	0.429** (0.209)	0.423** (0.209)	-0.472 (0.315)
Size	0.038*** (0.004)	0.038*** (0.004)	0.038*** (0.004)	0.038*** (0.004)	0.038*** (0.004)	0.038*** (0.004)
Lev	-0.091*** (0.022)	-0.091*** (0.022)	-0.092*** (0.022)	-0.091*** (0.022)	-0.092*** (0.022)	-0.092*** (0.022)
ROE	2.457*** (0.083)	2.457*** (0.083)	2.459*** (0.083)	2.457*** (0.083)	2.456*** (0.083)	2.460*** (0.083)
RD	0.784*** (0.213)	0.782*** (0.213)	0.777*** (0.213)	0.778*** (0.213)	0.780*** (0.213)	0.778*** (0.213)
CFO	1.060*** (0.048)	1.060*** (0.048)	1.060*** (0.048)	1.060*** (0.048)	1.060*** (0.048)	1.061*** (0.048)
Growth	0.327*** (0.004)	0.327*** (0.004)	0.327*** (0.004)	0.327*** (0.004)	0.327*** (0.004)	0.328*** (0.004)
First	-0.000 (0.000)	-0.000 (0.000)	-0.000 (0.000)	-0.000 (0.000)	-0.000 (0.000)	-0.000 (0.000)
SOE	-0.002 (0.009)	-0.002 (0.009)	-0.002 (0.009)	-0.002 (0.009)	-0.002 (0.009)	-0.002 (0.009)
GDP	-0.033 (0.028)	-0.042 (0.027)	-0.029 (0.026)	-0.053** (0.027)	-0.049* (0.027)	-0.009 (0.027)
M2	0.008 (0.013)	0.008 (0.013)	0.013 (0.013)	0.002 (0.013)	0.002 (0.013)	0.023* (0.012)
Oil_ret	0.234 (0.167)	0.225 (0.164)	0.401** (0.164)	0.273 (0.168)	0.265 (0.168)	0.514*** (0.159)
Cons	-0.887*** (0.082)	-0.886*** (0.082)	-0.887*** (0.082)	-0.886*** (0.082)	-0.887*** (0.082)	-0.887*** (0.082)
Ind	*Yes*	*Yes*	*Yes*	*Yes*	*Yes*	*Yes*
Pro	*Yes*	*Yes*	*Yes*	*Yes*	*Yes*	*Yes*
YQ	*Yes*	*Yes*	*Yes*	*Yes*	*Yes*	*Yes*
Obs	95614	95614	95614	95614	95614	95614

续表

变量	(1)	(2)	(3)	(4)	(5)	(6)
	TFP	*TFP*	*TFP*	*TFP*	*TFP*	*TFP*
Adj. R^2	0. 274	0. 274	0. 274	0. 274	0. 274	0. 275

注：括号内为稳健标准误差，***、**、*分别表示系数估计在 0. 01、0. 05、0. 1 的显著性水平上显著。

6. 5. 2　工具变量 2SLS 分析

在宏观经济研究领域，原油价格波动通常与宏观经济存在较高的同步性，宏观经济周期的繁荣与衰退也伴随着油价的上涨和下跌，寻找合适外生工具变量是推断油价变动对经济活动因果影响的可靠方式。已有研究表明，经济需求因素是导致油价变化的主要原因（Kilian，2009）。此外，中国在过去的多年里经济高速增长，伴随对原油需求量的快速飙升，中国的原油对外依赖度已远超警戒线水平。即便如此，中国只能被动地接受价格的涨跌。因而，研究油价不确定性对中国经济或企业财务活动的影响，从供给方挑选供给变量是有效可靠的。另外，由于石油输出国组织（OPEC）占据世界原油生产的 44%，OPEC 供给信息的变化会对油价产生显著影响（Lin 和 Tamvakis，2010），量化 OPEC 的原油供给信息对中国经济而言具有较强的外生性。与前文一致，本书选用的工具变量有两个。第一个是由 Känzig（2021）度量的原油供给信息变量。第二个是 Plante（2019）提供的 OPEC 信息指数，该指标旨在刻画 OPEC 供给方面不可预期的信息变动。在下文中，*Oilsupply_Surprise* 和 *OPEC_News* 分别表示原油供给信息变量和 OPEC 信息指数①。

油价不确定性对企业全要素生产率影响的工具变量的 2SLS 的回归结果如表 6-6 所示。第（1）列是 2SLS 一阶段回归结果，因变量为油价不确定性 *OUJ*，可以发现工具变量 *Oilsupply_Surprise* 和 *OPEC_News* 的估计系数均在 1%的显著性水平上显著为正，表明 OPEC 供给信息的意外变动会显著导致油价不确定性。相关的工具变量统计检验也显示，第一阶段的 *F* 统计量显著大于 10，工具变量过度识别检验的 *P* 值大于 0. 1，表明工具变量不仅与 *OUJ* 具有较好的相关性，同时也满足排他性要求。表 6-6 第（2）列是 2SLS 的二阶段回归结果，被解释变量为 *TFP*，结果表明 *OUJ* 的估计系数为-5. 867，且在 1%的显著性水平上显著。工具变量 2SLS 的回归结果说明油价不确定性会显著降低企业的全要素生产率，也表

① 工具变量详细的论述和构建方式参见第 4 章。

明本书的因果推断是可信的。

表 6-6　工具变量 2SLS 回归

变量	2SLS 一阶段回归	2SLS 二阶段回归
	(1)	(2)
	OUJ	*TFP*
Oilsupply_Surprise	0.004*** (0.000)	
OPEC_News	0.055*** (0.001)	
OUJ		-5.867*** (1.110)
OUC	-0.021*** (0.001)	-0.073* (0.042)
Abs_Beta	0.072*** (0.001)	0.994*** (0.181)
Size	0.000 (0.000)	0.038*** (0.001)
Lev	0.000 (0.000)	-0.091*** (0.007)
ROE	-0.000 (0.000)	2.456*** (0.036)
RD	-0.002** (0.001)	0.775*** (0.067)
CFO	-0.000* (0.000)	1.059*** (0.019)
Growth	0.000*** (0.000)	0.328*** (0.003)
First	-0.000 (0.000)	-0.000*** (0.000)
SOE	0.000* (0.000)	-0.002 (0.003)
GDP	-0.014*** (0.000)	-0.106*** (0.024)
M2	0.005*** (0.000)	0.013 (0.009)

续表

变量	2SLS 一阶段回归	2SLS 二阶段回归
	(1)	(2)
	OUJ	*TFP*
Oil_ret	-0.275*** (0.002)	-1.051*** (0.331)
Cons	-0.000 (0.000)	-0.700*** (0.026)
Ind	*Yes*	*Yes*
Pro	*Yes*	*Yes*
YQ	*Yes*	*Yes*
First-stage F test statistics	357	
Over-identification test p-value		0.12
Obs	95614	95614
Adj. R^2	0.617	0.272

注：括号内为稳健标准误差，***、**、*分别表示系数估计在 0.01、0.05、0.1 的显著性水平上显著。

6.5.3 其他稳健性检验

本部分从变量度量、模型设定以及实证样本出发，对前文的基准结果做进一步稳健性检验，估计结果如表 6-7 所示。首先，为保证本书的实证结论不受变量测度偏差的影响，本书使用常见的 LP 法、OP 估计法对企业全要素生产率水平进行测量，估计结果分别如第（1）和第（2）列所示，*OUJ* 的估计系数在 1%的显著性水平上显著为负，与本书的基准回归结果一致。其次，第（3）列使用第 3 章中测度的 *OVX* 虚拟变量作为油价不确定性的稳健性指标，以 *OUJ*2 表示，结果表明 *OUJ*2 的系数显著为负，说明本书的结果并不受自变量测度的影响。第（4）列将第 3 章的敏感性测度以 T 值为 1.96 作为门槛值，*Abs_Beta* 的估计的 T 值大于门槛值，认为该行业为油价不确定性暴露行业，小于该值 *Abs_Beta* 则定义为 0，油价不确定性的时间序列与该变量的交互项表示为 *OUJ*3。结果发现 *OUJ*3 的估计系数符号和显著性水平与基准回归一致。

在模型的使用方面，基准模型仅控制了时间、行业和省份固定效应，第（5）列中进一步控制了企业固定效应，可进一步缓解回归模型的遗漏变量干扰。第（5）列的结果显示，*OUJ* 的估计系数绝对值虽然减少，但系数的仍然在 1%

的显著性水平上显著。另外，第（6）列将模型估计标准误聚类到行业层面，结果表明 *OUJ* 的估计系数在 10%的显著性水平上显著为负。本书回归的样本时间段包括了金融危机，该时期宏观经济下行，并伴随着油价的暴跌，由此可能导致本书的结果并不可靠。因而，第（7）列将样本限定为 2009~2019 年，以排除国际金融危机的影响。可以发现，第（7）列中 *OUJ* 的估计系数仍然显著为负，并未受样本选择的干扰。

实际上，原油价格波动与企业的经营活动可能同时受到宏观经济需求的影响（Kilian，2009）。从原油供给出发寻找合适的外生变量能够进一步增强本书的结论。2014 年底，OPEC 决定放弃保价政策，使得油价在短时间内下降了 50%之多。国际原油价格意外、猛烈地大幅度下跌，几乎超出了所有人的预期①，同时使得油价不确定性飙升，由前文油价跳跃波动时序图可知。事后来看，2014~2015 年油价下跌主要原因由于供给因素所导致（Arezki 和 Blanchard，2015；Gelman 等，2016；EIA，2018）。利用原油价格在 2014 年第四季度的意外下跌作为外生事件在其他研究文献中也被应用（Andrén，2016；Gilje 等，2020）。因此，本书以行业上一年度油价变动敏感性系数绝对值作为处理变量，以 2014 年第三季度作为对照年，构建两期双重差分模型（DID）。油价不确定性对企业全要素生产率的 DID 估计如表 6-7 第（8）列所示，交互项 *Abs_Beta×Post* 的估计系数显著为负，表明本次由供给导致的油价不确定性显著降低了中国有企业业的全要素生产率。通过以上稳健性检验，可以发现油价不确定性对企业全要素生产率的负向影响并不受变量度量、模型设定以及样本选择的影响，表明本书的基准结果是稳健的。

6-7　替换变量度量和模型设定

变量	(1)	(2)	(3)	(4)	(5)	(6)	(7)	(8)
	LnLP	*LnOP*	*TFP*	*TFP*	*TFP*	*TFP*	*TFP*	*TFP*
OUJ	-0.172*** (0.043)	-0.142*** (0.041)			-0.741*** (0.246)	-0.866* (0.482)	-1.322*** (0.332)	
OUJ2			-0.248*** (0.091)					
OUJ3				-0.624** (0.246)				

① 分析师在 2014 年 10 月对 2015 年油价的平均预测价格为 103 美元/桶，但实际上 2015 年的实际平均油价在 50 美元/桶的低位变动。

续表

变量	(1)	(2)	(3)	(4)	(5)	(6)	(7)	(8)
	LnLP	*LnOP*	*TFP*	*TFP*	*TFP*	*TFP*	*TFP*	*TFP*
*Abs_Beta*1				0.154*** (0.055)				
Abs_Beta×Post								-0.632*** (0.221)
Abs_Beta	-0.015 (0.042)	0.009 (0.041)	0.348* (0.208)		0.032 (0.185)	-0.031 (0.041)	0.895*** (0.335)	
Size	-0.006 (0.007)	-0.001 (0.007)	0.039 (0.052)	-0.000 (0.041)	0.006 (0.042)	0.423 (0.368)	-0.020 (0.070)	0.043*** (0.007)
Lev	0.053*** (0.001)	0.036*** (0.001)	0.038*** (0.004)	0.038*** (0.004)	0.057*** (0.007)	0.038*** (0.005)	0.040*** (0.004)	-0.062 (0.042)
ROE	0.066*** (0.005)	0.052*** (0.005)	-0.091*** (0.022)	-0.091*** (0.022)	-0.105*** (0.024)	-0.091*** (0.024)	-0.089*** (0.023)	1.951*** (0.221)
RD	0.490*** (0.016)	0.446*** (0.015)	2.458*** (0.083)	2.456*** (0.083)	1.931*** (0.069)	2.457*** (0.134)	2.515*** (0.087)	1.678*** (0.433)
CFO	0.464*** (0.041)	0.229*** (0.040)	0.779*** (0.212)	0.783*** (0.213)	-0.260 (0.222)	0.780*** (0.073)	0.800*** (0.220)	1.044*** (0.122)
Growth	-0.007 (0.009)	-0.029*** (0.009)	1.060*** (0.048)	1.060*** (0.048)	1.081*** (0.040)	1.060*** (0.196)	1.068*** (0.050)	0.414*** (0.016)
First	0.041*** (0.000)	0.039*** (0.000)	0.327*** (0.004)	0.327*** (0.004)	0.336*** (0.004)	0.327*** (0.014)	0.326*** (0.004)	0.000 (0.000)
SOE	0.000*** (0.000)	0.000** (0.000)	-0.000 (0.000)	-0.000 (0.000)	-0.001 (0.000)	-0.000 (0.000)	-0.000 (0.000)	-0.014 (0.016)
GDP	0.005** (0.002)	0.003 (0.002)	-0.002 (0.009)	-0.002 (0.009)	-0.015 (0.021)	-0.002 (0.011)	-0.003 (0.010)	
M2	0.009* (0.005)	0.008 (0.005)	-0.038 (0.027)	-0.015 (0.021)	-0.037 (0.025)	-0.048 (0.043)	-0.120** (0.049)	
Oil_ret	-0.005** (0.002)	-0.006** (0.002)	-0.003 (0.013)	0.000 (0.013)	0.021* (0.012)	0.002 (0.009)	0.010 (0.013)	
Cons	-0.156*** (0.026)	-0.127*** (0.025)	0.345** (0.144)	0.331** (0.156)	0.417*** (0.157)	0.262 (0.304)	0.037 (0.204)	-1.051*** (0.145)
Ind	*Yes*	*Yes*	*Yes*	*Yes*	*Yes*	*Yes*	*Yes*	*Yes*
Pro	*Yes*	*Yes*	*Yes*	*Yes*	*Yes*	*Yes*	*Yes*	*Yes*
YQ	*Yes*	*Yes*	*Yes*	*Yes*	*Yes*	*Yes*	*Yes*	*Yes*
Obs	95614	95614	95614	95614	95576	95614	88300	3888
Adj. R^2	0.668	0.544	0.274	0.274	0.562	0.274	0.274	0.342

注：括号内为稳健标准误差，***、**、*分别表示系数估计在 0.01、0.05、0.1 的显著性水平上显著。

6.6 异质性分析

前文的实证分析结果表明，油价不确定性能够显著降低企业全要素生产率，并在一系列稳健性检验中依然显著。但前述回归模型建立在变量平均影响效应之上，并没有揭示出其他因素对这种关系的异质性影响。本部分将从外部融资依赖度、产品市场竞争程度以及企业风险承担三个方面的影响机制出发，进一步加强油价不确定性对企业全要素生产率负向影响的讨论分析。

6.6.1 外部融资依赖度

金融摩擦机制是不确定性理论的重要机制之一。经济环境不确定性的增加，不仅会提高市场信息不对称程度（Nagar 等，2019），还会对企业资产的抵押品价值产生不利影响。Caldara 等（2016）、Popp 和 Zhang（2016）研究发现，金融摩擦是放大不确定性影响效应的重要机制。然而，不同企业从外部获得融资的依赖程度存在显著不同，使得油价不确定性对企业债务融资的影响关系产生较大差异。有些行业需要持续不断地从外部进行融资以满足自身的生产经营活动（Rajan 和 Zingales，1996），这类行业由于生产经营中需要较大的资本投入，且经营性现金流产出不足，对外部融资的需求更大，可被划分为外部融资依赖行业。刘莉亚等（2015）、谭小芬和邵涵（2021）发现，受经济不确定性的影响，外部融资依赖度较高的企业融资不能有效得到满足，从而进一步导致企业投资下降。

就融资依赖与企业生产率的关系而言，现有理论认为，前者是后者的重要决定性因素。Duval 等（2020）发现，受到信贷约束的企业，其生产率在金融摩擦的影响中下降更多。而 Aghion 等（2010）研究表明，企业因信贷约束会降低有助于生产率提高的长期投资，而长期资本性投资往往能帮助企业提高市场竞争力，实现生产率的提高。Choi 等（2018）发现，不确定性高时，融资依赖度较高的行业企业全要素生产率下降更多，验证了不确定性影响的金融摩擦机制。油价不确定性作为经济不确定性的特定类别之一，现有研究表明，油价不确定性会负向作用于企业财务融资活动（Doshi 等，2018；Fan 等，2021）。因而，可以预期油价不确定性对企业全要素生产率的负向影响在融资依赖度较高的行业中更加明显。

为衡量行业外部融资依赖性指标，参照 Rajan 和 Zingales（1998）的做法，本书可定义三种不同的变量度量方式，数据可使用 CSMAR 所汇编的资产负债表和损益表。第一种度量方式是使用样本区间内各行业的加总的资本支出减去总经营性现金流，再除以总资本性支出标准化。第二种度量方式是为规避使用实证样

本进行度量带来的同期相关性问题，本书进而使用实证样本之前 5 年的数据，即 2003~2006 年各行业的加总的资本支出减去总经营性现金流，再除以总资本性支出标准化。第三种度量方式是先求出各个企业的比值［（资本性支出-经营性现金流）/资本性支出］，再以该指标的行业、时期的中位数值作为行业融资依赖度的测量，这种做法与 Choi 等（2018）的研究一致。

在分组回归中，由于样本区间行业融资依赖度、样本前行业融资依赖度的方差变动只体现在行业层面，因而本书对两个变量以其中位数分为高、低两组；而对于第三种度量方式以其每期的中位数将实证样本分为高、低两组。分组检验回归结果如表 6-8 所示。第（1）和第（2）列是以样本区间行业融资依赖度的回归结果，*OUJ* 的估计系数仅在融资依赖度高的行业样本中显著为负，而在融资依赖度较低的样本中并不显著。第（3）和第（4）列是以样本区间之前的行业融资依赖度为分组变量的分组回归结果，可以发现 *OUJ* 的估计系数仍然只在行业融资依赖度较高的样本中显著为负，而在融资依赖度较低的样本中系数为正，但在统计上并不显著。第（5）和第（6）列是以企业所在行业中位数融资依赖度作为分组变量的回归结果，与前两种方式的结果相同，*OUJ* 系数仍然只在融资依赖度较高的样本中显著为负。表 6-8 还对各对分组回归进行了组间系数差异检验，结果表明三对分组回归的 *OUJ* 系数都在 1%的显著性水平上拒绝了系数相等的原假设。综上，可以认为行业外部融资依赖度越高，就越会增强油价不确定性对企业全要素生产率的负向作用。

表 6-8　外部融资依赖度分组检验

变量	样本行业融资依赖度		样本前行业融资依赖度		行业中位数融资依赖度	
	高	低	高	低	高	低
	(1)	(2)	(3)	(4)	(5)	(6)
	TFP	*TFP*	*TFP*	*TFP*	*TFP*	*TFP*
OUJ	-1.358***	0.062	-0.939***	-0.379	-1.201***	-0.104
	(0.352)	(0.440)	(0.345)	(0.450)	(0.420)	(0.348)
OUC	0.074	-0.078	0.048	-0.061	0.228***	-0.131**
	(0.093)	(0.050)	(0.077)	(0.054)	(0.074)	(0.053)
Abs_Beta	0.316	0.435	0.355	0.354	0.950***	0.191
	(0.316)	(0.281)	(0.305)	(0.296)	(0.293)	(0.268)
Size	0.037***	0.037***	0.035***	0.042***	0.033***	0.042***
	(0.005)	(0.006)	(0.005)	(0.006)	(0.004)	(0.005)

续表

变量	样本行业融资依赖度		样本前行业融资依赖度		行业中位数融资依赖度	
	高	低	高	低	高	低
	(1)	(2)	(3)	(4)	(5)	(6)
	TFP	*TFP*	*TFP*	*TFP*	*TFP*	*TFP*
Lev	-0.054*	-0.109***	-0.058*	-0.131***	-0.054**	-0.116***
	(0.029)	(0.032)	(0.030)	(0.032)	(0.027)	(0.028)
ROE	2.686***	2.318***	2.748***	2.155***	2.615***	2.391***
	(0.116)	(0.116)	(0.116)	(0.112)	(0.105)	(0.108)
RD	0.777***	1.177***	0.486*	1.149***	0.596**	1.022***
	(0.256)	(0.333)	(0.268)	(0.335)	(0.252)	(0.269)
CFO	1.137***	0.923***	1.280***	0.831***	1.194***	0.973***
	(0.064)	(0.071)	(0.067)	(0.065)	(0.060)	(0.063)
Growth	0.335***	0.332***	0.332***	0.337***	0.356***	0.327***
	(0.005)	(0.006)	(0.006)	(0.005)	(0.005)	(0.006)
First	-0.001**	0.000	-0.000	-0.000	-0.001**	0.000
	(0.000)	(0.000)	(0.000)	(0.000)	(0.000)	(0.000)
SOE	0.012	-0.018	0.006	-0.003	0.011	-0.012
	(0.012)	(0.014)	(0.013)	(0.013)	(0.011)	(0.012)
GDP	-0.026	-0.043	-0.044	-0.032	-0.060	0.007
	(0.043)	(0.035)	(0.041)	(0.039)	(0.040)	(0.034)
M2	-0.011	0.001	-0.001	0.002	-0.037*	-0.004
	(0.020)	(0.017)	(0.019)	(0.017)	(0.019)	(0.015)
Oil_ret	0.576**	-0.137	0.151	0.177	0.345	0.126
	(0.246)	(0.218)	(0.230)	(0.241)	(0.259)	(0.206)
Cons	-0.846***	-0.872***	-0.808***	-0.970***	-0.749***	-0.990***
	(0.106)	(0.121)	(0.110)	(0.117)	(0.091)	(0.110)
OUJ 组间系数差异检验	1.42***		0.56***		1.097***	
Ind	*Yes*	*Yes*	*Yes*	*Yes*	*Yes*	*Yes*
Pro	*Yes*	*Yes*	*Yes*	*Yes*	*Yes*	*Yes*
YQ	*Yes*	*Yes*	*Yes*	*Yes*	*Yes*	*Yes*
Obs	46896	48718	49627	45987	45482	50132
Adj. R^2	0.305	0.262	0.306	0.262	0.308	0.264

注：括号内为稳健标准误差，***、**、*分别表示系数估计在0.01、0.05、0.1的显著性水平上显著。分组系数差异性检验时，使用Bootstrap抽样500次。

6.6.2　产品市场竞争程度

产品市场竞争与企业生产率的影响关系长久以来被广泛讨论。产品市场竞争是企业经营环境中重要的外部影响因素，良好的市场竞争环境能够加速市场出清，促进企业合理配置资源，从而提高企业综合生产率。另外，企业外部市场竞争还具有公司治理效应，使得管理者妥善经营企业，从而减少公司代理成本。市场竞争在诸多研究领域被认为能够显著促进企业全要素生产率的提高。例如，在国际贸易的研究方面，Melitz（2003）研究表明，由贸易自由化带来的市场竞争加剧能够提高出口企业的生产率。在组织管理领域，Van Reenen（2011）研究认为，企业所处的市场竞争环境越激烈，越会对企业管理者质量有正向的促进作用。在公司治理领域，Nickell（1996）认为，市场竞争是降低企业管理者工作懈怠和无效率的有效外部机制。Tian 和 Twite（2011）研究发现，企业内部治理与企业产品市场竞争存在显著的替代作用，且能够显著促进企业生产率。

油价不确定性对企业全要素生产率的影响受竞争调节的方向并不明确。一方面，外部不确定性因素对市场地位较高企业全要素生产率的影响相对较小。其潜在作用机制在于，产品市场定价能力较高的公司允许公司损失部分利润率以部分吸收不确定性对企业投资的负面影响（Campa 和 Goldberg，1995；Kandilov 和 Leblebicioğlu，2011），从而高市场地位的公司不会减少人力资本等有助于提高企业生产率的长期投资。Mun 等（2021）发现，恐怖袭击导致企业生产率在竞争程度更高的行业下降更多。另一方面，竞争压力的存在可能会减少企业在不确定性时期的等待期权价值（Grenadier，2002；Aguerrevere，2003）。当企业面临较高的竞争环境时，在高不确定性时期为了提高市场份额，加强企业研发、增加长期投资，从而提高自身的经营效率。基于上述讨论，竞争环境如何作用油价不确定性对企业全要素生产率的影响关系，需要进一步实证检验。

本章采用三种方式对企业的竞争环境进行衡量。第一种参照 Li 等（2019）的做法度量了企业成本加成率（Markup），即企业销售收入与库存变动之和除以总工资支出与中间投入成本之和，该指标越大，市场势力越高，市场竞争程度越低。第二种采用行业的销售毛利率来衡量。Edmans 等（2017）认为，由于数据限制，计算 *HHI* 时只用到了上市公司销售额的数据，使得度量精度存在偏差。相比之下，企业的价格成本比率（Price-cost Margin）同时受到公共和私营企业的影响。参照其做法，本书使用每一时期的行业内价格成本比率的中位数作为行业价格成本比率的衡量指标，指标值越高，市场竞争程度越低。第三种参照 Margaritis 和 Psillaki（2007）的做法，使用以行业内前四名的销售额之和与行业销售总额的比重作为市场集中度的衡量指标，指标值越高，行业竞争程度越低。

企业成本加成率按行业、时期的中位数将样本分为高、低两组，而由于行业价格成本比率以及行业前四名销售占比都为行业指标，本书分别以其每一期的中位数将实证样本分为高、低两组。分组检验回归结果分别如表 6-9 所示。第（1）和第（2）列是以企业成本加成率为分组变量的回归结果，*OUJ* 的估计系数在企业成本加成率高、低两组中分别为-0.462 和-1.215，仅在企业成本加成率较低样本中统计显著，而且组间系数差异检验表明企业成本加成率较低的组别 *OUJ* 的系数绝对值显著更大。第（3）和第（4）列是以行业价格成本比率为分组变量的回归结果，结果发现 *OUJ* 的估计系数仅在行业价格成本比率较低的分组回归中显著，且组间系数差异检验在 1%的显著性水平上拒绝了两者相等的原假设。第（5）和第（6）列是以行业前四大销售额占比为分组变量的回归结果，结果表明在集中度较低的样本中 *OUJ* 的估计系数为-1.148 且显著，组间系数差异检验结果表明后者系数绝对值在统计意义上显著大于前者。通过这些检验可以得出结论，市场竞争程度较高时油价不确定性对企业全要素生产率的负面影响更大。

表 6-9　产品市场竞争分组检验

变量	企业成本加成率		行业价格成本比率		Top4 集中度	
	高	低	高	低	高	低
	(1)	(2)	(3)	(4)	(5)	(6)
	TFP	*TFP*	*TFP*	*TFP*	*TFP*	*TFP*
OUJ	-0.462 (0.432)	-1.215*** (0.372)	-0.320 (0.396)	-1.315*** (0.376)	-0.725** (0.316)	-1.148** (0.474)
OUC	-0.026 (0.064)	0.005 (0.062)	-0.192*** (0.062)	0.133** (0.058)	-0.072 (0.054)	0.108 (0.076)
Abs_Beta	0.544* (0.292)	-0.023 (0.256)	0.587* (0.308)	-0.059 (0.271)	0.527** (0.265)	0.108 (0.324)
Size	0.043*** (0.005)	0.031*** (0.004)	0.054*** (0.006)	0.026*** (0.004)	0.034*** (0.005)	0.043*** (0.005)
Lev	-0.159*** (0.027)	-0.005 (0.025)	-0.239*** (0.029)	0.062** (0.027)	-0.022 (0.030)	-0.155*** (0.027)
ROE	2.897*** (0.122)	1.823*** (0.090)	3.419*** (0.144)	1.768*** (0.088)	2.345*** (0.115)	2.590*** (0.106)
RD	0.670*** (0.231)	0.964*** (0.280)	1.086*** (0.258)	0.308 (0.270)	0.607* (0.312)	0.918*** (0.233)

续表

变量	企业成本加成率		行业价格成本比率		Top4 集中度	
	高	低	高	低	高	低
	(1)	(2)	(3)	(4)	(5)	(6)
	TFP	*TFP*	*TFP*	*TFP*	*TFP*	*TFP*
CFO	1.019*** (0.055)	0.888*** (0.061)	1.397*** (0.066)	0.572*** (0.053)	1.038*** (0.065)	1.076*** (0.061)
Growth	0.314*** (0.005)	0.319*** (0.006)	0.302*** (0.006)	0.348*** (0.005)	0.317*** (0.006)	0.339*** (0.005)
First	-0.000 (0.000)	0.000 (0.000)	-0.001* (0.000)	0.000 (0.000)	-0.000 (0.000)	-0.000 (0.000)
SOE	0.011 (0.011)	0.006 (0.010)	-0.006 (0.013)	0.007 (0.010)	-0.010 (0.013)	0.006 (0.011)
GDP	-0.065* (0.038)	-0.012 (0.034)	-0.072* (0.039)	0.003 (0.035)	-0.069** (0.034)	-0.009 (0.040)
M2	-0.002 (0.018)	0.014 (0.016)	0.007 (0.019)	0.003 (0.016)	0.006 (0.017)	-0.003 (0.018)
Oil_ret	0.280 (0.248)	0.046 (0.238)	0.327 (0.251)	0.249 (0.227)	-0.691*** (0.226)	1.398*** (0.259)
Cons	-0.945*** (0.102)	-0.795*** (0.092)	-1.188*** (0.124)	-0.682*** (0.087)	-0.817*** (0.110)	-0.969*** (0.099)
OUJ 组间系数差异检验	-0.753***		-0.995***		-0.423**	
Ind	*Yes*	*Yes*	*Yes*	*Yes*	*Yes*	*Yes*
Pro	*Yes*	*Yes*	*Yes*	*Yes*	*Yes*	*Yes*
YQ	*Yes*	*Yes*	*Yes*	*Yes*	*Yes*	*Yes*
Obs	45019	46813	47807	47807	45804	49810
Adj. R^2	0.316	0.280	0.319	0.251	0.264	0.294

注：括号内为稳健标准误差，***、**、*分别表示系数估计在 0.01、0.05、0.1 的显著性水平上显著。分组系数差异性检验时，使用 Bootstrap 抽样 500 次。

6.6.3　企业风险承担

油价不确定性对企业生产经营效率的影响，还可能与管理层、企业特征密切相关。高阶梯队理论认为，高管在面对复杂的外部环境时做出的决策显著与他们自身的特征相关。作为一种重要的心理特征，风险偏好的差异可能会使得不同企业在不确定时期做出完全不同的决策。风险偏好型的高管会对企业所处环境的评价更加乐观。就企业风险承担与公司财务政策而言，较高的风险承担往往能够容忍更高的失败率，从而展开更多的风险投资。由于担心会为未来的决策承担经济后果，管理层一般都表现出风险规避的行为（Hirshleifer 和 Thakor，1992）。Coles 等（2006）研究表明，企业管理者的风险容忍度越高，越会采取更多的研发投资。相应地，Ferris 等（2017）发现，随着企业 CEO 风险承担的提高，企业价值会显著提高。

在不确定性环境的影响下，Tran（2019）、Mirza 和 Ahsan（2020）认为，公司的战略选择可能取决于高管的个性特征和风险规避程度。同样，对于企业整体而言也会表现出相似的特征。Lou 等（2022）研究发现，经济政策不确定性对企业研发创新有负面影响，在企业风险承担较低的企业中更加明显。因而，虽然整体上经济环境的不确定性会导致企业暂停或延迟各类有助于提高企业生产率的投资项目，但当企业具有较高的风险承担能力时，能够更大限度地容忍不确定性所产生的风险效应，从而对油价不确定性与企业生产率之间的负向关系产生异质性调节作用。可以预期，当企业风险承担能力较强时，油价不确定性对企业全要素生产率的负向影响将被削弱。

参照以往的研究，本书度量了两个能够衡量企业风险承担能力的指标。第一个指标是 CEO 过度自信，该指标与企业风险承担能力正相关。该指标的衡量依据是：首席执行官是男性，或者至少有学士学位教育背景，或者同时担任董事会主席，则分别可以加 1 分。CEO 年龄的评分采用最小—最大法进行标准化。将四个指标加总即得到 CEO 的过度自信的评分。第二个指标参照 Faccio 等（2011）的做法，使用企业盈利能力的标准差进行衡量，即企业五年滚动的 ROA 标准差（前两年、后两年及当年）。

在分组回归中，本书将 CEO 过度自信、ROA 标准差和研发强度按行业、时期的中位数分别进行分组。分组检验回归结果如表 6-10 所示。第（1）和第（2）列是以 CEO 过度自信分组回归得到的结果，可以发现 *OUJ* 的估计系数在分组样本中都显著为负，但在 CEO 过度自信较低的样本中，*OUJ* 的系数绝对值更大，组间系数差异检验拒绝了 *OUJ* 分组系数相等的原假设。第（3）和第（4）列是以 ROA 标准差分组回归得到的结果，结果表明 *OUJ* 的估计系数只在标准差较低的组显著为负，而在较高的样本分组回归中系数并不显著。同样，分组回归的 *OUJ* 系数在 1%的显著性水平上拒绝了系数相等的原假设。从而，可以认为油价不确定性对企业全要素生产率的负向影响受到企业风险承担的调节作用。

表 6-10　企业风险承担分组检验

变量	CEO 过度自信		ROA 标准差	
	高	低	高	低
	(1)	(2)	(3)	(4)
	TFP	*TFP*	*TFP*	*TFP*
OUJ	−0.821 (0.504)	−2.071*** (0.510)	−0.872 (0.668)	−1.631*** (0.598)
OUC	−0.028 (0.071)	−0.101 (0.074)	0.018 (0.072)	−0.089 (0.078)
Abs_Beta	0.666** (0.334)	0.219 (0.337)	0.305 (0.341)	−0.083 (0.347)
Size	0.039*** (0.006)	0.039*** (0.006)	0.040*** (0.005)	0.033*** (0.006)
Lev	−0.104*** (0.033)	−0.102*** (0.032)	−0.110*** (0.031)	−0.077** (0.035)
ROE	2.402*** (0.136)	2.584*** (0.122)	2.403*** (0.114)	3.124*** (0.192)
RD	1.087*** (0.307)	0.491* (0.291)	0.799** (0.327)	0.326 (0.286)
CFO	1.102*** (0.071)	1.005*** (0.070)	1.137*** (0.069)	0.969*** (0.081)
Growth	0.339*** (0.006)	0.324*** (0.006)	0.331*** (0.006)	0.302*** (0.007)
First	−0.000 (0.000)	−0.000 (0.000)	0.000 (0.000)	−0.000 (0.000)
SOE	0.001 (0.014)	−0.003 (0.012)	−0.001 (0.013)	0.020 (0.013)
GDP	−0.052 (0.041)	−0.067 (0.044)	−0.047 (0.041)	−0.053 (0.042)
M2	−0.008 (0.022)	0.033 (0.020)	0.004 (0.022)	0.042** (0.020)
Oil_ret	0.153 (0.284)	−0.207 (0.276)	0.350 (0.284)	−0.962*** (0.266)
Cons	−0.917*** (0.126)	−0.885*** (0.118)	−0.912*** (0.114)	−0.790*** (0.121)
OUJ 组间系数差异检验	−1.25***		−0.759**	

续表

变量	CEO 过度自信		ROA 标准差	
	高	低	高	低
	(1)	(2)	(3)	(4)
	TFP	*TFP*	*TFP*	*TFP*
Ind	*Yes*	*Yes*	*Yes*	*Yes*
Pro	*Yes*	*Yes*	*Yes*	*Yes*
YQ	*Yes*	*Yes*	*Yes*	*Yes*
Obs	32671	36921	30917	31548
Adj. R^2	0.285	0.289	0.298	0.263

注：括号内为稳健标准误差，***、**、*分别表示系数估计在 0.01、0.05、0.1 的显著性水平上显著。分组系数差异性检验时，使用 Bootstrap 抽样 500 次。

6.6.4 企业股权性质

已有观点认为，国有企业全要素生产率整体上低于民营企业，总结来看存在两个方面原因。一是经理人委托代理问题。国有企业的大部分股权为人民所有，并没有明确的主体对企业进行监督，缺乏完善的内部治理机制，经理人往往对公司的信息了解更加及时、充分，时常会出于利己的目的懈怠企业的经营管理工作，甚至会直接侵蚀公司财产，从而导致企业的经营效率低下。二是由于历史原因，国有企业的存在是为了达成政府目标而存续经营，其经营目的并不是以利润最大化为目标，更多的是承担社会目标。例如，解决社会就业、稳定地方经济等。此外，国有企业所处的行业一般具有垄断性质，外部市场竞争并不充分，对企业管理者的监督也缺少外部因素。然而，从外部融资视角看，由于国有企业与主要商业银行之间都具有国有资产的背景，并因为政府隐性担保的缘故，国有企业的银行贷款具有较显著的预算软约束（田利辉，2005）。

不确定性作为影响企业生产经营活动的重要外部因素，部分文献发现其对企业全要素生产率的影响在不同股权性质上存在明显差异。政策不确定性会造成金融市场摩擦，从而整体上导致微观企业的融资水平降低，但由于企业股权性质的差异，非国有企业的融资水平下降得更多（Liu 和 Zhang，2020）。段梅和李志强（2019）研究了经济政策不确定性对企业全要素生产率的影响，结果表明，国有企业由于具有政策和信息优势，且有政府潜在的信用背书，融资约束程度较低，导致政策不确定性对企业全要素生产率的负向影响仅局限于非国有企业。油价不确定性作为经济不确定性中的特定类别，在其影响企业全要素生产率中企业股权

性质扮演何种角色需要进一步检验。本书以企业性质是否为国有企业作为指标进行异质性分组回归。

分组检验回归结果如表 6-11 所示。第（1）和第（2）列是以油价不确定性对企业全要素生产率的分样本回归估计结果，结果表明 *OUJ* 的估计系数在国有企业和非国有企业的样本中分别为-0.645 和-0.805，统计意义上显著，说明油价不确定性会同时导致国有企业和非国有企业的全要素生产率显著降低。另外，分组回归的系数的差异性检验表明，两组回归的 *OUJ* 系数的差异为-0.184，且在 10%的显著性水平上拒绝了系数相等的原假设。研究结果表明，油价不确定性对企业全要素生产率的负向影响在非国有企业的样本中更加明显。综合而言，表 6-11 的结果是对第 4 章结果的进一步延伸，由于国有企业从银行贷款受到的预算软约束相对较小，其受到市场金融摩擦所带来的融资约束相对较低，从而在受到油价不确定时有助于企业全要素生产率的投资降低的相对较少，最终使得企业全要素生产率受到的负向影响相较于非国有企业较小。

表 6-11　企业性质分组检验

变量	是否为国有企业	
	是	否
	（1）	（2）
	TFP	*TFP*
OUJ	-0.645* （0.374）	-0.805** （0.339）
OUC	-0.030 （0.052）	0.055 （0.075）
Abs_Beta	0.007 （0.239）	0.147 （0.295）
Size	0.035*** （0.011）	0.068*** （0.009）
Lev	-0.071* （0.042）	-0.146*** （0.029）
ROE	1.666*** （0.101）	2.147*** （0.095）
RD	-0.502 （0.328）	-0.067 （0.320）
CFO	1.058*** （0.066）	1.073*** （0.048）

续表

变量	是否为国有企业	
	是	否
	(1)	(2)
	TFP	*TFP*
Growth	0.327*** (0.006)	0.345*** (0.005)
First	0.000 (0.001)	-0.001* (0.001)
GDP	0.005 (0.033)	-0.083* (0.043)
M2	0.006 (0.015)	0.029 (0.018)
Oil_ret	0.118 (0.225)	0.583*** (0.224)
Cons	-0.820*** (0.254)	-1.466*** (0.198)
OUJ 组间系数差异检验	-0.184*	
Ind	*Yes*	*Yes*
Pro	*Yes*	*Yes*
YQ	*Yes*	*Yes*
Obs	40541	55033
Adj. R^2	0.544	0.585

注：括号内为稳健标准误差，***、**、*分别表示系数估计在0.01、0.05、0.1的显著性水平上显著。分组系数差异性检验时，使用Bootstrap抽样500次。

6.7 拓展性分析

6.7.1 产业链视角下油价不确定性与企业全要素生产率

通过前文的分析，油价不确定性会对企业生产经营产生重要影响。但原油作为工业生产过程中特定的投入要素，每个行业由于生产产品的不同，其使用原油为要素投入的占比也存在较大差异。那么，因各行业要素成本构成不同，则会使得油价不确定性对不同行业企业的影响存在显著差异。已有文献从油价变化的水平影响进行过探讨。Loungani（1986）研究发现，油价在1950~1970年的上涨显著导致了劳动力在行业之间的流动，但总的来说提高了失业率。以中国为分析对象，钱浩祺等（2014）研究发现，油价正向变化将导致我国石油产业链上的企业产出同时受到负向供需因素的影响，只是强度各有差异。谭小芬等（2015）使用SVAR模型发现，原油市场价格变化会对中国经济产出产生显著的负向影响，且对于能源密集型行业的影响更大。导致在经济直觉上，油价不确定性作为经济不确定性中的特定类别，其对企业全要素生产率的影响会因行业各异。

本书从两个方面的产业链特征考察油价不确定性对企业全要素生产率的影响情况。其一，主要依据钱浩祺等（2014）的定义将实证样本划分为是否为原油产业链行业，上游的工业基础原料业，主要包括采掘业、化工业、金属冶炼加工业等；中游的制造工业中间品业，主要包括农业、纺织业、机械设备业、建筑业等；下游的终端消费品业，主要包括交通运输业、电力燃气供应业、房地产业等。一共涉及23个行业（除制造业为二级行业外，其他为一级行业），如果企业位于这些行业则定义为1，否则为0。其二，是以国家统计局公布的行业投入产出表度量不同行业对油气行业的完全消耗系数①，该指标能够度量全部行业对油气行业的资源的消耗量联系，以此衡量不同行业对原油的依赖程度。本书分别以两个指标进行分组。

在分组回归中，企业是否为原油产业链企业，按其哑变量分组回归；各行业对油气行业的完全消耗系数按其三分位，分为高、中、低三组。分组检验回归结果如表6-12所示。第（1）和第（2）列是以企业是否为原油产业链企业的分组回归结果，可以发现 OUJ 的估计系数在非原油产业链样本中为-0.897，且在5%的显著性水平上显著，但在原油产业链样本中 OUJ 的系数并不显著。第（3）~第（5）列是以各行业对油气行业的完全消耗系数的三分位分组回归结果，结果表明 OUJ 的估计系数在油气完全消耗系数较高组别中显著为负，系数为-1.098，但在较低组的样本回归中 OUJ 的估计系数在统计上并不显著。表6-12的回归结果表明，油价不确定性对企业全要素生产率显著的负向影响取决于企业对原油的消耗的依赖程度。

---

① 本书的实证数据区间为2007~2019年，由于投入产出表五年公布一次，本书以2012年、2017年的投入产出表度量的完全消耗系数的平均值代表本书的衡量指标。完全消耗系数矩阵计算公式为B=（I-A）-1，其中，I和A分别为单位矩阵和直接消耗系数矩阵。投入产出表来源于国家统计局网站：https：//data.stats.gov.cn/。

表 6-12 产业链视角下油价不确定性对企业全要素生产率的影响

变量	是否为原油产业链		油气行业的完全消耗系数		
	否	是	低	中	高
	(1)	(2)	(3)	(4)	(5)
	TFP	TFP	TFP	TFP	TFP
OUJ	-0.897** (0.409)	-0.493 (0.408)	-0.604 (0.515)	-0.613 (0.647)	-1.098*** (0.348)
OUC	0.045 (0.052)	-0.285*** (0.102)	-0.200** (0.078)	0.156* (0.093)	0.038 (0.060)
Abs_Beta	0.267 (0.236)	0.823* (0.472)	0.167 (0.392)	0.354 (0.357)	0.381 (0.303)
Size	0.031*** (0.004)	0.058*** (0.007)	0.056*** (0.007)	0.021*** (0.006)	0.038*** (0.007)
Lev	-0.097*** (0.025)	-0.065 (0.042)	-0.134*** (0.039)	-0.050 (0.033)	-0.064* (0.036)
ROE	2.426*** (0.097)	2.560*** (0.155)	2.671*** (0.158)	2.274*** (0.125)	2.447*** (0.132)
RD	1.018*** (0.266)	0.583* (0.333)	1.156*** (0.417)	0.330 (0.255)	1.010** (0.414)
CFO	1.025*** (0.056)	1.129*** (0.087)	1.464*** (0.080)	0.805*** (0.070)	0.753*** (0.079)
Growth	0.335*** (0.004)	0.311*** (0.008)	0.300*** (0.007)	0.374*** (0.006)	0.345*** (0.006)
First	-0.000 (0.000)	-0.000 (0.000)	-0.001 (0.000)	-0.001*** (0.000)	0.001 (0.000)
SOE	0.008 (0.011)	-0.026 (0.018)	-0.003 (0.016)	0.036** (0.014)	-0.038** (0.016)
GDP	-0.044 (0.032)	-0.128** (0.060)	-0.057 (0.049)	-0.008 (0.050)	-0.038 (0.043)
M2	0.010 (0.015)	0.028 (0.025)	0.028 (0.021)	-0.031 (0.025)	0.003 (0.022)
Oil_ret	0.425** (0.210)	0.047 (0.298)	0.097 (0.300)	0.253 (0.358)	0.000 (0.264)
Cons	-0.723*** (0.092)	-1.308*** (0.156)	-1.272*** (0.152)	-0.488*** (0.114)	-0.914*** (0.139)

续表

变量	是否为原油产业链		油气行业的完全消耗系数		
	否	是	低	中	高
	(1)	(2)	(3)	(4)	(5)
	TFP	*TFP*	*TFP*	*TFP*	*TFP*
Ind	*Yes*	*Yes*	*Yes*	*Yes*	*Yes*
Pro	*Yes*	*Yes*	*Yes*	*Yes*	*Yes*
YQ	*Yes*	*Yes*	*Yes*	*Yes*	*Yes*
Obs	67027	28587	32971	31695	30948
Adj. R^2	0. 279	0. 288	0. 306	0. 292	0. 280

注：括号内为稳健标准误差，***、**、*分别表示系数估计在0. 01、0. 05、0. 1的显著性水平上显著。

6. 7. 2 油价不确定性的非对称影响效应

前文研究较充分地提供了油价不确定性如何负面作用于企业生产率的证据。值得进一步检验的问题是，油价不确定性对企业生产率的影响是否存在非线性效应，是否存在一个门槛值才能使得本书的基准结果显著。Bloom（2007）的理论研究认为，只有当不确定性程度超过一定门槛时，经济主体的投资、雇佣等经济活动才会受到负面影响。但已有的实证研究对此并未给出一致的结论。Jones和Enders（2016）利用宏观数据发现，不确定性对宏观经济活动的影响存在非线性效应。Choi等（2018）利用行业数据进行实证，并未发现宏观经济不确定性会对行业生产率产生负面影响。存在这种差异的原因可能是多方面的，不确定性的度量、数据频率等不同都可能使得结论不同。油价不确定性对企业生产率的非线性影响如何，需要进一步的实证检验。

关于油价不确定性对企业生产率的非线性影响从三个方面进行检验。首先，参照Choi等（2018）的做法，本书在基准回归中加入油价不确定性的二次项，若二次项显著，说明油价不确定性对企业生产率存在非线性影响。其次，本书进一步检验了油价不确定性的非对称效应，即根据油价在当期的变动方向，对应的将油价不确定性区分为正、负两项。最后，本书运用面板分位数回归的方法检验在不同分位状态下油价不确定性对企业生产率的影响。

油价不确定性对企业生产率的非线性影响结果如表6-13所示。Panel A第（1）列为考虑油价不确定性二次项的影响结果，结果表明二次项OUJ^2的估计系数在5%的显著性水平上显著为负，但一次项变得不显著，表明油价不确定性与企业生产率之间会产生倒 U 形的影响关系。Panel A 第（2）列为考虑油价不确定性对企业生产率的非对称性，可以发现 OUJ^{+}的估计系数显著为负，但 OUJ^{-}的系数为正但不显著，说明油价不确定性对中国企业生产率的负向影响，主要源自于油价突发性的正向变动，这也和中国主要为原油消费进口大国的事实相符。Panel B 为油价不确定性对企业生产率的分位数影响结果，可以发现在低分位时，*OUJ* 的系数并不显著，而随着分位点的提高，*OUJ* 的系数绝对值不断变大且显著为负。这表明，油价不确定性越高对企业生产率的影响越大。综上，表 6-13 的非线性回归结果验证了油价不确定对企业生产率影响的非线性效应。

表 6-13 非线性回归结果

Panel A 二次项及非对称回归					
变量	(1)	(2)			
	TFP	*TFP*			
OUJ	0.490 (0.692)				
OUJ^2	-0.037** (0.018)				
OUJ^{+}		-2.101*** (0.566)			
OUJ^{-}		0.035 (0.031)			
Control	*Yes*	*Yes*			
Ind	*Yes*	*Yes*			
Pro	*Yes*	*Yes*			
YQ	*Yes*	*Yes*			
Obs	95614	95614			
Adj. R^2	0.274	0.274			
Panel B 面板分位数回归					
分位点 变量	(1)	(3)	(5)	(7)	(9)
	0.1	0.3	0.5	0.7	0.9
	TFP	*TFP*	*TFP*	*TFP*	*TFP*
OUJ	0.430 (0.648)	-0.524 (0.480)	-0.866* (0.463)	-1.823*** (0.472)	-2.725*** (0.880)
Control	Yes	*Yes*	*Yes*	*Yes*	*Yes*

续表

Panel B 面板分位数回归					
分位点 变量	(1)	(3)	(5)	(7)	(9)
	0.1	0.3	0.5	0.7	0.9
	TFP	*TFP*	*TFP*	*TFP*	*TFP*
Ind	*Yes*	*Yes*	*Yes*	*Yes*	*Yes*
Pro	*Yes*	*Yes*	*Yes*	*Yes*	*Yes*
YQ	*Yes*	*Yes*	*Yes*	*Yes*	*Yes*
Obs	95614	95614	95614	95614	95614

注：括号内为系数估计稳健标准误差，***、**、*分别表示在0.01、0.05、0.1的显著性水平上显著。

6.8　本章小结

企业全要素生产率的提高是实现我国经济高质量发展的关键渠道，然而经济中的不确定性是影响企业生产率的重要外部因素之一。本章以2007~2019年中国A股上市公司季度财务数据为研究样本，实证分析油价不确定性对企业全要素生产率的影响，并探究企业人力资本投资、研发创新投入以及信息技术投资在其中的渠道作用。在进一步的异质性分析中，本书研究了外部融资依赖度、产品市场竞争程度以及企业风险承担等因素，对油价不确定性与企业投资负向影响关系的异质性影响效应。本章是对油价不确定性的微观经济后果研究领域的延伸。

研究结果表明，油价不确定性会对企业全要素生产率产生显著的负向影响，该发现在控制一系列其他经济不确定性指标、更换变量度量以及模型设定后都存在，表现出较好的稳健性。基于影响渠道的分析结果表明，油价不确定性会显著降低有助于企业生产率提高的各项投资，包括降低企业人力资本投资、研发投入以及信息技术投资等，进而对企业全要素生产率产生负面影响。进一步的异质性效应分析结果表明，企业外部融资依赖度大、产品市场竞争程度高和风险承担能力低以及在非国有企业样本中，油价不确定性对企业全要素生产率的负向影响将进一步得到加强。在拓展性分析中还发现，油价不确定性对企业全要素生产率显著的负向影响还取决于企业在生产经营过程中对原油的依赖程度。

基于本书的实证结果给出三点相应的政策建议。第一，在防范油价波动风险时，重点对突发重大事件引起的油价跳跃波动予以应对。频繁的油价不确定性不能忽视，尤其对于高油价不确定性暴露的企业，应在减税、降费等政策性帮扶措施上给予重点关注。第二，油价不确定性会增加企业的等待期权价值，从而降低有助于企业生产率的各项投资活动。针对这一点，政府应该加强宏观研究，提高对未来油价的走势判断，合理引导企业的预期，增强企业的投资信心。第三，油价不确定性还会导致金融市场摩擦从而减缓企业各类投资活动，政府及有关部门可以组合使用货币政策和财政政策，同时优化企业的外部融资环境和产品需求，提高企业的自由现金流，以此缓解油价不确定性产生的负面影响。

第7章　总结与讨论

油价不确定性是企业生产经营环境中的具体的经济不确定性因素。尽管学术界对经济不确定性的微观经济效应已有深入的探讨，但对有具体来源的油价不确定性的研究大多停留在宏观领域，对油价不确定性如何产生微观经济效应的研究甚少，这给本书留出了足够的研究空间。此外，如何准确度量油价不确定性在学术界尚存在争议，这直接影响研究结论的准确性。本书在梳理现有油价不确定性度量方法的基础上，采用非参数二次幂变差法识别出不可预期的油价不确定性，为后续研究奠定基础。在具体的实证研究中，主要围绕企业的投融资及其生产率影响因素而展开，基于油价不确定性这一主要的宏观经济变量，探究其对企业债务融资、固定资产投资以及全要素生产率的作用效果，重点结合信息不对称理论、实物期权理论以及金融摩擦理论，考察其背后的作用机制，丰富了相关领域的研究成果。

7.1　主要研究结论

在油价不确定性的测度部分，本书利用 Barndorff－Nielsen 和 Shephard（2006）提出的非参数二次幂变差法，有效识别了油价已实现波动中的跳跃成分，该度量更能直接地反映市场对油价不确定性的感知。在本书的数据区间内，油价跳跃波动的峰值出现在 2008～2009 年的全球金融危机，其余高点还分别与 2011 年阿拉伯之春、2014 年 OPEC 会议等重大突发事件相关。另外，本书参照 Bloom（2009）的做法，以 OVX 序列度量了油价不确定性虚拟变量，以作为稳健性度量指标。有效性检验表明，本书以油价跳跃波动成分度量的油价不确定性并不服从 AR（1）过程，且与其他经济不确定指数具有较小的显著相关性系数，表明本书的度量能够有效捕捉特定非预期的油价不确定性。此外，油价不确定性会显著导致中国宏观经济活动的下降，说明从宏观层面如政策层面预防油价波动风险的必要性。为体现行业影响的异质性，本书基于行业油价敏感性系数构建了行业油价不确定性，以使得微观实证分析更为可信。以上结论可以为政策制定者、公司管理者以及资本市场投资者提供可借鉴的经验依据，具有一定的现实和启示意义。

在油价不确定性与企业债务融资的研究部分，本书以 2007～2019 年中国沪深 A 股的上市公司的季度财务报表数据为实证样本，对油价不确定性是否影响企业债务融资进行了实证检验，探究其受油价不确定性具体的影响渠道。此外，从企业信息透明度、外部融资依赖度以及企业股权性质研究油价不确定性对企业债务融资的异质性作用。研究发现，油价不确定性会抑制企业长期债务融资，增加短期融资，且具有经济意义上的显著性。其中，企业信息不对称程度和债务融资成本是其中影响的重要渠道。意味着当企业所处的经营环境具有较高的不确定性时，信贷市场供给下降、企业内外部信息不对称程度增加和资产抵押价值下降等，都会使得市场中的金融摩擦增加，进而资金供给方会提高企业债务融资成本以弥补风险溢价，最终导致企业从外部所获的长期债务融资减少。相应地，由于短期债务监督成本较低，企业可获得更多的短期债务融资以弥补资金供给的不足。进一步发现，油价不确定性对企业长、短期债务融资的影响主要集中于油气消耗强度较高的样本中。此外，信息透明度较高的企业，企业内外部的信息不对称程度较低，使得油价不确定性对企业长期债务融资的负面影响和短期债务融资的正向影响相对较小。外部融资依赖较低的企业长、短期债务融资受油价不确定性影响较小，因为企业的外部融资需求较低。油价不确定性对企业长期债务融资的负向作用并未因股权性质存在差异，但会显著增加国有企业的短期债务融资，表明国有企业的融资预算软约束性质主要体现在短期债务融资上。本书还发现，油价不确定性显著降低企业股权融资，增加商业信用等短期融资，这与长、短期债务融资的反向变化相印证，说明油价不确定性影响下，中国企业的融资选择符合经典的融资优序理论。

在油价不确定性与企业投资的研究部分，本书以 2007～2019 年中国沪深 A 股的上市公司的季度财务报表数据为实证样本，实证研究油价不确定性是否影响以及如何影响企业投资决策，探究金融摩擦是不是其重要的影响渠道，并从企业资产可逆性、外部融资依赖度以及产品市场竞争程度研究油价不确定性对企业投资的异质性作用。研究发现，油价不确定性的提高会显著抑制企业投资，且具有经济意义上的显著性。影响渠道上，油价不确定性会显著提高企业融资约束程度，表明了油价不确定性金融摩擦影响渠道的存在。异质性结果表明，油价不确定性对企业投资的负向影响主要集中在原油产业链的样本中，对本章主要发现形成有力支撑。此外，与传统不确定性理论一致，油价不确定性会对企业投资产生显著的实物期权效应，表现为油价不确定性对企业投资的抑制作用在资产可逆性较低的企业样本中更大。从金融摩擦视角而言，油价不确定性对企业投资的抑制作用在外部融资依赖度较高的企业样本中更为明显。对竞争机制的验证表明，市场地位较高的企业具有较高的利润，会抵御油价不确定性对企业投资的负向作用。本书还发现，企业投资效率的下降，主要是因为油价不确定性造成了企业投资不足。

在油价不确定性与企业生产率的研究部分，本书以2007~2019年中国沪深A股的上市公司的季度财务报表数据为实证样本，以实物期权和金融摩擦为理论分析基础，对油价不确定性是否影响以及如何影响全要素生产率进行实证检验，探究有助于生产率提高的投资下降是其作用的重要影响渠道，并从外部融资依赖度、产品市场竞争程度以及企业风险承担角度研究油价不确定性对全要素生产率的异质性作用。研究发现，油价不确定性的提高会显著降低企业全要素生产率，且具有经济意义上的显著性。影响渠道上，油价不确定性会发挥实物期权和金融摩擦效应，显著抑制有助于企业全要素生产率提高的各项投资，包括人力资产投资、研发投资和信息技术投资，从而进一步降低企业生产率。与之相对应，由于外部融资依赖较高的企业生产经营需要更多地依赖外部融资支持，表现为油价不确定性对企业全要素生产率的负向影响在外部融资依赖度较高的样本中更大。从市场竞争机制角度而言，市场地位较高的企业具有较高的盈利能力，更能有效地抵御外部风险，从而其正常生产经营受到较少的影响。企业风险承担也是油价不确定性影响企业全要素生产率的重要异质性影响因素，较高的企业风险承担可以有效缓解油价不确定性对企业生产经营的负面影响，从而避免企业生产率的显著下降。相对于国有企业，由于非国有企业在不确定性环境中表现出更大融资约束程度，从而导致油价不确定性对非国有企业全要素生产率的负向影响更大。本书还发现，油价不确定性对企业全要素生产率的负向影响仅存在于对原油依赖程度较高的行业中，体现了油价不确定性影响效应在不同行业的显著差异。

7.2 政策建议

7.2.1 政府层面

首先，改善产业能源消费结构，推动科技创新，提高能源使用效率。通过第3章行业油价敏感性系数的分析可以发现，油价不确定性暴露系数在采掘业、有色金属冶炼业、黑色金属冶炼业、建筑业等行业较大，而这些部门都是主要的原油消耗密集型产业。这些行业大都集中在石油产业链上，油价的波动会从产业链影响到下游消费部门，最终影响CPI和经济产出。我国作为石油消耗大国，油价波动不可避免地会影响中国宏观经济的健康稳定运行。可以借鉴发达国家的经验，降低高油价风险暴露行业的经济比重，从而缓解油价不确定性对整体经济的负面影响。另外，可以采用适当的行政手段，培育新能源产业，减少对石油等传统能源的依赖程度；推动企业科技创新，提高企业的能源使用效率等。这是有效推动企业防范油价波动风险的有效手段，也能帮助我国从传统低效的能源消耗大国向可持续的经济增长模式进行转变。

其次，进一步加强我国石油储备体系的构建。根据实证结果可以发现，油价不确定性对企业投融资、生产率具有显著负向影响。能源消费转型、技术提升等需要在较长时期内才能有质的飞跃，短时期内需要建立完善的石油储备体系以应对国际原油价格的保障暴跌。事实上，我国石油战略资源储备制度正逐步完善，相关举措正大力推进。截至 2020 年底，我国已在全国建立了 9 个大型石油战略储备基地，但也只够满足 100 天的需求量。而且，我国的石油进口渠道单一，主要从中东地区进口，一旦出现地缘政治争端，通往我国的石油运输路线受阻，将对我国的石油进口形成较大的打击。近期俄乌冲突事件导致油价飙涨，难以预期的油价正向变化给我国石油储备造成较大压力。因而，加强构建有效的石油战略储备体系，是有效缓解油价不确定性对我国宏微观经济的重要手段，以熨平油价不确定性对我国经济波动的影响，保持经济稳定发展。

再次，逐步加强中国在国际原油市场上的话语权，减少油价突发性的暴涨暴跌。我国是全球最大的原油进口国，是国际原油的重要需求者，但原油市场一直是寡头市场，中国仅作为价格接受者缺乏溢价能力。为增加定价能力，我国开始建设原油期货市场，但仍难以撼动国际油价。未来中国应当加快推进人民币国际化，提高人民币在国际原油贸易中的结算份额，从而增加我国对油价变动的影响力。同时，在全球政治格局鲜明的背景下，应加强与俄罗斯等资源国的贸易联系，签订长期购买合同，降低油价的不确定性预期。

最后，提高金融资源的配置效率，实现资金的精准滴灌。企业债务融资是企业重要的外部资金来源，受油价不确定性的影响，企业信息不对称程度的提高，信贷市场降低企业的资金供给规模，从而导致企业长期债务融资的减少，最终企业投融资活动受到抑制。本书研究发现，油价不确定性会引发微观企业许多问题：增加企业与市场之间的信息不对称程度，降低债务；提高企业融资约束程度，进而抑制企业投资；降低企业生产经营效率。对此，政府可通过加快对信贷市场市场化改革的方式，引导企业开展更多的自愿性信息披露，降低企业信息不对称程度，减少企业融资成本；或者成立政府引导性基金等方式合理引导资金流向有需求且融资难的企业，在高油价不确定时期定向放宽高油价不确定性暴露行业的贷款限制，既避免了非对称性的货币政策带来的后遗症，也可以实现资金供给的精准滴灌。

7.2.2 企业层面

首先，企业管理层应提高自身的学习能力。已有研究发现，管理层特征是影响企业投资决策的重要因素，以往研究发现高学历CEO的企业投资效率更高。在油价不确定性的影响下，企业管理层一般为风险规避，以免除承担投资决策所产生的不良后果，从而导致企业投资不足。企业管理层可以通过对历史事件的情景分析和归纳推演，加强对油价不确定性的特征及其所产生的经济后果认知，加强相关方面的知识储备，能够在未来油价不确定性时对事件的发展有清晰的判断，从而提高对外部不确定性的应对能力，相机抉择，以更好地促进企业高效的经营发展。

其次，制定应对突发事件的调整策略。企业在生产经营过程中往往存在路径依赖的特征，即使拥有一套完整的风险应对策略，但缺乏对极端事件的关注，如在突发的油价不确定性出现时，原有的应对策略可能失效，导致企业消极应对，缺乏主动采取相关措施缓解不确定性带来的不良后果，从而导致企业投资效率和全要素生产率下降，不利于我国实体经济的健康发展。例如，油价不确定性难以使用金融衍生品进行有效对冲，应事前设计保险合约，从而对突发性的负面影响予以应对。因而，企业应制定一套能够灵活应对突发外生事件的调整策略，防患于未然，增强企业管理层的事件处置主动性，推动企业健康稳定发展。

7.3 研究不足与研究展望

现有的研究中，原油价格波动的经济效应主要体现在宏观领域，其对微观企业行为的影响如何正成为学术界追捧的热点。

本书针对油价不确定性进行研究主要集中在不确定性的测度及其微观经济后果研究方面。本书存在的不足如下：

首先，本书的油价不确定性是基于行业油价变动敏感性系数绝对值与油价跳跃波动成分合成的，基于这种做法有一定的科学性，因为能够从市场反应的角度度量行业经营对油价不确定的敏感性。然而，这种方法缺少一定的经济基础作为补充，以行业原油的投入产出关系来研究油价波动对企业微观行为的影响更符合经济事实。加之受限于本书的研究主体，本书使用的计量模型并不能将所有经济部门的决策一同进行考虑，进而探究企业部门是如何反应的。针对这一问题，未来的研究中可以采用考虑行业投入产出关系的随机动态一般均衡模型（IO-

DSGE）进行研究。IO-DSGE 模型的优势在于能够考虑行业间的投入产出关系，在模型中可以设定多个经济部门（模型可以将各个经济部门的关系进行设定），更符合现实情况。而原油作为重要的生产要素，可以分析其在各个行业中的投入占比，在受到油价不确定性的外生影响时，其效应如何在系统中进行演化，又将如何影响企业的经济行为，值得进一步深挖。

其次，本书研究油价不确定性如何影响微观企业行为中，仅关注企业融资、投资以及全要素生产率的影响，但企业的财务决策行为还包括现金持有、股利、存货管理、并购决策等诸多行为。油价不确定性是否会对这些变量产生影响，以及如何影响也是一个值得研究的问题。值得注意的是，本书发现油价不确定性对企业债务融资的影响结果与其他不确定性指标对企业融资的影响效应存在较大的差异。油价不确定性不能显著影响企业总债务融资，但能够降低企业长期债务融资，增加短期债务融资，即会对企业债务融资结构产生影响。然而，许多不确定性领域的文献却发现，不确定性会降低企业的总债务融资。这足以说明，企业财务决策行为在面对不同种类的不确定性时会表现出显著的差异，这种差异可能与企业对不确定性认知和来源有关。因而，油价不确定性对企业其他财务决策行为的影响是否会存在差异，可以在未来展开相关研究。

参考文献

[1] Abel A B. Optimal investment under uncertainty [J]. The American Economic Review, 1983, 73 (1): 228-233.

[2] Aghion P, Angeletos G M, Banerjee A, et al. Volatility and growth: Credit constraints and the composition of investment [J]. Journal of Monetary Economics, 2010, 57 (3): 246-265.

[3] Aguerrevere F L. Equilibrium investment strategies and output price behavior: A real-options approach [J]. The Review of Financial Studies, 2003, 16 (4): 1239-1272.

[4] Ahn Y. Intangible capital, volatility shock, and the value premium [J]. Financial Review, 2019, 54 (4): 739-762.

[5] Alexopoulos M, Cohen J. Uncertain times, uncertain measures [J]. Unpuslihed Working Paper, University of Toronto Department of Economics, 2009, 352 (7): 814.

[6] Alhassan A. Oil price volatility and corporate decisions: Evidence from the GCC Region [J]. Emerging Markets Finance and Trade, 2019, 55 (9): 2057-2071.

[7] Almeida H, Campello M. Financial constraints, asset tangibility, and corporate investment [J]. The Review of Financial Studies, 2007, 20 (5): 1429-1460.

[8] Alter A, Elekdag S. Emerging market corporate leverage and global financial conditions [J]. Journal of Corporate Finance, 2020 (62): 101590.

[9] Altman E I. Financial ratios, discriminant analysis and the prediction of corporate bankruptcy [J]. The Journal of Finance, 1968, 23 (4): 589-609.

[10] Andersen T G, Bollerslev T. Answering the skeptics: Yes, standard volatility models do provide accurate forecasts [J]. International Economic Review, 1998 (1): 885-905.

[11] Andersen T G, Dobrev D, Schaumburg E. Jump-robust volatility estimation using nearest neighbor truncation [J]. Journal of Econometrics, 2012, 169 (1): 75-

93.

[12] Andersen T G, Fusari N, Todorov V. The risk premia embedded in index options [J]. Journal of Financial Economics, 2015, 117 (3): 558-584.

[13] Andrén N. Corporate governance and firm performance: Evidence from the oil price collapse of 2014-2015 [J]. Management Science, 2016 (1): 7-14.

[14] Aor R L, Salisu A A, Okpe I J. The effects of US monetary policy uncertainty shock on international equity markets [J]. Annals of Financial Economics, 2022 (1): 7-14.

[15] Arbatli E C, Davis S J, Ito A, et al. Policy uncertainty in Japan [R]. National Bureau of Economic Research, 2017.

[16] Arellano C, Bai Y, Kehoe P. Financial markets and fluctuations in uncertainty [R]. Unpuslihed Working Paper, Federal Reserve Bank of Minneapolis, 2010.

[17] Arezki R, Blanchard O. The 2014 oil price slump: Seven key questions [J]. VoxEU, 2015 (1): 13-21.

[18] Attig N, El Ghoul S, Guedhami O, et al. Dividends and economic policy uncertainty: International evidence [J]. Journal of Corporate Finance, 2021 (66): 7-14.

[19] Audia P G, Greve H R. Less likely to fail: Low performance, firm size, and factory expansion in the shipbuilding industry [J]. Management Science, 2006, 52 (1): 83-94.

[20] Aye G C, Dadam V, Gupta R, et al. Oil price uncertainty and manufacturing production [J]. Energy Economics, 2014 (43): 41-47.

[21] Bachmann R, Bayer C. Investment dispersion and the business cycle [J]. American Economic Review, 2014, 104 (4): 1392-1416.

[22] Baker S R, Bloom N, Davis S J. Measuring economic policy uncertainty [J]. The Quarterly Journal of Economics, 2016, 131 (4): 1593-1636.

[23] Baley I, Blanco A. Firm uncertainty cycles and the propagation of nominal shocks [J]. American Economic Journal: Macroeconomics, 2019, 11 (1): 276-337.

[24] Barndorff-Nielsen O E, Shephard N. Econometrics of testing for jumps in financial economics using bipower variation [J]. Journal of Financial Econometrics, 2006, 4 (1): 1-30.

[25] Barndorff-Nielsen O E, Shephard N. Power and bipower variation with stochastic volatility and jumps [J]. Journal of Financial Econometrics, 2004, 2 (1):

1-37.

[26] Basu S, Bundick B. Uncertainty shocks in a model of effective demand [J]. Econometrica, 2017, 85 (3): 937-958.

[27] Baum C F, Caglayan M, Talavera O. On the sensitivity of firms' investment to cash flow and uncertainty [J]. Oxford Economic Papers, 2010, 62 (2): 286-306.

[28] Baumeister C, Hamilton J D. Structural interpretation of vector autoregressions with incomplete identification: Revisiting the role of oil supply and demand shocks [J]. American Economic Review, 2019, 109 (5): 1873-1910.

[29] Baumeister C, Peersman G. Time-varying effects of oil supply shocks on the US economy [J]. American Economic Journal: Macroeconomics, 2013, 5 (4): 1-28.

[30] Bekaert G, Hoerova M, Duca M L. Risk, uncertainty and monetary policy [J]. Journal of Monetary Economics, 2013, 60 (7): 771-788.

[31] Berger D, Dew-Becker I, Giglio S. Uncertainty shocks as second-moment news shocks [J]. The Review of Economic Studies, 2020, 87 (1): 40-76.

[32] Bernanke B S. Irreversibility, uncertainty, and cyclical investment [J]. The Quarterly Journal of Economics, 1983, 98 (1): 85-106.

[33] Bessler W, Drobetz W, Grüninger M C. Information asymmetry and financing decisions [J]. International Review of Finance, 2011, 11 (1): 123-154.

[34] Bester H, Hellwig M. Moral hazard and equilibrium credit rationing: An overview of the issues [J]. Agency Theory, Information, and Incentives, 1987 (1): 135-166.

[35] Bloom N, Bond S, Van Reenen J. Uncertainty and investment dynamics [J]. The Review of Economic Studies, 2007, 74 (2): 391-415.

[36] Bloom N, Floetotto M, Jaimovich N, et al. Really uncertain business cycles [J]. Econometrica, 2018, 86 (3): 1031-1065.

[37] Bloom N, Sadun R, Van Reenen J. The organization of firms across countries [J]. The Quarterly Journal of Economics, 2012, 127 (4): 1663-1705.

[38] Bloom N. Fluctuations in uncertainty [J]. Journal of Economic Perspectives, 2014, 28 (2): 153-176.

[39] Bloom N. The impact of uncertainty shocks [J]. Econometrica, 2009, 77 (3): 623-685.

[40] Bloom N. Uncertainty and the dynamics of R&D [J]. American Economic

Review, 2007, 97 (2): 250-255.

[41] Bollerslev T, Law T H, Tauchen G. Risk, jumps, and diversification [J]. Journal of Econometrics, 2008, 144 (1): 234-256.

[42] Bollerslev T, Li S Z, Todorov V. Roughing up beta: Continuous versus discontinuous betas and the cross section of expected stock returns [J]. Journal of Financial Economics, 2016, 120 (3): 464-490.

[43] Bollerslev T. Generalized autoregressive conditional heteroskedasticity [J]. Journal of Econometrics, 1986, 31 (3): 307-327.

[44] Bond S, Meghir C. Dynamic investment models and the firm's financial policy [J]. The Review of Economic Studies, 1994, 61 (2): 197-222.

[45] Bontempi M E, Golinelli R, Squadrani M. A new index of uncertainty based on internet searches: A friend or foe of other indicators? [R]. Unpuslihed Working Paper, 2016.

[46] Bradley M, Jarrell G A, Kim E H. On the existence of an optimal capital structure: Theory and evidence [J]. The Journal of Finance, 1984, 39 (3): 857-878.

[47] Braun H, De Bock R, DiCecio R. Supply shocks, demand shocks, and labor market fluctuations [R]. Unpuslihed Working Paper, FRB of St. Louis, 2007.

[48] Bretscher L, Schmid L, Vedolin A. Interest rate risk management in uncertain times [J]. The Review of Financial Studies, 2018, 31 (8): 3019-3060.

[49] Caballero R J. Earnings uncertainty and aggregate wealth accumulation [J]. The American Economic Review, 1991 (1): 859-871.

[50] Caggiano G, Castelnuovo E, Groshenny N. Uncertainty shocks and unemployment dynamics in US recessions [J]. Journal of Monetary Economics, 2014 (67): 78-92.

[51] Caldara D, Fuentes-Albero C, Gilchrist S, et al. The macroeconomic impact of financial and uncertainty shocks [J]. European Economic Review, 2016 (88): 185-207.

[52] Caldara D, Iacoviello M, Molligo P, et al. The economic effects of trade policy uncertainty [J]. Journal of Monetary Economics, 2020 (109): 38-59.

[53] Caldara D, Iacoviello M. Measuring geopolitical risk [J]. FRB International Finance Discussion Paper, 2018 (1): 7-14.

[54] Campa J, Goldberg L S. Investment in manufacturing, exchange rates and external exposure [J]. Journal of International Economics, 1995, 38 (3-4):

297-320.

[55] Campbell J Y, Lettau M, Malkiel B G, et al. Have individual stocks become more volatile? An empirical exploration of idiosyncratic risk [J]. The Journal of Finance, 2001, 56 (1): 1-43.

[56] Cao H, Guo L, Zhang L. Does oil price uncertainty affect renewable energy firms' investment? Evidence from listed firms in China [J]. Finance Research Letters, 2020 (33): 7-14.

[57] Caporale G M, Ali F M, Spagnolo N. Oil price uncertainty and sectoral stock returns in China: A time - varying approach [J]. China Economic Review, 2015 (34): 311-321.

[58] Caporin M, Rossi E, Magistris P S. Volatility jumps and their economic determinants [J]. Journal of Financial Econometrics, 2015, 14 (1): 29-80.

[59] Carballo J, Handley K, Limão N. Economic and policy uncertainty: Export dynamics and the value of agreements [R]. National Bureau of Economic Research, 2018.

[60] Carrière-Swallow Y, Céspedes L F. The impact of uncertainty shocks in emerging economies [J]. Journal of International Economics, 2013, 90 (2): 316-325.

[61] Carroll C D, Samwick A A. How important is precautionary saving? [J]. Review of Economics and Statistics, 1998, 80 (3): 410-419.

[62] Castelnuovo E, Tran T D. Google it up! A google trends-based uncertainty index for the United States and Australia [J]. Economics Letters, 2017 (161): 149-153.

[63] Castro R, Clementi G L, Lee Y. Cross sectoral variation in the volatility of plant level idiosyncratic shocks [J]. The Journal of Industrial Economics, 2015, 63 (1): 1-29.

[64] Cateau G. Monetary policy under model and data - parameter uncertainty [J]. Journal of Monetary Economics, 2007, 54 (7): 2083-2101.

[65] Chamon M, Liu K, Prasad E. Income uncertainty and household savings in China [J]. Journal of Development Economics, 2013 (105): 164-177.

[66] Cheng D, Shi X, Yu J, et al. How does the Chinese economy react to uncertainty in international crude oil prices? [J]. International Review of Economics & Finance, 2019 (64): 147-164.

[67] Cheong C W. Modeling and forecasting crude oil markets using ARCH-type

models [J]. Energy policy, 2009, 37 (6): 2346-2355.

[68] Chevallier J, Ielpo F. Twenty years of jumps in commodity markets [J]. International Review of Applied Economics, 2014, 28 (1): 64-82.

[69] Chiang I H E, Hughen W K, Sagi J S. Estimating oil risk factors using information from equity and derivatives markets [J]. The Journal of Finance, 2015, 70 (2): 769-804.

[70] Choi S, Furceri D, Huang Y, et al. Aggregate uncertainty and sectoral productivity growth: The role of credit constraints [J]. Journal of International Money and Finance, 2018 (88): 314-330.

[71] Choi S. Are the effects of Bloom's uncertainty shocks robust? [J]. Economics Letters, 2013, 119 (2): 216-220.

[72] Christensen I, Dib A. The financial accelerator in an estimated New Keynesian model [J]. Review of Economic Dynamics, 2008, 11 (1): 155-178.

[73] Christiano L J, Motto R, Rostagno M. Risk shocks [J]. American Economic Review, 2014, 104 (1): 27-65.

[74] Christoffersen P, Pan X N. Oil volatility risk and expected stock returns [J]. Journal of Banking & Finance, 2018 (95): 5-26.

[75] Çolak G, Durnev A, Qian Y. Political uncertainty and IPO activity: Evidence from US gubernatorial elections [J]. Journal of Financial and Quantitative Analysis, 2017, 52 (6): 2523-2564.

[76] Coles J L, Daniel N D, Naveen L. Managerial incentives and risk-taking [J]. Journal of Financial Economics, 2006, 79 (2): 431-468.

[77] Crawford S, Markarian G, Muslu V, et al. Oil prices, earnings, and stock returns [J]. Review of Accounting Studies, 2021, 26 (1): 218-257.

[78] Cremers M, Fleckenstein M, Gandhi P. Treasury yield implied volatility and real activity [J]. Journal of Financial Economics, 2021, 140 (2): 412-435.

[79] Croce M M, Kung H, Nguyen T T, et al. Fiscal policies and asset prices [J]. The Review of Financial Studies, 2012, 25 (9): 2635-2672.

[80] Custódio C, Ferreira M A, Laureano L. Why are US firms using more short-term debt? [J]. Journal of Financial Economics, 2013, 108 (1): 182-212.

[81] Czudaj R L. Crude oil futures trading and uncertainty [J]. Energy Economics, 2019 (80): 793-811.

[82] Darby J, Hallett A H, Ireland J, et al. The impact of exchange rate uncertainty on the level of investment [J]. The Economic Journal, 1999, 109 (454): 55-

67.

[83] Dechow P M, Dichev I D. The quality of accruals and earnings: The role of accrual estimation errors [J]. The Accounting Review, 2002, 77 (s-1): 35-59.

[84] Deopa N, Rinaldo D. Firm decisions under jump-diffusive dynamics [J]. Unpuslihed Working Paper, Graduate Institute of International and Development Studies, 2019 (1): 7-14.

[85] Desai V M. The behavioral theory of the (governed) firm: Corporate board influences on organizations' responses to performance shortfalls [J]. Academy of Management Journal, 2016, 59 (3): 860-879.

[86] Dibiasi A, Abberger K, Siegenthaler M, Sturm J. The effects of policy uncertainty on investment: Evidence from the unexpected acceptance of a far-reaching referendum in Switzerland [J]. European Economic Review, 2018 (104): 38-67.

[87] Dihle H, Mentges R. Real options or disaster risk? Distinguishing uncertainty effects on investment [J]. Applied Economics, 2018, 50 (34-35): 3771-3786.

[88] Dixit, A., Pindyck, R. Investment Under Uncertainty [M]. Princeton, Princeton University Press, 1994.

[89] Doshi H, Kumar P, Yerramilli V. Uncertainty, capital investment, and risk management [J]. Management Science, 2018, 64 (12): 5769-5786.

[90] Duncan R B. Characteristics of organizational environments and perceived environmental uncertainty [J]. Administrative Science Quarterly, 1972 (1): 313-327.

[91] Duong D, Swanson N R. Empirical evidence on the importance of aggregation, asymmetry, and jumps for volatility prediction [J]. Journal of Econometrics, 2015, 187 (2): 606-621.

[92] Dutta A, Nikkinen J, Rothovius T. Impact of oil price uncertainty on Middle East and African stock markets [J]. Energy, 2017 (123): 189-197.

[93] Duval R, Hong G H, Timmer Y. Financial frictions and the great productivity slowdown [J]. The Review of Financial Studies, 2020, 33 (2): 475-503.

[94] Edelstein P, Kilian L. The response of business fixed investment to changes in energy prices: A test of some hypotheses about the transmission of energy price shocks [J]. The BE Journal of Macroeconomics, 2007, 7 (1): 7-14.

[95] Edmans A, Jayaraman S, Schneemeier J. The source of information in prices and investment-price sensitivity [J]. Journal of Financial Economics, 2017,

126 (1): 74-96.

[96] El Ghoul S, Guedhami O, Kim Y, et al. Policy uncertainty and accounting quality [J]. The Accounting Review, 2021, 96 (4): 233-260.

[97] Elder J, Serletis A. Oil price uncertainty in Canada [J]. Energy Economics, 2009, 31 (6): 852-856.

[98] Elder J, Serletis A. Oil price uncertainty [J]. Journal of Money, Credit and Banking, 2010, 42 (6): 1137-1159.

[99] Elder J. Oil price volatility and real options: 35 years of evidence [J]. Journal of Futures Markets, 2019, 39 (12): 1549-1564.

[100] Energy Information Administration. Annual Energy Outlook [EB/OL]. http: //www. eia. gov/forecasts/aeo/.

[101] Episcopos A. Evidence on the relationship between uncertainty and irreversible investment [J]. The Quarterly Review of Economics and Finance, 1995, 35 (1): 41-52.

[102] Faccio M. Politically connected firms [J]. American Economic Review, 2006, 96 (1): 369-386.

[103] Fama E F, French K R. Common risk factors in the returns on stocks and bonds [J]. Journal of Financial Economics, 1993, 33 (1): 3-56.

[104] Fan Z, Zhang Z, Zhao Y. Does oil price uncertainty affect corporate leverage? Evidence from China [J]. Energy Economics, 2021 (98): 7-14.

[105] Farinas J C, Ruano S. Firm productivity, heterogeneity, sunk costs and market selection [J]. International Journal of Industrial Organization, 2005, 23 (7-8): 505-534.

[106] Fazzari S, Hubbard R G, Petersen B C. Financing constraints and corporate investment [J]. Brooking Papers of Economic Activities, 1988 (1): 141-195.

[107] Ferderer J P. Oil price volatility and the macroeconomy [J]. Journal of Macroeconomics, 1996, 18 (1): 1-26.

[108] Ferris S P, Javakhadze D, Rajkovic T. CEO social capital, risk-taking and corporate policies [J]. Journal of Corporate Finance, 2017 (47): 46-71.

[109] Francis B B, Hasan I, Zhu Y. Political uncertainty and bank loan contracting [J]. Journal of Empirical Finance, 2014 (29): 281-286.

[110] Gao L, Hitzemann S, Shaliastovich I, et al. Oil volatility risk [J]. Journal of Financial Economics, Forthcoming, 2021 (1): 7-14.

[111] Gao P, Murphy D, Qi Y. Political uncertainty and public financing costs:

Evidence from US gubernatorial elections and municipal bond markets [J]. Journal of Corporate Finance, 2019 (1): 7-14.

[112] Gelman M, Gorodnichenko Y, Kariv S, et al. The response of consumer spending to changes in gasoline prices [R]. National Bureau of Economic Research, 2016.

[113] Gertler B M. Agency costs, net worth, and business fluctuations [J]. The American Economic Review, 1989, 79 (1): 14-31.

[114] Ghosh D, Olsen L. Environmental uncertainty and managers' use of discretionary accruals [J]. Accounting, Organizations and Society, 2009, 34 (2): 188-205.

[115] Giannetti M, Liao G, Yu X. The brain gain of corporate boards: Evidence from China [J]. The Journal of Finance, 2015, 70 (4): 1629-1682.

[116] Gilchrist S, Sim J W, Zakrajšek E. Uncertainty, financial frictions, and investment dynamics [R]. National Bureau of Economic Research, 2014.

[117] Gilje E P, Loutskina E, Murphy D. Drilling and debt [J]. The Journal of Finance, 2020, 75 (3): 1287-1325.

[118] Giot P, Laurent S, Petitjean M. Trading activity, realized volatility and jumps [J]. Journal of Empirical Finance, 2010, 17 (1): 168-175.

[119] Gong X, Lin B. Forecasting the good and bad uncertainties of crude oil prices using a HAR framework [J]. Energy Economics, 2017 (67): 315-327.

[120] Gong X, Lin B. Time-varying effects of oil supply and demand shocks on China's macro-economy [J]. Energy, 2018 (149): 424-437.

[121] Gourinchas P O, Parker J A. Consumption over the life cycle [J]. Econometrica, 2002, 70 (1): 47-89.

[122] Grenadier S R. Option exercise games: An application to the equilibrium investment strategies of firms [J]. The Review of Financial Studies, 2002, 15 (3): 691-721.

[123] Grimme C, Stöckli M. Measuring macroeconomic uncertainty in Germany [C] //CESifo Forum. München: Ifo Institut-Leibniz-Institut für Wirtschaftsforschung an der Universität München, 2018, 19 (1): 46-50.

[124] Gulen H, Ion M. Policy uncertainty and corporate investment [J]. The Review of Financial Studies, 2016, 29 (3): 523-564.

[125] Hadlock C J, Pierce J R. New evidence on measuring financial constraints: Moving beyond the KZ index [J]. The Review of Financial Studies, 2010,

23 (5): 1909-1940.

[126] Hamilton J D. Historical oil shocks [M]. Routledge, 2013: 258-284.

[127] Hamilton J D. Oil and the macroeconomy since World War II [J]. Journal of Political Economy, 1983, 91 (2): 228-248.

[128] Handley K, Limão N. Trade and investment under policy uncertainty: Theory and firm evidence [J]. American Economic Journal: Economic Policy, 2015, 7 (4): 189-222.

[129] Hartman R. Factor demand with output price uncertainty [J]. The American Economic Review, 1976, 66 (4): 675-681.

[130] Hasan M M, Asad S, Wong J B. Oil price uncertainty and corporate debt maturity structure [J]. Finance Research Letters, 2021 (1): 7-14.

[131] Hassett K A, Metcalf G E. Investment with uncertain tax policy: Does random tax policy discourage investment [J]. The Economic Journal, 1999, 109 (457): 372-393.

[132] Haushalter G D, Heron R A, Lie E. Price uncertainty and corporate value [J]. Journal of Corporate Finance, 2002, 8 (3): 271-286.

[133] He H, Huang F, Liu Z, et al. Breaking the "iron rice bowl": Evidence of precautionary savings from the chinese state-owned enterprises reform [J]. Journal of Monetary Economics, 2018 (94): 94-113.

[134] Henriques I, Sadorsky P. The effect of oil price volatility on strategic investment [J]. Energy Economics, 2011, 33 (1): 79-87.

[135] Herrera A M, Karaki M B, Rangaraju S K. Where do jobs go when oil prices drop? [J]. Energy Economics, 2017 (64): 469-482.

[136] Hirshleifer D, Thakor A V. Managerial conservatism, project choice, and debt [J]. The Review of Financial Studies, 1992, 5 (3): 437-470.

[137] Hu C, Liu X, Pan B, et al. Asymmetric impact of oil price shock on stock market in China: A combination analysis based on SVAR model and NARDL model [J]. Emerging Markets Finance and Trade, 2018, 54 (8): 1693-1705.

[138] Huang D, Schlag C, Shaliastovich I, et al. Volatility-of-volatility risk [J]. Journal of Financial and Quantitative Analysis, 2019, 54 (6): 2423-2452.

[139] Huang X, Tauchen G. The relative contribution of jumps to total price variance [J]. Journal of Financial Econometrics, 2005, 3 (4): 456-499.

[140] Huang Y, Luk P. Measuring economic policy uncertainty in China [J]. China Economic Review, 2020 (59): 101367.

[141] Jaffee D M, Russell T. Imperfect information, uncertainty, and credit rationing [J]. The Quarterly Journal of Economics, 1976, 90 (4): 651-666.

[142] Jensen M C. The modern industrial revolution, exit, and the failure of internal control systems [J]. The Journal of Finance, 1993, 48 (3): 831-880.

[143] Jo S. The effects of oil price uncertainty on global real economic activity [J]. Journal of Money, Credit and Banking, 2014, 46 (6): 1113-1135.

[144] Jones P M, Enders W. The asymmetric effects of uncertainty shocks on macroeconomic activity [J]. Macroeconomic Dynamics, 2016 (1): 1-28.

[145] Julio B, Yook Y. Political uncertainty and corporate investment cycles [J]. The Journal of Finance, 2012, 67 (1): 45-83.

[146] Jurado K, Ludvigson S C, Ng S. Measuring uncertainty [J]. American Economic Review, 2015, 105 (3): 1177-1216.

[147] Kaeck A. Hedging surprises, jumps, and model misspecification: A risk management perspective on hedging S&P 500 options [J]. Review of Finance, 2013, 17 (4): 1535-1569.

[148] Kandilov I T, Leblebicioğlu A. The impact of exchange rate volatility on plant-level investment: Evidence from Colombia [J]. Journal of Development Economics, 2011, 94 (2): 220-230.

[149] Känzig D R. The macroeconomic effects of oil supply news: Evidence from OPEC announcements [J]. American Economic Review, 2021, 111 (4): 1092-1125.

[150] Kaviani M S, Kryzanowski L, Maleki H, et al. Policy uncertainty and corporate credit spreads [J]. Journal of Financial Economics, 2020, 138 (3): 838-865.

[151] Keane M P, Prasad E S. The employment and wage effects of oil price changes: A sectoral analysis [J]. The Review of Economics and Statistics, 1996 (1): 389-400.

[152] Kellogg R. The effect of uncertainty on investment: Evidence from Texas oil drilling [J]. American Economic Review, 2014, 104 (6): 1698-1734.

[153] Kilian L. Not all oil price shocks are alike: Disentangling demand and supply shocks in the crude oil market [J]. American Economic Review, 2009, 99 (3): 1053-1069.

[154] Kim H, Kung H. The asset redeployability channel: How uncertainty affects corporate investment [J]. The Review of Financial Studies, 2017, 30 (1):

245-280.

[155] Kim I M, Loungani P. The role of energy in real business cycle models [J]. Journal of Monetary Economics, 1992, 29 (2): 173-189.

[156] Kim O, Verrecchia R E. The relation among disclosure, returns, and trading volume information [J]. The Accounting Review, 2001, 76 (4): 633-654.

[157] Kim S T, Choi B. Price risk management and capital structure of oil and gas project companies: Difference between upstream and downstream industries [J]. Energy Economics, 2019 (83): 361-374.

[158] Knight F H. Risk, uncertainty and profit [M]. Houghton Mifflin, 1921.

[159] Knotek II E S, Khan S. How do households respond to uncertainty shocks? [J]. Economic Review-Federal Reserve Bank of Kansas City, 2011 (63): 7-14.

[160] Kocaarslan B, Soytas M A, Soytas U. The asymmetric impact of oil prices, interest rates and oil price uncertainty on unemployment in the US [J]. Energy Economics, 2020 (86): 7-14.

[161] Kocaarslan O K. Oil price uncertainty and unemployment [J]. Energy Economics, 2019 (81): 577-583.

[162] Koirala N P, Ma X. Oil price uncertainty and US employment growth [J]. Energy Economics, 2020 (91): 104910.

[163] Korhonen I, Ledyaeva S. Trade linkages and macroeconomic effects of the price of oil [J]. Energy Economics, 2010, 32 (4): 848-856.

[164] Kormilitsina A. Oil price shocks and the optimality of monetary policy [J]. Review of Economic Dynamics, 2011, 14 (1): 199-223.

[165] Kozeniauskas N, Orlik A, Veldkamp L. What are uncertainty shocks? [J]. Journal of Monetary Economics, 2018 (100): 1-15.

[166] Kraus A, Litzenberger R H. A state-preference model of optimal financial leverage [J]. The Journal of Finance, 1973, 28 (4): 911-922.

[167] Lahiri K, Liu F. ARCH models for multi-period forecast uncertainty: A reality check using a panel of density forecasts [M]. Emerald Group Publishing Limited, 2006.

[168] Lahiri K, Sheng X. Measuring forecast uncertainty by disagreement: The missing link [J]. Journal of Applied Econometrics, 2010, 25 (4): 514-538.

[169] Lambert R A, Leuz C, Verrecchia R E. Information asymmetry, information precision, and the cost of capital [J]. Review of Finance, 2012, 16 (1): 1-29.

[170] Larsen V. Components of uncertainty [J]. International Economic Review, 2021, 62 (2): 769-788

[171] Lee C C, Lee C C. Oil price shocks and Chinese banking performance: Do country risks matter? [J]. Energy Economics, 2019 (77): 46-53.

[172] Lee K, Kang W, Ratti R A. Oil price shocks, firm uncertainty, and investment [J]. Macroeconomic Dynamics, 2011, 15 (S3): 416-436.

[173] Lee K, Ni S, Ratti R A. Oil shocks and the macroeconomy: The role of price variability [J]. The Energy Journal, 1995, 16 (4): 39-56.

[174] Lee K, Ni S. On the dynamic effects of oil price shocks: A study using industry level data [J]. Journal of Monetary Economics, 2002, 49 (4): 823-852.

[175] Li D, Magud M N E, Valencia M F. Corporate investment in emerging markets: Financing vs. real options channel Channel [R]. Unpuslihed Working Paper, 2015.

[176] Li G, Li J, Wu Y. Exchange rate uncertainty and firm-level investment: Finding the hartman - abel effect [J]. Journal of Comparative Economics, 2019, 47 (2): 441-457.

[177] Li G, Li J, Zhu J. Exchange rate jumps and exports: Evidence from China [J]. The World Economy, 2018, 41 (9): 2374-2388.

[178] Li J, Zinna G. The variance risk premium: Components, term structures, and stock return predictability [J]. Journal of Business & Economic Statistics, 2018, 36 (3): 411-425.

[179] Li K, Guo Z, Chen Q. The effect of economic policy uncertainty on enterprise total factor productivity based on financial mismatch: Evidence from China [J]. Pacific-Basin Finance Journal, 2021 (68): 101613.

[180] Li K, Xia B, Chen Y, et al. Environmental uncertainty, financing constraints and corporate investment: Evidence from China [J]. Pacific - Basin Finance Journal, 2021 (70): 101665.

[181] Li X, Su D. How does economic policy uncertainty affect corporate debt maturity? [R]. IWH Discussion Papers, 2020.

[182] Li X, Su D. How does firm - level risk affect productivity? [J]. Energy Policy, 2019 (1): 7-14.

[183] Lin S X, Tamvakis M. OPEC announcements and their effects on crude oil prices [J]. Energy Policy, 2010, 38 (2): 1010-1016.

[184] Liu G, Zhang C. Economic policy uncertainty and firms' investment and

financing decisions in China [J]. China Economic Review, 2020 (63): 101279.

[185] Liu M L, Ji Q, Fan Y. How does oil market uncertainty interact with other markets? An empirical analysis of implied volatility index [J]. Energy, 2013 (55): 860-868.

[186] Livdan D, Sapriza H, Zhang L. Financially constrained stock returns [J]. The Journal of Finance, 2009, 64 (4): 1827-1862.

[187] Lotti F, Viviano E. Temporary workers, uncertainty and productivity [J]. The Society of Labor Economists, mimeo, 2012 (1): 7-14.

[188] Lou Z, Chen S, Yin W, et al. Economic policy uncertainty and firm innovation: Evidence from a risk-taking perspective [J]. International Review of Economics & Finance, 2022 (77): 78-96.

[189] Loungani P. Oil price shocks and the dispersion hypothesis [J]. The Review of Economics and Statistics, 1986 (1): 536-539.

[190] Ludvigson S C, Ma S, Ng S. Uncertainty and business cycles: Exogenous impulse or endogenous response? [J]. American Economic Journal: Macroeconomics, 2021, 13 (4): 369-410.

[191] Luk P, Cheng M, Ng P, et al. Economic policy uncertainty spillovers in small open economies: The case of Hong Kong [J]. Pacific Economic Review, 2020, 25 (1): 21-46.

[192] Luo X, Qin S. Oil price uncertainty and Chinese stock returns: New evidence from the oil volatility index [J]. Finance Research Letters, 2017 (20): 29-34.

[193] Ma F, Liao Y, Zhang Y, et al. Harnessing jump component for crude oil volatility forecasting in the presence of extreme shocks [J]. Journal of Empirical Finance, 2019 (52): 40-55.

[194] Ma X, Samaniego R. Deconstructing uncertainty [J]. European Economic Review, 2019 (119): 22-41.

[195] Maghyereh A, Abdoh H. Asymmetric effects of oil price uncertainty on corporate investment [J]. Energy Economics, 2020 (86): 104622.

[196] Magud N E. On asymmetric business cycles and the effectiveness of counter-cyclical fiscal policies [J]. Journal of Macroeconomics, 2008, 30 (3): 885-905.

[197] Margaritis D, Psillaki M. Capital structure and firm efficiency [J]. Journal of Business Finance & Accounting, 2007, 34 (9-10): 1447-1469.

[198] Melitz M J. The impact of trade on intra-industry reallocations and aggregate industry productivity [J]. Econometrica, 2003, 71 (6): 1695-1725.

[199] Meng X, Gregory R, Wang Y. Poverty, inequality, and growth in urban China, 1986-2000 [J]. Journal of Comparative Economics, 2005, 33 (4): 710-729.

[200] Miles R E, Snow C C, Meyer A D, et al. Organizational strategy, structure, and process [J]. Academy of Management Review, 1978, 3 (3): 546-562.

[201] Milliken F J. Three types of perceived uncertainty about the environment: State, effect, and response uncertainty [J]. Academy of Management Review, 1987, 12 (1): 133-143.

[202] Mirza S S, Ahsan T. Corporates' strategic responses to economic policy uncertainty in China [J]. Business Strategy and the Environment, 2020, 29 (2): 375-389.

[203] Mishkin F S. Global financial instability: Framework, events, issues [J]. Journal of Economic Perspectives, 1999, 13 (4): 3-20.

[204] Modigliani F, Miller M H. Corporate income taxes and the cost of capital: A correction [J]. The American Economic Review, 1963, 53 (3): 433-443.

[205] Modigliani F, Miller M H. The cost of capital, corporation finance and the theory of investment [J]. The American Economic Review, 1958, 48 (3): 261-297.

[206] Morellec E, Nikolov B, Schürhoff N. Corporate governance and capital structure dynamics [J]. The Journal of Finance, 2012, 67 (3): 803-848.

[207] Mork K A. Oil and the macroeconomy when prices go up and down: An extension of Hamilton's results [J]. Journal of Political Economy, 1989, 97 (3): 740-744.

[208] Mun S, Han S H, Kim H J. Terrorist attacks and total factor productivity [J]. Economics Letters, 2021 (202): 109808.

[209] Myers S C, Majluf N S. Corporate financing and investment decisions when firms have information that investors do not have [J]. Journal of Financial Economics, 1984, 13 (2): 187-221.

[210] Nagar V, Schoenfeld J, Wellman L. The effect of economic policy uncertainty on investor information asymmetry and management disclosures [J]. Journal of Accounting and Economics, 2019, 67 (1): 36-57.

[211] Narayan P K, Narayan S. Modelling oil price volatility [J]. Energy Poli-

cy, 2007, 35 (12): 6549-6553.

[212] Natal J M. Monetary policy response to oil price shocks [J]. Journal of Money, Credit and Banking, 2012, 44 (1): 53-101.

[213] Nickell S J. Competition and corporate performance [J]. Journal of Political Economy, 1996, 104 (4): 724-746.

[214] Nini G, Smith D C, Sufi A. Creditor control rights and firm investment policy [J]. Journal of Financial Economics, 2009, 92 (3): 400-420.

[215] Oi W Y. The desirability of price instability under perfect competition [J]. Econometrica: Journal of the Econometric Society, 1961 (1): 58-64.

[216] Patnaik R. Competition and the real effects of uncertainty [J]. Energy Economics, 2016 (1): 7-14.

[217] Pawlina G, Kort P M. Investment under uncertainty and policy change [J]. Journal of Economic Dynamics and Control, 2005, 29 (7): 1193-1209.

[218] Pérez-Gonzúlez F, Yun H. Risk management and firm value: Evidence from weather derivatives [J]. The Journal of Finance, 2013, 68 (5): 2143-2176.

[219] Phan D H B, Tran V T, Nguyen D T, et al. The importance of managerial ability on crude oil price uncertainty-firm performance relationship [J]. Energy Economics, 2020 (88): 104778.

[220] Phan D H B, Tran V T, Nguyen D T. Crude oil price uncertainty and corporate investment: New global evidence [J]. Energy Economics, 2019 (77): 54-65.

[221] Pindyck R S. Irreversibility, uncertainty, and investment [J]. Journal of Economic Literature, 1990 (1): 1110-1148.

[222] Pittman J, Zhao Y. Debt covenant restriction, financial misreporting, and auditor monitoring [J]. Contemporary Accounting Research, 2020, 37 (4): 2145-2185.

[223] Plante M. OPEC in the news [J]. Energy Economics, 2019 (80): 163-172.

[224] Popp A, Zhang F. The macroeconomic effects of uncertainty shocks: The role of the financial channel [J]. Journal of Economic Dynamics and Control, 2016 (69): 319-349.

[225] Price S. Aggregate uncertainty, capacity utilization and manufacturing investment [J]. Applied Economics, 1995, 27 (2): 147-154.

[226] Psychoyios D. Hedging volatility risk [J]. Unpuslihed Working Paper,

Bank of England, Quarterly Bulletin, 2003 (1): 7-14.

[227] Rajan R, Winton A. Covenants and collateral as incentives to monitor [J]. The Journal of Finance, 1995, 50 (4): 1113-1146.

[228] Rajan R, Zingales L. Financial dependence and growth [J]. National Bureau of Economic Research, 1996 (1): 7-14.

[229] Richardson S. Over-investment of free cash flow [J]. Review of Accounting Studies, 2006, 11 (2-3): 159-189.

[230] Robichek A A, Myers S C. Problems in the theory of optimal capital structure [J]. Journal of Financial and Quantitative Analysis, 1966, 1 (2): 1-35.

[231] Rochet J C, Villeneuve S. Liquidity management and corporate demand for hedging and insurance [J]. Journal of Financial Intermediation, 2011, 20 (3): 303-323.

[232] Rocheteau G, Wright R, Zhang C. Corporate finance and monetary policy [J]. American Economic Review, 2018, 108 (4-5): 1147-86.

[233] Rotemberg J J, Woodford M. Imperfect competition and the effects of energy price increases on economic activity [R]. National Bureau of Economic Research, 1996.

[234] Sadorsky P. Oil price shocks and stock market activity [J]. Energy Economics, 1999, 21 (5): 449-469.

[235] Sandmo A. On the theory of the competitive firm under price uncertainty [J]. The American Economic Review, 1971, 61 (1): 65-73.

[236] Santa-Clara P, Yan S. Crashes, volatility, and the equity premium: Lessons from S&P 500 options [J]. The Review of Economics and Statistics, 2010, 92 (2): 435-451.

[237] Sarkar S. On the investment-uncertainty relationship in a real options model [J]. Journal of Economic Dynamics and Control, 2000, 24 (2): 219-225.

[238] Schaal E. Uncertainty and unemployment [J]. Econometrica, 2017, 85 (6): 1675-1721.

[239] Schoar A. Effects of corporate diversification on productivity [J]. The Journal of Finance, 2002, 57 (6): 2379-2403.

[240] Scott Jr J H. A theory of optimal capital structure [J]. The Bell Journal of Economics, 1976 (1): 33-54.

[241] Segal G. A tale of two volatilities: Sectoral uncertainty, growth, and asset prices [J]. Journal of Financial Economics, 2019, 134 (1): 110-140.

[242] Sharma C. R&D and firm performance: Evidence from the Indian pharma-

ceutical industry [J]. Journal of the Asia Pacific Economy, 2012, 17 (2): 332-342.

[243] Sheu H J, Yang C Y. Insider Ownership Structure and Firm Performance: A productivity perspective study in Taiwan's electronics industry [J]. Corporate Governance: An International Review, 2005, 13 (2): 326-337.

[244] Shields K, Tran T D. Uncertainty in a disaggregate model: A data rich approach using Google search queries [R]. Unpuslihed Working Paper, 2019.

[245] Shin M, Zhang B, Zhong M, et al. Measuring international uncertainty: The case of Korea [J]. Economics Letters, 2018 (162): 22-26.

[246] Śmiech S, Papież M, Rubaszek M, et al. The role of oil price uncertainty shocks on oil-exporting countries [J]. Energy Economics, 2020 (2): 7-14.

[247] Stiglitz J E, Weiss A. Credit rationing in markets with imperfect information [J]. The American Economic Review, 1981, 71 (3): 393-410.

[248] Tang K, Xiong W. Index investment and the financialization of commodities [J]. Financial Analysts Journal, 2012, 68 (6): 54-74.

[249] Tang W, Wu L, Zhang Z X. Oil price shocks and their short-and long-term effects on the Chinese economy [J]. Energy Economics, 2010 (32): S3-S14.

[250] Taylor, S. J. Modelling financial time series [M]. Chichester: John Wiley, 1986.

[251] Tian G Y, Twite G. Corporate governance, external market discipline and firm productivity [J]. Journal of Corporate Finance, 2011, 17 (3): 403-417.

[252] Topel R H, Ward M P. Job mobility and the careers of young men [J]. The Quarterly Journal of Economics, 1992, 107 (2): 439-479.

[253] Tran Q T. Economic policy uncertainty and corporate risk-taking: International evidence [J]. Journal of Multinational Financial Management, 2019 (52): 7-14.

[254] Tung R L. Dimensions of organizational environments: An exploratory study of their impact on organization structure [J]. Academy of Management Journal, 1979, 22 (4): 672-693.

[255] Tut D, Cao M. Capital reallocation and firm-level productivity under political uncertainty [J]. Energy Economics, 2021 (1): 7-14.

[256] Van Reenen J. Does competition raise productivity through improving management quality? [J]. International Journal of Industrial Organization, 2011, 29 (3): 306-316.

[257] Vavra J. Inflation dynamics and time-varying volatility: New evidence and an ss interpretation [J]. The Quarterly Journal of Economics, 2014, 129 (1): 215-258.

[258] Veronesi P, Pastor L. Uncertainty about government policy and stock prices [C] //2011 Meeting Papers. Society for Economic Dynamics, 2011 (86): 7-14.

[259] Vo M. Oil and stock market volatility: A multivariate stochastic volatility perspective [J]. Energy Economics, 2011, 33 (5): 956-965.

[260] Waisman M, Ye P, Zhu Y. The effect of political uncertainty on the cost of corporate debt [J]. Journal of Financial Stability, 2015 (16): 106-117.

[261] Wang Y, Chen C R, Huang Y S. Economic policy uncertainty and corporate investment: Evidence from China [J]. Pacific - Basin Finance Journal, 2014 (26): 227-243.

[262] Wang Y, Xiang E, Ruan W, et al. International oil price uncertainty and corporate investment: Evidence from China's emerging and transition economy [J]. Energy Economics, 2017 (61): 330-339.

[263] Wei Y. Oil price shocks, economic policy uncertainty and China's trade: A quantitative structural analysis [J]. The North American Journal of Economics and Finance, 2019 (48): 20-31.

[264] Wen F, Gong X, Cai S. Forecasting the volatility of crude oil futures using HAR - type models with structural breaks [J]. Energy Economics, 2016 (59): 400-413.

[265] Wen F, Min F, Zhang Y J, et al. Crude oil price shocks, monetary policy, and China's economy [J]. International Journal of Finance & Economics, 2019, 24 (2): 812-827.

[266] Whited T M, Wu G. Financial constraints risk [J]. The Review of Financial Studies, 2006, 19 (2): 531-559.

[267] Xiao J, Zhou M, Wen F, et al. Asymmetric impacts of oil price uncertainty on Chinese stock returns under different market conditions: Evidence from oil volatility index [J]. Energy Economics, 2018 (74): 777-786.

[268] Yoon K H, Ratti R A. Energy price uncertainty, energy intensity and firm investment [J]. Energy Economics, 2011, 33 (1): 67-78.

[269] Yu J, Zhu G. How uncertain is household income in China [J]. Economics Letters, 2013, 120 (1): 74-78.

[270] Zhang X, Zhang Z, Zhou H. Oil price uncertainty and cash holdings: Evidence from China [J]. Energy Economics, 2020 (1): 7-14.

[271] Zhang X. Who bears firm-level risk? implications for cash flow volatility [C] //2014 Meeting Papers. Society for Economic Dynamics, 2014 (184): 7-14.

[272] 白俊，孙云云，刘倩. 经济政策不确定性与委托贷款供给：“明哲保身”还是“行峪侥幸”[J]. 金融经济学研究，2020，35 (6)：107-126.

[273] 才国伟，吴华强，徐信忠. 政策不确定性对公司投融资行为的影响研究 [J]. 金融研究，2018 (3)：89-104.

[274] 蔡昉. 中国经济增长如何转向全要素生产率驱动型 [J]. 中国社会科学，2013 (1)：56-71+206.

[275] 陈德球，陈运森，董志勇. 政策不确定性、市场竞争与资本配置 [J]. 金融研究，2017 (11)：65-80.

[276] 陈国进，王少谦. 经济政策不确定性如何影响企业投资行为 [J]. 财贸经济，2016 (5)：5-21.

[277] 陈国进，张润泽，谢沛霖，赵向琴. 知情交易、信息不确定性与股票风险溢价 [J]. 管理科学学报，2019，22 (4)：53-74.

[278] 陈汉文，周中胜. 内部控制质量与企业债务融资成本 [J]. 南开管理评论，2014，17 (3)：103-111.

[279] 陈胜蓝，王可心. 经济政策不确定性和公司业绩预告 [J]. 投资研究，2017，36 (5)：103-119.

[280] 陈宇峰，邵朝对. 国际油价冲击对中国贸易条件的传导机制和动态影响 [J]. 国际贸易问题，2013 (5).

[281] 陈中飞，江康奇. 数字金融发展与企业全要素生产率 [J]. 经济学动态，2021 (10)：82-99.

[282] 程惠芳，陆嘉俊. 知识资本对工业企业全要素生产率影响的实证分析 [J]. 经济研究，2014，49 (5)：174-187.

[283] 程新生，谭有超，刘建梅. 非财务信息、外部融资与投资效率——基于外部制度约束的研究 [J]. 管理世界，2012 (7)：137-150+188.

[284] 邓可斌，曾海舰. 中国企业的融资约束：特征现象与成因检验 [J]. 经济研究，2014，49 (2)：47-60+140.

[285] 丁剑平，刘璐. 中国货币政策不确定性和宏观经济新闻的人民币汇率效应 [J]. 财贸经济，2020，41 (5)：19-34.

[286] 樊潇彦，袁志刚，万广华. 收入风险对居民耐用品消费的影响 [J]. 经济研究，2007 (4)：124-136.

［287］宫汝凯，徐悦星，王大中．经济政策不确定性与企业杠杆率［J］．金融研究，2019（10）：59-78.

［288］郭飞．外汇风险对冲和公司价值：基于中国跨国公司的实证研究［J］．经济研究，2012，47（9）：18-31.

［289］郭华，王程，李后建．政策不确定性、银行授信与企业研发投入［J］．宏观经济研究，2016（2）：89-105+112.

［290］郭克莎．推动实体经济高质量发展［J］．红旗文稿，2020（3）：27-29.

［291］韩国高．政策不确定性对企业投资的影响：理论与实证研究［J］．经济管理，2014，36（12）：62-71.

［292］郝威亚，魏玮，温军．经济政策不确定性如何影响企业创新？——实物期权理论作用机制的视角［J］．经济管理，2016，38（10）：40-54.

［293］何光辉，杨咸月．融资约束对企业生产率的影响——基于系统 GMM 方法的国有企业与民企差异检验［J］．数量经济技术经济研究，2012，29（5）：19-35.

［294］贺小刚，彭屹，郑豫容，杨昊．期望落差下的组织搜索：长期债务融资及其价值再造［J］．中国工业经济，2020（5）：174-192.

［295］胡春阳，余泳泽．政府补助与企业全要素生产率——对 U 型效应的理论解释及实证分析［J］．财政研究，2019（6）：72-85.

［296］胡奕明，唐松莲．审计、信息透明度与银行贷款利率［J］．审计研究，2007（6）：74-84+73.

［297］胡奕明，谢诗蕾．银行监督效应与贷款定价——来自上市公司的一项经验研究［J］．管理世界，2005（5）：27-36.

［298］黄宏斌，翟淑萍，陈静楠．企业生命周期、融资方式与融资约束——基于投资者情绪调节效应的研究［J］．金融研究，2016（7）：96-112.

［299］黄晓薇，郭红玉，郭甦，冯建芬．国际油价冲击对汇率体系稳定性影响的研究综述与展望［J］．系统工程理论与实践，2014，34（S1）：100-105.

［300］黄祖辉，陈立辉．中国农业企业汇率风险应对行为的实证研究——基于企业竞争力视角［J］．金融研究，2011（6）：97-108.

［301］姜付秀，石贝贝，马云飙．信息发布者的财务经历与企业融资约束［J］．经济研究，2016，51（6）：83-97.

［302］蒋腾，张永冀，赵晓丽．经济政策不确定性与企业债务融资［J］．管理评论，2018，30（3）：29-39.

［303］靳光辉，刘志远，花贵如．政策不确定性与企业投资——基于战略性

新兴产业的实证研究［J］. 管理评论，2016，28（9）：3-16.

［304］鞠晓生，卢荻，虞义华. 融资约束、营运资本管理与企业创新可持续性［J］. 经济研究，2013，48（1）：4-16.

［305］赖黎，唐芸茜，夏晓兰，马永强. 董事高管责任保险降低了企业风险吗？——基于短贷长投和信贷获取的视角［J］. 管理世界，2019，35（10）：160-171.

［306］雷光勇，王文忠，刘茉. 政治不确定性、股利政策调整与市场效应［J］. 会计研究，2015（4）：33-39+95.

［307］李凤羽，史永东. 经济政策不确定性与企业现金持有策略——基于中国经济政策不确定指数的实证研究［J］. 管理科学学报，2016，19（6）：157-170.

［308］李凤羽，杨墨竹. 经济政策不确定性会抑制企业投资吗？——基于中国经济政策不确定指数的实证研究［J］. 金融研究，2015（4）：115-129.

［309］李广子，刘力. 债务融资成本与民营信贷歧视［J］. 金融研究，2009（12）：137-150.

［310］李欢，郑杲娉，李丹. 大客户能够提升上市公司业绩吗？——基于我国供应链客户关系的研究［J］. 会计研究，2018（4）：58-65.

［311］李继尊. 关于中国石油安全的思考［J］. 管理世界，2014（8）：1-3.

［312］李静，彭飞，毛德凤. 研发投入对企业全要素生产率的溢出效应——基于中国工业企业微观数据的实证分析［J］. 经济评论，2013（3）：77-86.

［313］李君平，徐龙炳. 资本市场错误定价、融资约束与公司融资方式选择［J］. 金融研究，2015（12）：113-129.

［314］李青原，吴素云，王红建. 通货膨胀预期与企业银行债务融资［J］. 金融研究，2015（11）：124-141.

［315］李庆华，郭飞，刘坤鹏. 使用衍生品的公司创新水平更高吗——基于融资约束和高管风险承担意愿视角［J］. 会计研究，2021（2）：149-163.

［316］李胜旗，毛其淋. 关税政策不确定性如何影响就业与工资［J］. 世界经济，2018，41（6）：28-52.

［317］李小荣，张瑞君. 股权激励影响风险承担：代理成本还是风险规避？［J］. 会计研究，2014（1）：57-63+95.

［318］李增福，陈俊杰，连玉君，李铭杰. 经济政策不确定性与企业短债长用［J］. 管理世界，2022，38（1）：77-89+143+90-101.

［319］林伯强，牟敦国. 能源价格对宏观经济的影响——基于可计算一般均

衡（CGE）的分析［J］. 经济研究，2008，43（11）：88-101.

［320］林建浩，阮萌柯．经济政策不确定性与企业融资［J］. 金融学（季刊），2016，10（3）：1-21.

［321］林钟高，郑军，卜继栓．环境不确定性、多元化经营与资本成本［J］. 会计研究，2015（2）：36-43+93.

［322］刘笃池，贺玉平，王曦．企业金融化对实体企业生产效率的影响研究［J］. 上海经济研究，2016（8）：74-83.

［323］刘贯春，段玉柱，刘媛媛．经济政策不确定性、资产可逆性与固定资产投资［J］. 经济研究，2019，54（8）：53-70.

［324］刘慧芬，王华．竞争环境、政策不确定性与自愿性信息披露［J］. 经济管理，2015，37（11）：145-155.

［325］刘建，蒋殿春．国际原油价格冲击对我国经济的影响——基于结构VAR模型的经验分析［J］. 世界经济研究，2009（10）：33-38+67+88.

［326］刘磊，王亚星，潘俊．经济政策不确定性、管理层治理与企业债务融资决策［J］. 山西财经大学学报，2019，41（11）：83-97.

［327］刘莉亚，何彦林，王照飞，程天笑．融资约束会影响中国企业对外直接投资吗？——基于微观视角的理论和实证分析［J］. 金融研究，2015（8）：124-140.

［328］刘晓光，刘元春．杠杆率、短债长用与企业表现［J］. 经济研究，2019，54（7）：127-141.

［329］刘志远，王存峰，彭涛，郭瑾．政策不确定性与企业风险承担：机遇预期效应还是损失规避效应［J］. 南开管理评论，2017，20（6）：15-27.

［330］卢艳秋，赵英鑫，崔月慧，王向阳．组织忘记与创新绩效：战略柔性的中介作用［J］. 科研管理，2014，35（3）：58-65.

［331］鲁晓东，刘京军．不确定性与中国出口增长［J］. 经济研究，2017，52（9）：39-54.

［332］陆慧慧．政策不确定性与企业银行贷款［J］. 产业经济评论，2017（4）：90-107.

［333］陆正飞，祝继高，孙便霞．盈余管理、会计信息与银行债务契约［J］. 管理世界，2008（3）：152-158.

［334］罗时空，龚六堂．企业融资行为具有经济周期性吗——来自中国上市公司的经验证据［J］. 南开管理评论，2014，17（2）：74-83.

［335］毛新述，叶康涛，张頔．上市公司权益资本成本的测度与评价——基于我国证券市场的经验检验［J］. 会计研究，2012（11）：12-22+94.

[336] 彭若弘，于文超．环境不确定性、代理成本与投资效率 [J]．投资研究，2018，37 (10)：41-52.

[337] 彭俞超，韩珣，李建军．经济政策不确定性与企业金融化 [J]．中国工业经济，2018 (1)：137-155.

[338] 钱浩祺，吴力波，汤维祺．成本效应与需求效应——原油价格冲击的行业传导机制研究 [J]．世界经济文汇，2014 (3)：69-83.

[339] 邱兆祥，刘远亮．宏观经济不确定性与银行资产组合行为：1995~2009 [J]．金融研究，2010 (11)：34-44.

[340] 屈文洲，谢雅璐，叶玉妹．信息不对称、融资约束与投资—现金流敏感性——基于市场微观结构理论的实证研究 [J]．经济研究，2011，46 (6)：105-117.

[341] 饶品贵，岳衡，姜国华．经济政策不确定性与企业投资行为研究 [J]．世界经济，2017，40 (2)：27-51.

[342] 申烁，李雪松，党琳．营商环境与企业全要素生产率 [J]．经济与管理研究，2021，42 (6)：124-144.

[343] 沈洪涛，马正彪．地区经济发展压力、企业环境表现与债务融资 [J]．金融研究，2014 (2)：153-166.

[344] 宋全云，李晓，钱龙．经济政策不确定性与企业贷款成本 [J]．金融研究，2019 (7)：57-75.

[345] 孙铮，刘凤委，李增泉．市场化程度、政府干预与企业债务期限结构——来自我国上市公司的经验证据 [J]．经济研究，2005 (5)：52-63.

[346] 谭静，余静文，饶璨．二元结构下中国流动人口的回迁意愿与储蓄行为——来自 2012 年北京、上海、广州流动人口动态监测数据的经验证据 [J]．金融研究，2014 (12)：23-38.

[347] 谭小芬，韩剑，殷无弦．基于油价冲击分解的国际油价波动对中国工业行业的影响：1998—2015 [J]．中国工业经济，2015 (12)：51-66.

[348] 谭小芬，邵涵．资本市场对外开放与企业股权融资——来自“沪港通”的经验证据 [J]．中央财经大学学报，2021 (11)：49-61.

[349] 谭小芬，张文婧．经济政策不确定性影响企业投资的渠道分析 [J]．世界经济，2017，40 (12)：3-26.

[350] 田利辉．国有产权、预算软约束和中国上市公司杠杆治理 [J]．管理世界，2005 (7)：123-128+147.

[351] 童盼，陆正飞．负债融资、负债来源与企业投资行为——来自中国上市公司的经验证据 [J]．经济研究，2005 (5)：75-84+126.

［352］万广华，张茵，牛建高．流动性约束、不确定性与中国居民消费［J］．经济研究，2001（11）：35-44+94.

［353］王红建，李青原，邢斐．经济政策不确定性、现金持有水平及其市场价值［J］．金融研究，2014（9）：53-68.

［354］王化成，刘欢，高升好．经济政策不确定性、产权性质与商业信用［J］．经济理论与经济管理，2016（5）：34-45.

［355］王晓珂，黄世忠．衍生工具、公司治理和盈余质量［J］．会计研究，2017（3）：16-21+94.

［356］王义中，宋敏．宏观经济不确定性、资金需求与公司投资［J］．经济研究，2014，49（2）：4-17.

［357］吴祖光，万迪昉，王文虎．税收优惠方式对研发投入激励效果的实验研究［J］．系统工程理论与实践，2017，37（12）：3025-3039.

［358］徐倩．不确定性、股权激励与非效率投资［J］．会计研究，2014（3）：41-48+95.

［359］许天启，张铁龙，张睿．政策不确定性与企业融资成本差异——基于中国 EPU 数据［J］．科研管理，2017，38（4）：113-122.

［360］许晓芳，陆正飞，汤泰劼．我国上市公司杠杆操纵的手段、测度与诱因研究［J］．管理科学学报，2020，23（7）：1-26.

［361］杨智，邓炼金，方二．市场导向、战略柔性与企业绩效：环境不确定性的调节效应［J］．中国软科学，2010（9）：130-139.

［362］于传荣，方军雄．经济政策不确定性与企业外部融资的萎缩［J］．财务研究，2018（4）：3-14.

［363］俞剑，郑文平，程冬．油价不确定性与企业投资［J］．金融研究，2016（12）：32-47.

［364］张成思，刘贯春．中国实业部门投融资决策机制研究——基于经济政策不确定性和融资约束异质性视角［J］．经济研究，2018，53（12）：51-67.

［365］张纯，吕伟．信息披露、市场关注与融资约束［J］．会计研究，2007（11）：32-38+95.

［366］张大永，曹红．国际石油价格与我国经济增长的非对称性关系研究［J］．经济学（季刊），2014，13（2）：699-722.

［367］张光利，钱先航，许进．经济政策不确定性能够影响企业现金持有行为吗？［J］．管理评论，2017，29（9）：15-27.

［368］张跃．政府合作与城市群全要素生产率——基于长三角城市经济协调会的准自然实验［J］．财政研究，2020（4）：83-98.

[369] 赵锡斌，鄢勇．企业与环境互动作用机理探析［J］. 中国软科学，2004（4）：93-97+92.

[370] 钟宁桦，刘志阔，何嘉鑫，苏楚林．我国有企业业债务的结构性问题［J］. 经济研究，2016，51（7）：102-117.

[371] 周开国，李涛，张燕．董事会秘书与信息披露质量［J］. 金融研究，2011（7）：167-181.

[372] 周楷唐，麻志明，吴联生．高管学术经历与公司债务融资成本［J］. 经济研究，2017，52（7）：169-183.

[373] 邹红，喻开志．退休与城镇家庭消费：基于断点回归设计的经验证据［J］. 经济研究，2015，50（1）：124-139.

附　录

附表 1　油价不确定性与企业债务融资关系的主要变量相关系数

变量	(1)	(2)	(3)	(4)	(5)	(6)	(7)	(8)	(9)	(10)	(11)	(12)	(13)	(14)
Debt_fin	1													
LDebt_fin	0.534***	1												
SDebt_fin	0.734***	-0.150***	1											
OUJ	-0.004	-0.006**	0.002**	1										
OUC	-0.009***	-0.003	-0.008**	0.251***	1									
Abs_Beta	0.009***	0.009***	0.005	0.412***	0.609***	1								
Size	0.064***	0.066***	0.029***	0.028***	-0.008**	0.020***	1							
Lev	0.134***	0.097***	0.087***	0.013***	0.044***	0.045***	0.493***	1						
CFO	-0.191***	-0.074***	-0.160***	0.007**	0.032***	-0.012***	0.064***	-0.078***	1					
Cash	-0.024***	-0.012***	-0.025***	0.011***	-0.011***	0.029***	-0.178***	-0.348***	0.108***	1				
Growth	0.105***	0.068***	0.081***	-0.019***	-0.034***	0.013***	0.033***	0.031***	0.008***	0.001	1			
ROA	-0.012***	0	-0.013***	0.002	-0.029***	0.020***	-0.021***	-0.281***	0.258***	0.196***	0.237***	1		
MB	0.019***	-0.005	0.023***	-0.002	0.004	0.046***	-0.403***	-0.083***	0.002	0.117***	0.089***	0.162***	1	
PPE	-0.042***	-0.029***	-0.023***	-0.046***	0.034***	-0.025***	0.066***	0.084***	0.261***	-0.279***	-0.043***	-0.091***	-0.115***	1

注：表中相关系数为 Pearson 相关系数；***、**、*分别表示系数估计在 0.01、0.05、0.1 的显著性水平上显著。

附表 2 油价已实现波动、油价不确定性对企业债务融资的影响

变量	(1)	(2)	(3)	(4)
	LDebt_fin	*SDebt_fin*	*LDebt_fin*	*SDebt_fin*
OU	-0.004 (0.003)	0.000 (0.003)	-0.004 (0.003)	0.000 (0.003)
OUJ			-0.057*** (0.022)	0.064** (0.032)
Abs_Beta	0.003 (0.006)	0.003 (0.009)	0.005 (0.007)	0.001 (0.009)
Cons	-0.004 (0.003)	0.000 (0.003)	-0.004 (0.003)	0.000 (0.003)
Control	*Yes*	*Yes*	*Yes*	*Yes*
Ind	*Yes*	*Yes*	*Yes*	*Yes*
Pro	*Yes*	*Yes*	*Yes*	*Yes*
YQ	*Yes*	*Yes*	*Yes*	*Yes*
Obs	94833	94833	94833	94833
Adj. R^2	0.067	0.084	0.067	0.084

注：括号内为稳健标准误差，***、**、*分别表示系数估计在0.01、0.05、0.1的显著性水平上显著。本表旨在说明总油价波动并不会对企业债务融资产生显著影响，而能够衡量油价不确定性的油价跳跃波动成分则能显著影响企业债务融资决策。

附表 3 油价不确定性与企业投资关系的主要变量相关系数

变量	(1)	(2)	(3)	(4)	(5)	(6)	(7)	(8)	(9)	(10)	(11)
INV	1										
OUJ	-0.016***	1									
OUC	0.038***	0.258***	1								
Abs_Beta	0.009***	0.424***	0.609***	1							
Size	-0.017***	0.027***	-0.008**	0.019***	1						
TQ	0.032***	0	-0.003	0.037***	-0.470***	1					
Growth	0.070***	-0.018***	-0.033***	0.013***	0.033***	0.073***	1				
CFO	0.268***	0.007**	0.032***	-0.011***	0.065***	0.033***	0.007**	1			
PPE	0.227***	-0.045***	0.034***	-0.025***	0.065***	-0.134***	-0.043***	0.260***	1		
EBIT	0.086***	0.007**	-0.032***	0.021***	0.005	0.247***	0.241***	0.267***	-0.091***	1	
SOE	-0.061***	-0.003	0.065***	0.055***	0.299***	-0.240***	-0.054***	0.022***	0.212***	-0.095***	1

注：表中相关系数为Pearson相关系数；***、**、*分别表示系数估计在0.01、0.05、0.1的显著性水平上显著。

附表 4　油价已实现波动、油价不确定性对企业投资的影响

变量	(1)	(2)
	INV	*INV*
OU	-0.003 (0.005)	-0.003 (0.004)
OUJ		-0.098*** (0.031)
Abs_Beta	0.009 (0.010)	0.014 (0.011)
Cons	-0.032*** (0.008)	-0.032*** (0.008)
Control	*Yes*	*Yes*
Ind	*Yes*	*Yes*
Pro	*Yes*	*Yes*
YQ	*Yes*	*Yes*
Obs	96037	96037
Adj. R^2	0.285	0.285

注：括号内为稳健标准误差，***、**、*分别表示系数估计在0.01、0.05、0.1的显著性水平上显著。本表旨在说明总油价波动并不会对企业投资产生显著影响，而能够衡量油价不确定性，即油价跳跃波动成分则能显著抑制企业投资。

附表 5　油价已实现波动、油价不确定性对企业投资的影响

变量	资本结构类型	
	激进型	保守型
	(1)	(2)
	INV	*INV*
OUJ	-0.134*** (0.041)	-0.073 (0.045)
Abs_Beta	0.026 (0.022)	0.010 (0.013)
Cons	-0.050*** (0.010)	-0.011 (0.011)
Control	*Yes*	*Yes*
Ind	*Yes*	*Yes*
Pro	*Yes*	*Yes*

续表

变量	资本结构类型	
	激进型	保守型
	(1)	(2)
	INV	*INV*
YQ	*Yes*	*Yes*
Obs	47440	48596
Adj. R^2	0.299	0.285

注：括号内为稳健标准误差，***、**、*分别表示系数估计在0.01、0.05、0.1的显著性水平上显著。

附表6 油价不确定性与企业全要素生产率关系的主要变量相关系数

变量	(1)	(2)	(3)	(4)	(5)	(6)	(7)	(8)	(9)	(10)	(11)	(12)
TFP	1											
OUJ	-0.065**	1										
OUC	0	0.273***	1									
Abs_Beta	-0.002	0.418***	0.576***	1								
Size	0.121***	0.025***	0	0.016***	1							
Lev	-0.011***	0.012***	0.051***	0.039***	0.516***	1						
ROE	0.345***	0.001	-0.028***	0.029***	0.086***	-0.064***	1					
RD	0.033***	0.023***	-0.093***	-0.053***	-0.209***	-0.309***	0.056***	1				
CFO	0.189***	0.002	0.039***	-0.018***	0.079***	-0.068***	0.199***	-0.082***	1			
Growth	0.363***	0.055***	-0.027***	0.005	0.007**	0.014***	0.251***	-0.002	0.078***	1		
First	0.042***	-0.009***	0.035***	0.030***	0.197***	0.083***	0.088***	-0.129***	0.085***	-0.001	1	
SOE	0.004	0	0.085***	0.065***	0.328***	0.324***	-0.038***	-0.299***	0.031***	-0.017***	0.230***	1

注：表中相关系数为Pearson相关系数；***、**、*分别表示系数估计在0.01、0.05、0.1的显著性水平上显著。

附表7 油价已实现波动、油价不确定性对企业全要素生产率的影响

变量	(1)	(2)
	TFP	*TFP*
OU	0.007 (0.047)	0.009 (0.047)

续表

变量	(1)	(2)
	TFP	*TFP*
OUJ		-0.819*** (0.272)
Abs_Beta	0.719*** (0.233)	0.829*** (0.237)
Cons	-0.888*** (0.082)	-0.888*** (0.082)
Control	*Yes*	*Yes*
Ind	*Yes*	*Yes*
Pro	*Yes*	*Yes*
YQ	*Yes*	*Yes*
Obs	95614	95614
Adj. R^2	0.274	0.274

注：括号内为稳健标准误差，***、**、*分别表示系数估计在0.01、0.05、0.1的显著性水平上显著。本表旨在说明总油价波动并不会对企业全要素生产率产生显著影响，而能够衡量油价不确定性，即油价跳跃波动成分则能对企业全要素生产率产生负面影响。